中学校
創作脚本集
2023

中学校創作脚本集2023編集委員会 編

晩成書房

『中学校創作脚本集　２０２３』の発刊にあたって

中学校演劇の歴史に新たな1ページを切り拓く創作作品が今、次々と生まれている。

中学校創作脚本集・編集委員会
山下秀光
大沢　清

中学校演劇を愛する全国のみなさん。

今、ここに新しいシリーズの第6作目である「中学校創作脚本集　２０２３」が発刊できたこと、まず何よりうれしく思っています。今回この作品集には中学生のみなさんが書かれた作品や、顧問の先生による作品など、昨年から今年にかけて全国で上演され話題となった最も新しい13作品が収録されています。執筆されたみなさんをはじめ、この創作脚本集の出版にご協力いただいた多くのみなさまに編集委員会を代表して心よりお礼を申し上げます。

みなさん。

私たちは先に２００９年より10年にわたって「最新中学校創作脚本集」を刊行してまいりました。このシリーズでは、その年度の最も新しい創作作品を60編以上収録し、全国の多くのみなさまに好評をいただきました。そして、この10年間中学校演劇の活動に熱気と創作の風を巻き起こしてきました。中学生をとりまくさまざまな問題を深く掘り下げ、その中で強く生き抜こうとする彼らの姿をいきいきと描いた顧問の先生方の最新の作品がありました。また、特に注目したいのは、今を生きる中学生のみなさん自身の手によって書き上げ、その後演劇部のみなさんの討論の中で練りあげられ上演されて１編の作品が生み出されてきたということです。中学生のみなさんの新鮮な、中学生のみなさんでしか表現できない感性ゆたかな作品が全国各地の中学校から生まれてきているのです。これらの流れは今、ひとつの大きなうねりとなって中学校演劇の歴史に新しい1ページを切り拓くエネルギーとなっています。

全国のみなさん。

3年にわたって苦しめられた新型コロナウイルスによる感染も、今年の5月からは感染症5類に移行となりました。そして、私たちの生活も少しずつ日常にもどりつつあります。コロナ禍でさまざまな制約を受けていた演劇部での活動も新学期からは、あちこちの学校で活気に満ちた以前のような活動が再開されています。新入生歓迎公演、対面による基礎練習、そして夏から秋の発表会やコンクールにむけた作品選びもスタートしています。

演劇部の活動を支える全国各地の演劇研究会の役員の先生方はいち早く、今年度の年間活動計画をつくり、地区発表会や県大会の開催にむけて会場をおさえたり、さまざまな準備にとりかかっていると、きいています。

昨年から今年にかけてコロナ禍ではありましたが、北海道をはじめ埼玉県、東京都、千葉県、神奈川県、大阪府、岡山県、福岡県、沖縄県などの発表会の中から顧問の先生や生徒たちによる新たな創作作品が次々と発表されていました。その成果の一端がこの「創作脚本集」に収録されています。苦しい状況の中にあっても、そのエネルギーはおさえてもおさえ切れない「演劇をつづけたい」「ぜひ発表したい」という部員たちの熱い思いがその源となっているのです。コロナ禍にあってもその熱い思いを絶やすことなく、燃やしつづけてきたのです。

今年の12月には全国中学校総合文化祭沖縄大会が準備されているときいています。一昨年の盛岡大会から昨年は北九州大会と、そして今年沖縄大会へと中学生によるゆたかな文化活動が次々にバトンタッチされていくのです。

中学校演劇でみると沖縄県ではこの10年間に力強い前進がありました。沖縄県中学校演劇発表会が開かれてきました。その県大会に子どもたちや顧問の先生による創作作品が毎年のように発表されてきました。今回の創作脚本集の中にも沖縄県からの作品が2作品収録されています。これらの作品は沖縄のみなさんでなければ書けない作品、いのちの重さと平和の大切さをあらためて問いかける作品となっています。

コロナ禍にあってもけっして途絶えることなく創作作品が生み出されています。中学生のすなおでやわらかなその心は、今も時代を敏感にとらえ、ジェンダーやウクライナの人々に心をよせ、コロナの中でも前に進もうと仲間と手をとりあってきたのです。このように文化や演劇の力は困難な状況の中でさらに強く鍛えられ、いま再びいきいきとした活動が全国各地で一斉に広がっていこうとしているのです。

みなさんの待ち望んでいる、中学校演劇の全国大会が開かれるとしたら、あの高校演劇の全国大会のようにそれは中学校演劇の創作作品による全国大会しかありません。私たちはその日が一日も早くやってくることを強く願っています。その意味でも私たちはこのシリーズを発刊しつづけてきたのです。

中学校演劇を愛する全国のみなさん。

今、刊行を続けている「中学校創作脚本集」への絶大なご支援を心よりお願い申し上げます。そして中学校演劇活動、中学校創作劇の運動をより一層大きく全国に広げていこうではありませんか。その中から全国の中学生のみなさんや、さらには顧問の先生方による新鮮でエネルギーに満ちた創作作品が生みだされ、優れた作品を私たち編集委員会に届けてくださることを、心より願っています。

この企画「中学校創作脚本集」へのさまざまなアドバイスをいただき、その上で出版を快く引き受けてくださった晩成書房の水野久社長、関係者のみなさまに心からお礼を申し上げて、発刊のごあいさつとさせていただきます。

２０２３年６月

もくじ

バタフライ

斉藤俊雄

登場人物

マサル
マーシャ　★日本語が母語でなくても、英語が少し話せれば演じることができる。
心の中のマサル1　スガル
心の中のマサル2　カムイ
心の中のマサル3～10　★闇の忍者ワタリ、ガロ、サスケは心の中のマサルの中から選出する。心の中のマサルの人数は自由に変更できる。
ナレーター1～9　★ナレーターの人数は自由に変更できる。
闇の組織のメンバー　★心の中のマサルが兼ねることが可能であ

初演校
久喜市太東中学校
初演日
２０２２年7月23日

「中学校創作脚本集 ２０２３」訂正表

カバー、もくじの作品名、
「さくらクエスト」を、
「さくらサクエスト」に、訂正。

７２頁、
初演校、初演日を、削除します。

作者および読者の皆様に、
おわびいたします。

晩成書房

久喜市立太東中学校演劇部、2023年１月22日。

1 プロローグ

幕が上がると、舞台上には合唱隊が、全体としてあるイメージを表現して静止している。
ナレーター1～9が登場する。※1

ナレーター1 この広い世界の中で、一人一人の人間はほんのちっぽけな存在です。それに私たちは中学生、大人ではありません。更にちっぽけな存在と言っていいかもしれません。
ナレーター2 そんな私たちのメッセージが、この世界の何かを変えることなんてあるでしょうか。例えばどこかで行われている戦争がなくなるとか……
ナレーター3 ……無理ですよね。でも、本当に無理ですか？ 絶対に無理だと言い切れますか？
ナレーター4 気象学者ローレンツ博士は、講演で「ブラジルの一羽の蝶の羽ばたきが、テキサスで竜巻を引き起こすか？」という問いかけをしました。その問いかけから生まれたのが「バタフライ効果」という言葉です。
ナレーター5 そして、「バタフライ効果」はもともとの意味とは違った意味で使われるようになりました。
ナレーター6 「蝶の羽ばたきのようなちっぽけなことが、世界に大きな変化をもたらす」
ナレーター7 私たち中学生のメッセージは、蝶の羽ばたきのようなちっぽけなものかもしれません。
ナレーター8 でも、もし蝶の羽ばたきに世界を変える可能性が秘められているなら、私たち中学生だって……そんなことを夢見てはいけないでしょうか。
ナレーター9 私たち中学生のメッセージが、戦争で苦しんでいる人たちの心に虹をかける。そう、竜巻を引き起こすのではなく、虹をかけるんです。
ナレーター1 私が持っているこの箱に入っているのは、蝶の姿をした夢です。そんな夢が入った大切な箱のふたを、今ここで開けようと思います。

ナレーター1が箱のふたを開ける

ナレーター1 ほら、蝶が飛び立ちました。ちっぽけだけど心踊る夢が、今始まります。

合唱隊が歌を歌う。※2

2 セルフイントロダクション

歌い終えた後、合唱隊が移動すると、その後ろに一人の少年が座っている。
少年の名前はマサル。
合唱隊はこれ以降、心の中のマサルとなって舞台上に残る。※3
マサルは手にしたタブレットに、高速で何かを打ち込んでいる。
マサルは打つのをやめて顔を上げ、立ち上がり、舞台前方に歩いていく。

マサル　僕の名前はマサル。周りからはごく普通の中学生って思われている。けど、頭の中は普通なんかじゃない。僕はそう思ってる。僕の頭の中はこんな感じ。

心の中のマサルたちが、それぞれの個性を表現して静止する。

マサル　僕の頭の中は、しゃべり方も考え方もバラバラの複数形の僕がワイワイガヤガヤ言ってるカオス状態。もちろん男の子の僕もいるけど、女の子の僕もいる。よく言えば、多様性に満ちている。悪く言えば支離滅裂。そんな複数形の僕の中で、僕が使う言葉を決めているのがこいつとこいつ（心の中のマサル１・２を指す）。こいつらは僕以上に僕のことを知ってるのかもしれない。ってことで、僕の紹介手伝ってくれよ、マサル。

心の中のマサル１・２　仕方ないな。

心の中のマサル１　僕、つまりマサルが今はまっているのはゲームの作成。

心の中のマサル２　俺、つまりマサルは今オリジナルのゲームを創っている。

心の中のマサル１　そのゲームのタイトルは、

心の中のマサル２　「KAMUI, Hero In The Dark」

心の中のマサル１　主人公は、五人の忍者。ワタリ、ガロ、サスケ。僕はスガルという忍者を演じている。

心の中のマサル２　そして、主人公のカムイを演じているのが、俺ってわけだ。

心の中のマサル１　「KAMUI, Hero In The Dark」の舞台は仮想空間に広がる闇。

心の中のマサル２　五人の忍者がそこにうごめく悪を、闇の更に奥にある真っ暗闇へと消し去る。

心の中のマサル１　出だしはとっても順調だった。イメージは次々と生まれていった。

心の中のマサル２　けど……今、マサルは悩んでる。

マサル　だめだ、だめだ……ヒロインのイメージが思いつかない。

心の中のマサル１　そんな時、僕の前に一人の女の子が現れたんだ。

一人の少女が登場する。

心の中のマサル１　その女の子は、僕の家の隣の大きなお屋敷で暮らし始めた。

心の中のマサル２　そこからマサルとその女の子のドラマが動き出すってわけだ。

心の中のマサル３　ちょっと待って。私たちもマサルの中にいるマサルなんだから、少しはしゃべらせてよ。
マサル　わかった。それじゃ、あの女の子について説明して。
心の中のマサル３　あの子って、とある国から来たんだよね。
心の中のマサル４　母さん、そう言ってた。
心の中のマサル３　とある国ってどこにあるの？
心の中のマサル５　とある国って「とあーる国」じゃないの？
心の中のマサル６　何それ？
心の中のマサル７　彼女が住んでいた国は私の知らない国だった。
心の中のマサル８　あの子、そのとある国から家族と一緒に来て、日本で夏休みを楽しむんだって。これ、父さんからの情報だよ。
心の中のマサル９　（心の中のマサル10に）あの子、ずっと庭で遊んでるな。
心の中のマサル３　ちょっと、のぞくのやめなよ。
心の中のマサル９　のぞいてたわけじゃない。窓から外を見ると自然と目に入っちゃうんだ。
心の中のマサル10　見たくなくても見えちゃうんだから仕方ないじゃないか。
心の中のマサル３　見たくないっていうのはうそだよね。
心の中のマサル10　えっ……まあ、そうだね。
心の中のマサル４　あの子いつも笑っているね。
心の中のマサル９　この前は廊下を掃除しながらモップに話しかけてた。
心の中のマサル３　家の中までのぞいてたってこと？
心の中のマサル９　そうじゃない、自然と目に入っちゃうんだ。

雨の効果音が入る。

心の中のマサル５　雨降ってるのに、傘さしてないね。
心の中のマサル６　雨に話しかけてる。
心の中のマサル７　何か歌ってるんじゃない。
心の中のマサル６　歌ってるね。
心の中のマサル８　風邪ひいちゃわないかな。
心の中のマサル６　ひいちゃうかもね。
心の中のマサル９　よし。ここは俺が何とかしよう。
心の中のマサル６　どうする気？

心の中のマサル９は少女に傘を持っていき、その傘を手渡す。

心の中のマサル９　お嬢さん、どうぞこの傘を使ってください。

女の子がその傘を受け取る。
マサルがタブレットを操作し始める。

女の子が傘をさし、雨の中で歌い、踊り出す。
そこに心の中のマサルたちが加わり、傘とモップなどの掃除道具を使ったダンスまたはゲームをイメージしたパフォーマンスが繰り広げられる。
ダンス終了後、女の子は立ち去っていく。
マサルが舞台中央で、タブレットを眺めてにやにやしている。

心の中のマサル2　マサル！

マサルはハッとして、心の中のマサル2を見る。

心の中のマサル2　いつまで妄想にふけってるんだ。
マサル　……
心の中のマサル2　俺は、こんな妄想の世界に浸るマサルは、嫌いだ。
マサル　……
心の中のマサル2　マサル、これがお前が描きたい世界なのか。お前が描こうとしてるのは、こんな光あふれる世界なのか。
マサル　……
心の中のマサル2　光から目をそらせ。お前が描きたかったのは闇の世界。そうだよな。
心の中のマサル1　いいじゃないか。光を見つめたって。
心の中のマサル2　お前は俺たちの仲間じゃないのか。スガルという闇の世界で生きる忍者じゃないのか。
心の中のマサル1　それはゲームの世界での話だよ。
心の中のマサル2　マサルおまえは、現実の光あふれる世界に息苦しさを覚え、「KAMUI, Hero In The Dark」ってゲームを創り始めた。そうだよな。
心の中のマサル1　……
心の中のマサル2　俺は、光が嫌いだ。
心の中のマサル1　でも僕は……
心の中のマサル2　その僕という言い方、やめてくれないかな。俺はその弱々しい響きが嫌いだ。闇の世界で活躍する俺たちヒーローにふさわしくない。
心の中のマサル1　でも僕は、僕っていう言い方が好きなんだ。
心の中のマサル2　……
心の中のマサル1　僕もまぶしすぎる光は好きじゃない。でも、闇の中の光は……嫌いじゃない。
マサル　……闇の中の光。そうか、ヒロインは闇の中の光。その光はあの女の子。そして、そのヒロインを助けるのは、闇の世界で戦うダークヒーロー・カムイとその仲間。イメージが湧いてきた。「KAMUI, Hero In The Dark」が動き始めた！

マサルが猛烈な勢いでタブレットを操作する。

3 KAMUI, Hero In The Dark

舞台はマサルが生み出すゲームの世界。
先ほどマサルが空想の世界で一緒に踊った女の子が舞台に登場する。
悪の組織のメンバーが登場し、女の子はそのメンバーにさらわれてしまう。
そこに、闇のヒーロー・カムイたち五人の忍者が登場する。
カムイたち忍者は悪の組織のメンバーと戦い、最終的に女の子を救出する。
悪の組織はカムイたちによって倒される。

マサル 完成した！「KAMUI, Hero In The Dark」が、完成した！

心の中のマサルたちが、拍手をしながら舞台に登場する。

心の中のマサル９ （心の中のマサル10に）このゲーム、あの子に見せに行かないか。
心の中のマサル10 ……よし、行こう。
心の中のマサル９ 勇気を出して突撃だ！
心の中のマサル１ 待って！
心の中のマサル９ なんで止めるんだ！
心の中のマサル１ いや……これは止めるよね。
心の中のマサル９ 俺は完成したこのゲームを彼女に見せたいんだ。
心の中のマサル１ 見せたい気持ちは僕も同じ。でも、どうやって彼女に声をかけるの。
心の中のマサル９ 「お嬢さん、私いいものを持っているんですけど、ちょっと見てみませんか」
心の中のマサル１ それ、怪しすぎるよ。まるで誘拐犯だ。
心の中のマサル２ 誘拐犯というより、変態だな。
心の中のマサル９・10 変態！
心の中のマサル２ そんなふうに思われてもいいのか？
心の中のマサル９ 俺は大丈夫さ。
心の中のマサルたち えー。
心の中のマサル10 僕は……困る。
心の中のマサル１ だよね。
心の中のマサル３ それより、彼女、日本語わからないんじゃない。
心の中のマサル４ なんか不思議な言葉、しゃべってたよね。
心の中のマサル５ うん、少なくとも英語じゃなかった。
心の中のマサル６ 英語、話せたらよかったのにね。
心の中のマサル７ でも、簡単な英語ならわかるんじゃない。
心の中のマサル10 それじゃためしに英語で話しかけてみるか。

心の中のマサル８　どうやって話しかけるの？
心の中のマサル10　（気取って）Hello, everyone.
心の中のマサル３　一人に対してeveryoneはおかしいでしょ。
心の中のマサル９　せめて（気取って）Nice to meet you.じゃないか。

その時、隣の家の女の子がマサルに向かって歩いてくる。
マサルはその女の子に気がつかない。

女の子　What's up?

マサルが振り返ると、後ろに女の子が立っている。

マサル＆心の中のマサルたち　えー?!
心の中のマサル３　What's up?って英語だよね。
心の中のマサル４　「どうしたの」って意味じゃない。
心の中のマサル３　彼女のほうから話しかけてきたってことだよね。
心の中のマサル４　どうしよう！
心の中のマサル９　今がチャンス。
心の中のマサルたち　いけ、いくんだ！
マサル　May I have your name?
心の中のマサル２　おい、突然名前を聞いてどうするんだ。
マサル　……
女の子　……Masha.
心の中のマサルたち　えっ?!
マサル　マーシャ？
マーシャ　Yes. And you?
マサル　……マサル。
マーシャ　Oh, マシャル。
マサル　No. マサル。
マーシャ　マシャル！
心の中のマサル２　マシャルじゃない、マサルだ！
心の中のマサル１　マサルだってマシャルだって、どっちでもいいじゃないか。
マサル　（ニコッと笑って）Yes. マシャル。
マーシャ　You, マシャル。Me, マーシャ。Similar!
心の中のマサル１　Similarって似てるって意味だよね。
マサル　うん、似てるね。あー、（タブレットの画面をマーシャに見せて）I made this game.
マーシャ　You made this game?
マサル　Yes. I want you to watch this game.

心の中のマサル１　君にこのゲームを見せたいって言ったつもりなんだけど。
マーシャ　You'd like me to watch it?
マサル　Yes.
マーシャ　……OK.
心の中のマサルたち　よっしゃー！

マーシャが「KAMUI, Hero In The Dark」を見始める。

心の中のマサル１　決めた！
心の中のマサル２　何を決めたんだ？
心の中のマサル１　僕がヒーローになってマーシャを守る。
心の中のマサルたち　おー！
心の中のマサル２　待て！
心の中のマサルたち　……
心の中のマサル２　マーシャを守るのは、俺だ！
心の中のマサルたち　えー！
心の中のマサル２　お前、ヒロインを守り切れるのか。本当にヒロインを守れるのは、俺だ。俺には、最強の武器がある。

マーシャがタブレットをマサルに渡す。

心の中のマサル１　どうだった？
心の中のマサルたち　どうだった？
マーシャ　（ニコッと笑って）I like it.
マサル　You like it?
マーシャ　Yes!
心の中のマサル全員　よっしゃー！
マーシャ　（タブレットの画面を指して）This girl looks like me.
心の中のマサル１　この女の子が自分に似てるって？
マサル　Of course! Her model is YOU!
マーシャ　Me? Model?
マサル　Yes!
マーシャ　I'm surprised!
心の中のマサル１　確かに、びっくりするよね。
マサル　ごめんね、勝手にモデルにして。これにはわけがあって……
マーシャ　Thank you.
マサル　えっ？（心の中のマサルたちも驚く）
マーシャ　（ポケットから何かを取り出す）Here's a present. A present for you.

マサル　僕へのプレゼント？
心の中のマサル1　プレゼントって、
心の中のマサルたち　何？

マーシャは一粒の種をマサルに渡す。

マサル　種……これって何の種？
マーシャ　……（キョトンとした顔でマサルを見つめる）
心の中のマサル2　日本語は通じねーよ。
マサル　あー、What kind of seed is this?
マーシャ　（笑いながら）It's a secret.
マサル　秘密？
心の中のマサル2　花が咲くまでのお楽しみってことじゃねーのか。
マサル　まっいっか。
心の中のマサル2　それはそうと、マーシャに好きなヒーローがいるか、聞いてみないか。
マサル　あー、Do you have a favorite hero?
マーシャ　My favorite hero?……Yes.
心の中のマサル10　いるんだ！
マサル　Who?
マーシャ　……アンパンマン。
マサル　アンパンマン?!（心の中のマサルたちも「アンパンマン」と言って驚く）
マーシャ　I like his march.
マサル　His marchって……あー、「アンパンマンのマーチ」のこと？
マーシャ　Yes.「アンパンマンのマーチ」
マサル　Why do you like アンパンマン?
マーシャ　……He doesn't kill anyone.
マサル　He doesn't kill anyone.
心の中のマサル1　アンパンマンは誰も殺さない……
心の中のマサル2　違う、アンパンマンはヒーローなんかじゃない。アンパンマンが繰り出すアンパンチじゃ敵を倒すことなんてできない。
マーシャ　Oh, sorry. I have to go now.
心の中のマサル2　待て！マーシャ、君はわかってない。優しさだけじゃ敵と戦えないんだ。みんなの夢なんて守れないんだ。

マーシャ　See you again, Bye.
マサル　……Bye.

マーシャが去っていく。

マサル　夏の終わりにマーシャは遠い遠い彼女の国に帰っていった。そして、翌年の2月、その国が戦場となったんだ。

4 アンパンマンのマーチ

爆撃の音が聞こえてくる。
マサルはその爆撃の音を聞きながら宙を見つめている。
爆撃の音が響く中、マーシャがタブレットを持って登場し、舞台中央に座る。

心の中のマサル1　マーシャ。君は雨が好きだった。雨の中で歌ってた。
心の中のマサル3　空から降ってくる雨粒と一緒に歌ってた。
心の中のマサル4　でも、今空から降ってくるのは爆弾の雨。

爆撃の音が大きくなる。

心の中のマサル1　マーシャ、そんな今でも歌ってるの？　爆弾の雨の中でも歌ってるの？
心の中のマサル9　何かできないのか、俺たちに。
心の中のマサル2　戦場に行って戦おう！　戦場という闇で戦うのが俺たちヒーローの役目だ。
心の中のマサル1　どうやって戦場に行くの？　どうやって戦うの？
心の中のマサル2　武器には武器を。俺には最強の武器がある。

爆撃音が大きくなる。
マーシャがタブレットを見つめ、悲しみの涙を流しながら、タブレットに語りかけるように歌い始める。

マーシャ　♪そうだ　うれしいんだ　生きるよろこび　たとえ　胸の傷がいたんでも♪
マサル　聞こえる。マーシャの歌声が。マーシャ、君は歌ってるの？　こんな爆弾の雨が降っている中でも歌ってるの？
心の中のマサル1　届けよう。
心の中のマサル2　届けるって、何を。
心の中のマサル1　歌だよ。
心の中のマサル2　歌?!　何を歌うっていうんだ。
心の中のマサル1　「アンパンマンのマーチ」

心の中のマサル２　……いやだ！
心の中のマサル１　……
心の中のマサル２　俺はアンパンマンが、嫌いだ。
心の中のマサル１　でも、マーシャは好きなんだよ！　誰も殺すことなく戦うアンパンマンが！
心の中のマサル２　……
マサル　歌なら届けられる。(タブレットを両手で握りしめて) こいつを使えばいいんだ。こいつを使えば歌をマーシャの国まで届けられる。

マサルは猛烈な勢いでタブレットを操作し始める。

心の中のマサル１　ＯＫ！　最初に歌うのは僕だね。

心の中のマサル１は、全身のエネルギーを注入して、ゆっくり歌詞をかみしめるように歌い始める。

♪そうだ　うれしいんだ　生きるよろこび
たとえ　胸の傷がいたんでも♪

心の中のマサルの一人が、歌に加わる。

♪そうだ　うれしいんだ
生きるよろこび♪

心の中のマサルの一人が、更に歌に加わる。

♪たとえ　胸の傷がいたんでも♪

心の中のマサルの一人が、更に歌に加わる。

♪そうだ　うれしいんだ
生きるよろこび♪

心の中のマサルの一人が、更に歌に加わる。

♪たとえ　胸の傷がいたんでも♪

更に心の中のマサルたちが加わって大合唱となる。
心の中のマサル２だけ歌に加わらず、みんなに背を向けて立っている。

♪そうだ　うれしいんだ　生きるよろこび
たとえ　胸の傷がいたんでも♪

心の中のマサルたち　♪なんのために生まれて
なにをして　生きるのか
こたえられないなんて　そんなのは♪
心の中のマサル２　(叫んで) いやだ！

みんなが一斉に、心の中のマサル２を見る。

心の中のマサル2　（こぶしを握り締めてうめくように）
……アンパンマンはいやだけど、アンパンマンがいやな俺は、もっといやだ！

心の中のマサルたちが心の中のマサル2を囲んで、爽やかに笑い合う。

心の中のマサル1　♪今を生きることで♪
心の中のマサル2　♪熱い　こころ　燃える♪
心の中のマサル1・2　（ハモって）　♪だから　君はいくんだ　ほほえんで♪

マサル&心の中のマサル全員で歌い始める。この歌声の途中でマーシャはタブレットを見つめ始める。

♪そうだ　うれしいんだ
生きるよろこび
たとえ　胸の傷がいたんでも
ああ　アンパンマン
やさしい　君は
いけ！　みんなの夢　まもるため♪

マーシャ　聞こえる。「アンパンマンのマーチ」が聞こえる。マシャルなの？　マシャルが日本から私に歌を届けてくれてるの？

生きたい。もっともっと生きていたい。そして、マシャルに会いに行きたい。いきたいよー。

マサル　マーシャが使った言葉は、日本語でも英語でもない言葉だった。でも、僕の心にはそう響いてきたんだ。
※4

爆撃の音が響き渡る。

心の中のマサル2　さあ、もう一丁いこうぜ！
心の中のマサル全員　（それぞれがそれぞれの個性で反応する）
心の中のマサル2　せーの！

マサル&心の中のマサル全員の歌声で

♪そうだ　うれしいんだ
生きるよろこび
たとえ　胸の傷がいたんでも
ああ　アンパンマン
やさしい　君は
いけ！　みんなの夢　まもるため♪

歌にマーシャも加わる。
歌は更に勢いを増す。

♪そうだ　うれしいんだ
生きるよろこび
たとえ　胸の傷がいたんでも
ああ　アンパンマン
やさしい　君は（フェルマータ）♪

マサルとマーシャが、二人だけで歌う。

マサル＆マーシャ　♪いけ！　みんなの夢　まもるため♪

いつの間にか爆撃の音がなくなっている。

マーシャ　爆撃の音が聞こえない。
マサル　勝ったんだ……歌が、爆撃に勝ったんだ！

心の中のマサルたちが歓喜の声をあげて喜び合う。
マサルとマーシャの横にナレーターが集まってくる。※5

ナレーター1　この箱から飛び出した蝶の姿をした物語が、ここに戻ってきました。
ナレーター2　蝶の姿をした物語から何か感じていただけましたか。
ナレーター3　「現実はそんなに甘くはない」
ナレーター4　確かにそうかもしれません。
ナレーター5　でも、物語の世界くらい、甘くちゃだめですか。甘い未来を思い浮かべちゃだめですか。
マサル　マーシャがくれた種がこの夏に花を咲かせました。その花はヒマワリでした。

ナレーターがヒマワリを回していき、舞台にいる全員がヒマワリを持つ。

ナレーター6　そのヒマワリの周りを蝶が飛んでいます。
ナレーター7　その蝶の羽ばたきが波紋のように伝わって、遠く遥かなマーシャの国に、虹がかかるなんていうことがあるでしょうか。
ナレーター8　大地いっぱいに広がる数えきれないほどのヒマワリの上に、大きな大きな虹がかかるんです。
ナレーター9　もし、そんなことが起こりうるなら、私たち中学生だって……
全員　私たち中学生だって
ナレーター1　私たちが歌うことで、どこかで行われている戦争が……
全員　どこかで行われている戦争が

全員が合唱隊形に移動する。※6

5　ふるさと

うさぎ追いし　かの山

こぶな釣りし　かの川
夢は今も　めぐりて
忘れがたき　ふるさと

いかにいます　ちちはは
つつがなしや　友がき
雨に風に　つけても
思い出ずる　ふるさと

こころざしを　はたして
いつの日にか　帰らん
山は青き　ふるさと
水は清き　ふるさと

舞台後方の幕に大きな虹が映し出される。

ナレーター1が静かに箱のふたを閉じる。


――幕――

「アンパンマンのマーチ」作詞 やなせたかし／作曲 三木たかし
「ふるさと」 作詞 高野辰人／作曲 岡野貞一

※1　人数が足りない場合は、ナレーター＝合唱隊とすることも可能です。また、劇の中に合唱を組み込まない選択も可能です。

※2　私たちが上演した際には、「いつも何度でも」「やさしさに包まれたなら」を選曲しました。今回のナレーションは「いつも何度でも」を歌った際に使ったものです。「やさしさに包まれたなら」を選択したときは、「ほら、箱の中から蝶が飛び立ちました。この蝶の羽ばたきから、私たちのメッセージを受け取ってください」というナレーションを使用しました。いずれの場合も、二部または三部合唱で行いました。歌はこの二曲以外を選曲することも可能ですが、この二曲は歌詞がドラマのイメージと重なります。また合唱の楽譜が手に入りやすいというメリットがあります。
　合唱を入れることが困難な場合は、歌をカットして、次の場面に移ることも可能です。

※3　合唱を入れない場合は、ここでマサルと心の中のマサルたちが登場します。または、最初からマサルと心の中のマサルが舞台上に登場していて、静止しているという演出も可能です。心の中のマサルをナレーターが兼ねることも可能です。

※4　マーシャをウクライナの方が演じる場合は、次のマーシャの台詞をウクライナ語に訳して演じてもらう必要があります。

マーシャ　聞こえる。「アンパンマンのマーチ」が聞こえる。マシャルなの？　マシャルが日本から私に歌を届けてくれてるの？

　生きたい。もっともっと生きていたい。そして、マシャルに会いに行きたい。

　いきたいよー。

更に、次に続くマサルの台詞が以下になります。

マサル　マーシャが使った言葉は、日本語でも英語でもない言葉だった。でも、僕の心にはこんなふうに聞こえてきた。

「聞こえる。『アンパンマンのマーチ』が聞こえる。
マシャルなの？　マシャルが日本から私に歌を届けてくれてるの。
生きたい　もっともっと生きていたい。そして、マシャルに会いに行きたい。
いきたいよー」

※5　ナレーターは、心の中のマサルたちが引き続き演じる演出も可能です。

※6　歌はなくても劇は成立します。
もしウクライナの中学生と日本の中学生の共演という形で劇が上演できるなら、最後の「ふるさと」は日本語とウクライナ語、両方の国の言葉で歌うことが望ましいと思っています。一番を日本語、二番をウクライナ語で歌うというのはどうでしょう（ネットにウクライナ語の「ふるさと」がアップされています。許可を取り、それを使用させてもらうことで可能になると思います）。その場合も互いに相手の国の言葉を学び合い、全員が両方の国の言葉で歌うのが、望ましい方向性だと思います。

作者からのメッセージ
～戦争のない世界にするために～

この劇の中にはウクライナという国名は一度も使われませんが、登場人物のマーシャは明らかにウクライナの少女をイメージしています。映画「ひまわり」に登場するウクライナの女性からいただいた名前です。

この物語の主人公は、日本の少年・マサルとウクライナの少女・マーシャです。二人は、互いにとっての第二外国語である英語を使ってコミュニケーションをとります。国際的な英語力の調査結果で、ウクライナ人の英語力は日本人より上という結果が出ていました。できることならば、マーシャ役をウクライナ語を話すことができる人に演じてもらうというチャレンジをしてください。ただし、その場合、マーシャ役を演じる人に、爆撃シーンが入ることをしっかり伝える必要があります。上演する前は大丈夫だと思っていても、突然悲しみに襲われるというようなことも起きるでしょう。上演に際しては、その点を十分気にかける必要があります。上演のメリットとともに、デメリットも充分考慮した上で上演していただきたいです。

ウクライナの人たちに、日本の文化や芸術に触れてもらうことはとても有意義なことだと思います。同時に、日本人が、ウクライナの文化や芸術に触れることもとても有意義なことだと思います。全国各地で、そんな取り組みが行われています。しかし、多くの人は、戦争のことを話題にしなくなっていきます。

ウクライナの方がテレビ番組で「忘れないでほしい」と訴えていました。しかし、「忘れない」ということは簡単ではありません。ただ、もし一緒に劇を創ることができたらどうでしょう。日本の中学生とウクライナの中学生が協力して一つの劇を上演することができたら、一生忘れることのできない体験となるのではないでしょうか。それだけでなく、力強い平和へのメッセージを発信することになるのではないでしょうか。もしかしたら、大人が発する以上のインパクトを持つかもしれません。劇のラストでナレーターが訴えるように、中学生が平和な世界を作るために大きな役割を演じられるかもしれません。

私は、今行われている戦争が終わることを、心から願うだけではなく、何かできればいいと思い「バタフライ」を創り、上演しています。

SHO-GEKとは？

「バタフライ」は、久喜市立太東中学校ゲキ部が取り組んでいるSHO-GEKと名づけた劇です。

SHO-GEKは「しょうげき」と発音します。

「小劇」　小さな劇、または小さな劇が集まった劇です。

「Show劇」　ダンス、合唱、パントマイムなどのショーの要素が加わった劇です。

「笑劇」　笑いの部分がある劇です。今回も少しだけ笑いに繋がる場面があります。

「衝撃」　衝撃を与える劇です。

以上の4つの要素の、いくつかが含まれる劇をSHO-GEKと呼んでいます。

夏の夜の夢

作・ウィリアム・シェイクスピア／潤色・渡部園美

初演日時　２００６年１月
初演校　横浜市立保土ヶ谷中学校
再演日時１　２０１０年３月
再演校１　横浜市立森中学校
再演日時２　２０１１年７月
再演校２　横浜市立森中学校
再演日時３　２０２２年７月
再演校３　横浜市立洋光台第二中学校

登場人物

〈人間〉
シーシアス　アセンズの大公。ヒポリタと婚約中。
ヒポリタ　シーシアスの許嫁。アマゾン族の女王。
ライサンダー　ハーミアに恋する若者
デメトリアス　ハーミアの婚約者
ハーミア　ライサンダーに恋する娘。小柄で黒髪。
ヘレナ　デメトリアスを恋している。背高く金髪。
イジアス　ハーミアの父。
ウィリアム／ビル　作者ウィリアム・シェイクスピアか？

〈妖精〉
オーベロン　妖精の王
タイターニア　妖精の女王
パック　お茶目な小妖精
バラ　タイターニアの侍女頭。
スミレ　タイターニアの侍女。
ハニーサックル　タイターニアの侍女。
サクランボ　タイターニアの侍女。
スイートピー　タイターニアの侍女。

プロローグ

舞台中央、切り株にウィリアムが座っている。

手にはペンとノート。

何かを見つめるように正面（客席）を向いている。

ふと何かを思いつき、夢中になって書き始める。

後方には3組の恋人たちがシルエットになって浮かび上がる。

中央はオーベロンとタイターニア、上手にライサンダーとハーミア、下手にデメトリアスとヘレナ、3組とも仲よくよりそっている。

パックがやってくる。ウィリアムの後からノートをのぞきこむ。

パック　ウィリアム！
ウィリアム　（気づかず）そうだ！　夏至の夜の出来事にしよう！
パック　ウィリアム！
ウィリアム　（気づかない）
パック　（正面から）ウィリアム！
ウィリアム　やあ、パックじゃないか。こんな昼間からどうしたんだい？
パック　昼間だって？　何を寝ぼけたこと言っているんだ。もう昼間と夜の境目の時間。人間にかわって我等妖精たちが活躍する時間のはじまりさ。
ウィリアム　（驚いて）もうそんな時間になっていたのか……気づかなかった。
パック　今度は何を書いているんだい？　次の祭の芝居かい？
ウィリアム　ふふ。確かに芝居だ。私の書くものはみんな芝居さ。どんな話なのか知りたいかい？
パック　知りたくないと言えば嘘になる。だが頼んでまで知りたいとは思わない。
ウィリアム　わかった、わかった。この芝居には3組の恋人たちが登場する。本来なら仲睦まじいはずの恋人たちだが、ちょっとした行き違いやら思い違いでこんなことになっているんだ。

オーベロン、タイターニア背を向け合う。

ライサンダー、ハーミアは変わらず。

デメトリアス、ハーミアの方を向き、ヘレナはデメトリアスにすがる。

パック　こいつはおもしろそうだ。

ライサンダー、ハーミアを振り切って、ヘレナの方を向く。

パック　おやおや。いいぞ！
ウィリアム　この恋人たちを、妖精パックは元に戻すことができるのか！

パック　おい！　この芝居には俺さまが登場するのかい？　聞いてないぞ。
ウィリアム　もう、台詞もできている。
パック　人間の芝居なんかに、妖精の世界がわかるもんか。
ウィリアム　いや、そんなことはない。まあ、見てろよ。全てこの世は1つの舞台。我々生きとし、生ける者はみな役者。（自分の世界によっている）
パック　せいぜい楽しいお話にしてくれよ。
ウィリアム　（力強く）ああ！
パック　A Midsummer Night's Dream 夏の夜の夢。
ウィリアム　物語が始まる。さあ、幕をあげろ！

音楽・暗転。

シーン1

シーシアスの宮殿内、大広間。
2つの玉座がある。シーシアスとヒポリタが登場、玉座につく。

シーシアス　さて、美しいヒポリタ。われらの婚儀も間近に迫った。待つ身の楽しさもあと4日。そうすれば新月の宵が来る。それにしても、欠けてゆく月の歩みの、いかに遅いことか！
ヒポリタ　でも、4度の日はたちまち夜の闇にとけ入り、4度の夜もたちまち夢と消え去りましょう。やがて新月が、み空に引き絞られた銀の弓さながら、式の夜を見守ってくれましょう。
シーシアス　ヒポリタ。あなたの心を勝ち得るために、あらゆる努力をしてきた。手荒な真似もしてきたが、婚儀となれば調子を変えて、派手に、にぎやかに、いろいろな趣向をこらしたいものだ。
ヒポリタ　村人たちがわれらの婚儀のため、なにか趣向を用意してくれているようです。

イジアスが娘のハーミアを引きずるようにして登場。
続いてライサンダーとデメトリアスも登場。

イジアス　（礼をして）ご機嫌うるわしゅう存じます、シーシアスの殿様！
シーシアス　おお、イジアス。どうしたのか？
イジアス　困りはてて、まかり出ましてございます、はい、わが子の、娘の、ハーミアのことで、どうにも我慢のならぬ事件が起こりまして……これ、前へ出なさい、デメトリアス。殿様、娘との婚約を許した男にございます。……さ、前へ、ライサンダー。さて、殿様、これが娘の心を迷わせた男にございます。うぶな娘心を惑わすおくりものを次から次へとよこし、いつの間にか娘の心を奪ったのでございます。当然ながら、かつては素直だった娘は、どうにも手に負えない強情者になってしまいました。

シーシアス　まことか？　ハーミア。
ハーミア　私はただ心に従っているだけでございます。
イジアス　かようなわけで、殿様、もし娘が、御前でデメトリアスとの縁組を承知いたしませぬとなれば、お願いでございます、どうぞ昔からのアセンズの法に訴えてくださいまし……娘は私のものでございますゆえ、その処分はわたくしにお任せを。つまり、この若者に嫁ぐか、死を選ぶか、それこそ、この場合、例の法律がものを言いますので。
シーシアス　どうだな、ハーミア？　よく考えるがよい。デメトリアスは立派な男だぞ。
ハーミア　ライサンダーも立派な方でございます。
シーシアス　もちろん、あれなりにな。が、この場合、父親の承諾がない以上、夫としてはデメトリアスの方が優っていよう。
ハーミア　お父様がわたくしの目で見てくれたならと思います。
シーシアス　というより、お前の目の方で父親の分別を備えるべきではないか。
ヒポリタ　恋するものにとって、分別など無意味なこと。
ハーミア　お許しくださいまし……どんな力が私をこうも大胆にさせますのやら。御前で慎みのないこととは承知しておりますが、お教え願いとうございます。デメトリアスを拒みましたなら、そのときはどんな重い罰がくだされるのでしょうか。
シーシアス　アセンズの法によれば、死刑に処せられる。
ハーミア　それなら私は死んでゆきとうございます。
ヒポリタ　ハーミア、そなたの気持ちはわかります。でも、そのようなことを簡単に口にしてはなりません。
ハーミア　ヒポリタ様、それならば私はどうすればよろしいのでしょうか。心に背いて生き続けるのは死と同じこと。
シーシアス　まあ、しばらく考えてみることだ。新月の宵まで待とう。それまでに、デメトリアスのもとに嫁ぐか、父親に背いたかどで死ぬか、どちらか決めるのだ。
デメトリアス　折れてくれ、ハーミア。死刑になどさせたくない。ライサンダー、ハーミアを愛するのなら、ハーミアを苦しめず危険を伴う要求は引っ込めて僕の正当な権利を認めてくれ。
ライサンダー　デメトリアス、君は親父さんのお気に入りだ。ハーミアの心は僕に任せて、親父さんと結婚したらいい。
イジアス　悪態つきおって！
ライサンダー　シーシアス様、身分にせよ、財産にせよ、私はいささかもデメトリアスに劣ってはおりません。ただハーミアを思う気持ちは、私の方が優っております。私はハーミアの心を勝ち得ているのですから。
シーシアス　ライサンダー、落ち着くがよい。
ライサンダー　デメトリアスは、ネダーの娘ヘレナに言い寄り、その心を得ているのでございます。結婚の約束だってかわしたとか……かわいそうにヘレナはすっかりのぼせあがってしまいました。

デメトリアス　でたらめだ……あ、あれはなんでもないんだ。
ハーミア　まあ、ひどい方。ヘレナは私の親友です。
シーシアス　実は、その話、この耳にもよくはいっている。デメトリアスとも話し合いたいと思っていたのだ。自分のことに追われて、失念していた。デメトリアス、イジアスも、一緒に来てくれぬか。2人だけに言い聞かせたいことがある。しかし、ハーミア、お前はなんとか父親の心に沿うように考えなおしてみるがよい。さもなければアセンズの法律によって、裁かれねばならぬ。
ハーミア　（ヒポリタに助けを求め）ヒポリタ様！
ヒポリタ　大公様の決められたことには、従わなければなりません。ですが、女としてそなたに同情する気持ちもあることは確か。月の女神ダイアナがあなたと共にありますように。

シーシアス、ヒポリタ、イジアス、デメトリアス、去る。
ライサンダー、ハーミアのみ残る。

ライサンダー　どうしたのだ、ハーミア？　頬の色が冴えないではないか？　薔薇の花が、こうも早く色あせるとは？
ハーミア　きっと、雨が降らないから……その雨を、この目からあらしのように降らせましょう。
ライサンダー　（相手を慰めるよう）数ある物語や歴史の中で、まことの恋がおだやかに実を結んだためしはない。
ハーミア　もし、まことの恋人たちがいつもそのような憂きめに遭うものなら、耐えてみせましょう。それが恋の定めというのなら。
ライサンダー　……そこまで思い切ってくれるのなら、それなら、ハーミア、聴いてくれ。僕にはひとり身の叔母がある。アセンズから、8、9里離れた田舎に住んでいるのだが、その叔母は、僕を1人息子のように思ってくれている……ハーミア、そこでなら結婚できる、そこまでは厳しいアセンズの法律も手が届かない。もし本当に僕を愛してくれるのなら、あすの晩、家をそっと逃げ出してくれないか。あの森で、僕は君を待つことにしよう。
ハーミア　うれしい、ライサンダー、あたし、誓います、キューピッドの1番強い弓にかけて、心と心を結び合わせ、恋を燃えあがらせる神にかけて、――ええ、あらゆるものにかけて、今おっしゃった場所で、あした、きっとあなたにお会いいたします。
ライサンダー　約束したよ、ハーミア……あ、あそこにヘレナが。

ヘレナが大廊下のところを通るのが見える。

ハーミア　ご機嫌よう、美しいヘレナ、どこへいらっしゃるの？
ヘレナ　（広間へ入って来ながら）美しいですって？　その「美しい」という言葉は取り消しにして。デメトリアスはあなたの美しさに夢中なのだわ、幸福な美しいお方！

……もし世界があたしのものなら、デメトリアスだけを取っておいて、あとはみんなあなたに上げてもいい。

ハーミア　ご安心なさい、あたし、2度とあの人には会わないつもりよ。ライサンダーと一緒に姿を隠すの……。

ライサンダー　ヘレナ、君には何もかも打ち明けておこう。あすの夜、僕たちはアセンズの城門を抜け出す手筈になっているのだ。

ハーミア　私たち、駆け落ちするの。

ヘレナ　ハーミア！

ハーミア　さようなら、懐かしいヘレナ。あたしたちのために祈って。あなたにも幸運が訪れて、めでたくデメトリアスと結ばれますように！　それでは、きっとよ、ライサンダー。お互いに会いたい気持ちを抑えましょう、あすの夜中までは。

ハーミア、退場。

ライサンダー　大丈夫だ、ハーミア……では、さようなら、ヘレナ、君がデメトリアスを想っているように、デメトリアスも君に夢中になることを祈っているよ！

ライサンダー、退場。

ヘレナ　幸せは、人によって、どうしてこうも違うのでしょう！　アセンズ中でハーミアに劣らぬ器量よしと思われていたあたし、でも、それがなんだというのでしょう？　デメトリアスは、そうは思ってくれないのだもの。デメトリアスが、ハーミアに心を奪われる前は、自分はこのあたしのものと、誓いを浴びせておいたのに……そうだわ、ハーミアが逃げようとしていることを知らせてやろう。そうすれば、あすの晩、あの人は森まで追って行くでしょう。そのことを知らせてあげて、お礼を言ってもらっても、このあたしには大きな痛手だけれど。

ヘレナ、退場。

シーン2

アセンズ公の森。町から1里ばかり離れたところにある。木の切りはらわれた大地は凹凸があり、苔が生えている。その周囲にしげみ。細い月が出ている。
パックと妖精とが別々のところから出てくる。

パック　おや、妖精じゃないか！　どこへ行くの？

バラの精　山を越え　谷を越え
しげみ　いばらを　かいくぐり
庭や垣根を　下に見て
流れに浮かび　火にも舞い……
心のままに　駆けめぐる……
月より早い　この翼

スミレの精　妖精の女王様の　お言いつけ

緑の芝の　濃い輪の形
一夜の舞いの　そのあとを隠すため
露で濡らしに　出かけます……
バラ　粋な桜草は　お小姓衆
それ　金の上着に　ぴかぴかと
スミレ　あれはルビー　女王様の贈りもの
ひとつ　ひとつに　香りがこもる……
バラ　これから露を探しに行かなければ。
そうして、桜草という桜草の耳たぶに、真珠の玉をかけてやらなければ……
スミレ　さようなら、おちゃめさん……。
バラ　その体つき、あなたはあのすばしこいいたずらっ子の妖精、パックではないかしら？
スミレ　旅人を夜道で迷わせ、困った人間を見て喜んでいる。
バラ　そのくせ、パック様、などと呼ぶ人には、力になり幸運をさずけるという。
スミレ　そのパックさんではなくて、あなたは？
パック　おっしゃるとおり。僕は夜をさまよう浮かれ小僧。オーベロン様の退屈しのぎはこの俺さまにまかされている。ところで、女王様は？
バラ　女王様とおつきの妖精たちはもうすぐここに来てよ。
パック　でも、妖精の王オーベロン様が、今夜、ここでお酒盛をなさるのだ。女王様は姿を見せないようにしたほうがいいと思うな。このごろ、王様はとても機嫌が悪くて怒りっぽい。そら、女王様のお小姓にかわいい子がいるだろう、インドの王様から盗んで来た子で。オーベロン様はその子どもを森を駆け巡るときのお供にしたいとおっしゃったのだけれど、女王様はどうしても手放したがらない。だものだから、王様と女王様とは、寄ると触るといさかいばかり。……おっと、オーベロン様があそこに。
バラ　それに女王様が向こうから。

オーベロン、タイターニアと妖精たち（ハニーサックル、サクランボ、スイートピー）が出てきて見あう。

オーベロン　月の夜に悪い出会いだな、高慢ちきのタイターニア殿。
タイターニア　そういうあなたは、オーベロン！　さあ、みんな、お逃げ——あの人のそばには寄らぬと、心に誓ったあたしなのだから。
オーベロン　待て、このオーベロンはお前の夫ではないのか？
タイターニア　それなら、あたしはあなたの奥方というわけ。
オーベロン　なぜ楯つくのだ？　俺は、ただ、あの子を小姓に貰いうけたいと言っただけなのだ。
タイターニア　たとえ、あなたの妖精の国をくださっても、それだけはだめ。あの子の母親はお産で命を落とし、私にあの子を託したのだから。その女のため、私はあの子を育てているのです。あの子を手放すわけにはゆきませぬ。
オーベロン　この森にいつまでいるつもりだ？
タイターニア　たぶん、新月の宵、シーシアスの婚礼がすむまでは。
オーベロン　それでは、新月の宵までは待ってやろう。この森を去る時に、あの子どもを置いていくのだ。
タイターニア　それだけはだめ。……妖精たち、さあ、行きましょう！　いつまでもいると、喧嘩になる。

タイターニア、怒ったまま、妖精たちをつれて退場。

オーベロン　そうか、勝手にするがよい。が、森からは一歩も出さぬぞ、この無礼の仕返しがすむまではな……おお、パック、ここへ来い……覚えていような、いつかのことを。そら、「浮気草」が生まれた時のことを。
パック　ええ、覚えていますとも。
オーベロン　キューピッドが暁の星、女神ヴェスタを狙ったその恋の矢が、星まで届かず地上に落ちた。ちょうど落ちた場所には白い花が咲いていたが、恋の矢傷を受けて、たちまち真っ赤な花に変わってしまった。
パック　そいつが「浮気草」。
オーベロン　……じつは、それを摘んできてもらいたいのだ。その花の汁を絞って、眠っているまぶたの上に塗っておくと、男であれ女であれ、すっかり恋心にとりつかれ、目が醒めて最初に見た相手に夢中になってしまうのだ。いわば、惚れ薬。その草を取って来てくれ。
パック　地球ひとめぐりが、このパックにはたったの40分。
(消える)
オーベロン　その惚れ薬を手にいれたら、タイターニアが寝るときをうかがって、それをまぶたに一たらしだ。そうすれば、あれは目が醒めて、1番最初に見るものを夢中になって追いまわすのだ。そのまじないを解くまえに、あのかわいい子どもを手に入れよう。おや、誰か来たな？　ひとつ、立ち聞きをしてやろう。

デメトリアス登場。

デメトリアス　ライサンダーとハーミアはどこへ行った？1人は必ず殺してやる……が、もう1人には殺される。

ヘレナが追って出てくる。

ヘレナ　デメトリアス！
デメトリアス　ヘレナ、あとを追いかけるのはやめてくれ。
ヘレナ　あなたがあたしを引きよせるのよ、あなたは磁石。私は忠実な愛の鋼。
デメトリアス　もう愛してはいないのだ。
ヘレナ　そう、だから、いっそう好きになるの。デメトリアス、あたしはあなたのスパニエル犬、ぶたれればぶたれるほど、尾をふってまつわりつくの。
デメトリアス　君を真底から嫌いになるようなことを言わないでくれ。正直な話、君がそばにいると、たまらなくなるのだ。

ヘレナ　あたしは、あなたがそばにいないと、居ても立ってもいられなくなるの。あたしにとっては、あなたが全世界なのだもの。

デメトリアス　いよいよ逃げの一手だ、藪のなかへでも隠れるよりほかに手はない。君のお相手は森の獣たちに頼むとしよう。さあ、行かせてくれ。

ヘレナ　あなたにぶたれても、嫌われてもついていきます！

デメトリアス　……わかった……ヘレナ、目をつぶってくれ。（両肩に手をかけ、引き寄せる）

ヘレナ　え？

デメトリアス　（優しく）目を閉じて。

ヘレナ　え、ええ。こう？

デメトリアス　そう、いい子だ。心の準備ができるまで、待ってくれ。

ヘレナ　いいわ。心の準備はもうできているわ。いつでもいいわよ。

デメトリアス、退場。
ヘレナ、目をあける。

ヘレナ　どんな猛獣だって、あなたほど残酷ではないわ。でも、あたしはついて行くの、そしてこの地獄の苦しみが、天国の喜びに変わるのを待つの、これほど愛している人の手にかかって死ねさえすれば。

ヘレナ、後を追って退場。

オーベロン　しあわせを祈るぞ、アセンズの乙女。男がこの森を出ぬうち、お前の方が逃げる役、あの男にうるさく口説かれるようにしてやろう……。

パックが帰ってくる。

オーベロン　ご苦労だったな、花を持って来たか？

パック　もちろんですよ、このとおり。

オーベロン　さあ、よこせ……タイターニアには私からこの花の汁をお見舞いしてやろう。お前にはもう一仕事してもらおう。大いに、森のなかを駆けずりまわってもらわねばならぬ。ある美しいアセンズの娘が恋をしている。だが、相手の若者は女を嫌っているのだ。その男の目に汁を塗りつけてやれ――ただ目が醒めて最初にその女の顔を見るようにしておくのだ。男はすぐわかる、アセンズの服装が目印、間違いのないよう、気をつけるのだぞ。

パック　心配御無用、王様、きっとお言いつけどおりに。

オーベロン、パック、別方向に別れ去る。

シーン3

森の中、別の場所。タイターニアが花床に横たわっている。
バラ、スミレ、ハニーサックル、サクランボ、スイートピーの妖精たちが踊っている。

タイターニア　さあ、妖精たち、歌って寝かしつけておくれ。

妖精たち
舌のわかれた　まだらの蛇に
棘をはやした　針鼠　それ
消えて無くなれ　姿を隠せ
いもり　とかげも　わるさをやめろ
女王様が　おやすみなさる

さあ　鶯よ　節おもしろく
歌っておくれ　ゆりかごの歌を
寄るな　まがごと　あやしきまじない
おやすみなさい　女王様
ゆりかごの歌に　耳かたむけて

ここでは蜘蛛も　巣をはるな　それ
足長蜘蛛に　黒かぶと虫
寄るな　さわるな　姿を隠せ
毛虫も退れ　でんでん虫も
女王様に　無礼はならぬ

さあ　鶯よ　節おもしろく
歌っておくれ　ゆりかごの歌を
寄るな　まがごと　あやしきまじない
おやすみなさい　女王様
ゆりかごの歌に　耳かたむけて

♪妖精たち子守唄（Golden Slumbers）を歌う。

Golden slumbers kiss your eyes
Smiles awake you when you rise
Sleep, pretty loved ones,
Do not cry.
And I will sing a lullaby.
Lullaby, lullaby, lullaby.

（黄金色のまどろみが　あなたの目に口づけをするよ
目を覚ませば　ほほえみがむかえてくれる
おやすみ　かわいい愛し子よ。
泣くのはおやめ
子守歌を歌ってあげるからね。
ララバイ、ララバイ、ララバイ）

タイターニアは眠りに入る。

バラ　さあ、あちらへ、もう大丈夫。１人は歩哨に残しましょう。

妖精たち、そっと立ち去る。
オーベロンが現れ、タイターニアの目に花の汁を塗る。

オーベロン　目が醒めて何を見ようと、それが、お前のまことの恋人、いいか、何か忌まわしいものが近づいて来たとき、その眠りから醒めるがよい。

オーベロン、消え去る。

シーン4

ライサンダー登場。
その腕のなかにはハーミアがもたれかかっている。

ライサンダー　ハーミア、疲れただろう。実は道に迷ってしまったようだ。すこし休んで行こう。夜が明ければ大丈夫、それまで待つことにしよう。
ハーミア　そうしましょう、ライサンダー。どこか、横になれる場所を。あたしはここにやすみます。
ライサンダー　芝は1つでも、2人分の枕に十分だ。共に夢の世界へ……。
ハーミア　いけません、ライサンダー。お願いだから、もっと離れて。結婚前の純潔な男女にふさわしい隔たりを。
ライサンダー　このくらいでいいかい？
ハーミア　もっと。
ライサンダー　いいかな？
ハーミア　もっと。
ライサンダー　（かなり離れて）……？
ハーミア　そう、そのくらい離れて——では、おやすみなさい、ライサンダー、そのやさしい命のつづくかぎり、心変わりをなさらぬよう！
ライサンダー　きっと、いつまでも。すばらしいその祈りに、おなじ想いをこめて——僕はここに寝よう。眠りが君の疲れを癒すよう。（2人とも眠りに落ちる）

パック登場。

パック　森中、さんざん捜しまわったが、アセンズ人には1人も会わずだ。この花のご利益を試してやれるというのに。おや、アセンズ人じゃないか、この身なりは。なるほど、こっちに女もいるぞ、かわいそうに、夜の森でそばにもよれない。（ライサンダーのまぶたに薬を塗る）お前の目にこの惚れ薬を、たっぷりぶちまけてやるぞ。醒めれば、たちまち恋の虜さ。さあ、目を醒ませ、ぼくが行ってしまったらな。さて、オーベロン様にご報告。（消え去る）

デメトリアス、遅れてヘレナが駆け込んでくる。

ヘレナ　待って、デメトリアス！

デメトリアス　行ってしまってくれと言うのに。そうつきまとわないでくれ。

ヘレナ　ああ、こんな暗闇の中においてけぼりにしようと言うの？　そんなことをなさらないで。

デメトリアス　ついて来ると危ない目にあうぞ。僕はひとりで行きたいのだ。

デメトリアス、ヘレナから逃げ、森の中に姿を消す。

ヘレナ　デメトリアス！　ああ、息が切れてしまった。愚かな追いかけっこをして。あたしは熊のように醜いのだわ。だからデメトリアスがあたしの姿を見ると、まるで化け物にでも出会ったように逃げ出してしまうの。あ、誰でしょう、あそこにいるのは？　ライサンダーだわ！　死んでいるの……？……まさかデメトリアスが殺してしまったのかしら！　血は流れていない、傷もない。ライサンダー、生きているなら、お願い、起きて、目を醒まして。

ライサンダー　（跳び起きて）嘘は言わない、火のなかにだって、とびこんで見せる、かわいいきみのためなら。透きとおるように美しいヘレナ。

ヘレナ　よかった、死んでなかったのね。デメトリアスが殺してしまったのかと。

ライサンダー　デメトリアス？　ああ、口にするのも忌わしい、この刃にかかってくたばってしまうがいい！

ヘレナ　いけないわ、ライサンダー、そんなこと言うものではありません。あの人はハーミアの婚約者だけど、ハーミアが愛しているのは、あなただけ、ちっとも不足はないはずよ。

ライサンダー　ハーミアに不足はないって？　大ありだ。僕は後悔している、あれと過ごした退屈な時間を。ハーミアではない、僕が愛しているのはヘレナ、君なのだ！

ヘレナ　いったいどういうめぐりあわせで、こんな酷い嘲弄を受けなければならないの？　あなたにまで、そんなふうにからかわれなければならないようなことを、いつあたしがして？　ずいぶんひどい仕打ち、あんまりだわ。あなたをもっと情のあるお方だと思っていました。ああ、なんという悲しい女でしょう、１人の男から嫌われて、それを種に、また別の男に嬲られる！

ヘレナ、走り去る。

ライサンダー　ハーミアには気がつかなかったな。そこに眠っているのだよ、ハーミア、２度とライサンダーのそばに来るのじゃない。甘いものほど、飽きがくるものだ。俺は今迷いからさめた。さあ、しっかりしろ、お前の愛と力のすべてに賭けて、ヘレナを崇め、その騎士となるがいい。

ヘレナの後を追って去る。

ハーミア 助けて、ライサンダー、助けて……。(目を醒まし)ああ、こわい! なんという夢を見たのだろう? ライサンダー、蛇があたしの心臓を呑み込もうとしたらしいの……ライサンダー! あら、どこかへいらしたの? ライサンダー! どこにいらっしゃるの? お願い、何か言って! こわくて、気が遠くなりそう。ライサンダー!

ハーミア、ライサンダーを探し、退場。

シーン5

ビル(ウィリアム)、酔っ払って歌を歌いつつやってくる。

ビル おう、月があんなにやせほそっちまっているぞ。こういう暗い夜はぱあーっと騒ぐのが1番なんだ!……なのに、あの酒場の親父! このビルさまを追い出しやがった。俺様の歌がうるさいだとよ! まったく、失礼な奴だ。俺を誰だと思っているんだか! この俺さま、今はまだ無名だが、たぶん、これから先、遠い未来には有名な劇作家になるウィリアム様だ! 今日だって、村の職人たちが大公様の結婚式で演じる芝居を書きあげて届けてきたとこだ! まあ、芝居はいいものなんだが、役者がねえ……。

パックが現れる。

パック 何をがあがあ騒いでいるのだろう、ところもあろうに、妖精の女王様の寝床のそばで?

ビル よう、兄ちゃん! そんなかっこうで寒くないのかい? 風邪ひいちまうぞ……。

パック そうだ! オーベロン様がおっしゃる忌まわしい化け物はお前が演じるんだ。さあ、これでもかぶっているんだ!(ロバの頭をかぶせる)

ビル うわあ! なんだなんだ!

パック (笑って)こりゃあ、いい。ぴったりお似合いだ。これは、これはミスタードンキーどの。(あいさつ)

ビル ドンキー? ドンキーってのはロバのことじゃあ、あるまいか? 俺様がいくら馬面だからって、ロバってのはねえよ。

パック あとで泉にでも姿をうつし、楽しんでみるんだな。(退場)

ビル おい! 待て、小僧!……この俺様をロバ扱いしやがって、あわよくば震えあがらせてやろうって気なのだ。どっこい、こっちは鼻歌でも歌って、その辺をぶらぶら歩き回るとしよう。おい! こわかないぞ!

♪まっくろけの　黒つぐみ
　べに茶のくちばし　してござる
歌に明け暮れ　歌つぐみ
かぼそいのどの　みそさざい……

タイターニア　（出て来て）あれは天使の声かしら？

ビル

♪鶯に　燕に　揚雲雀　かっこう鳥の　間抜け声

　浮気女房と　鳴くような

　　それでも亭主　文句なし……

タイターニア　お願い、優しいお方、もう1度歌って！　その美しい声に、あたしの耳はただもううっとりしてしまった……いいえ、目も、そのお姿に見とれるばかり。あなたの美の力が、激しくあたしの胸をゆさぶり、一目見ただけで、愛の言葉を、その誓いを、口に出さずにはいられない。

ビル　いやあ、奥さん！　これはこれは……お美しい方ですね。

タイターニア　まあ、あなたの言葉は機知にあふれておいで。

ビル　どういたしまして、それほどじゃありませんや。機知にあふれるなら、きちんとこの森から逃げ出す方法が見つかるんだがねえ。

タイターニア　この森から逃げ出そうなどと、そんな気をお起こしにならないで。けっしてここを去ってはなりません、それがお望みであろうと、なかろうと。あたしは妖精の女王。そのあたしが愛するのです。だから、いつまでもあたしのそばに。

ビル　！

タイターニア　妖精たち！

ハニーサックル　どうぞ御用を！

サクランボ　私にも――。

スイートピー　私にも――。

タイターニア　精々気をつけて、このお方にお仕えするように。明るい踊りでお目を楽しませておあげ。召し上がりものには、杏や木苺、紫の葡萄に緑の無花果、それに桑の実。さあ、妖精たち、ご挨拶を。

妖精たち　ようこそ、人間様！

ビル　はじめまして……なんともかんとも恐縮でござんすが、その……失礼ながら、お名前を伺わせていただきたいものでして。

ハニーサックル　ハニーサックルです。私の甘い香りで、あなた様のお疲れを癒しましょう。

ビル　ああ、ハニーサックルと言えば愛の絆を表すんでしたね。あなたは？

サクランボ　サクランボ。私の甘い実をぜひ召し上がってくださいな。

ビル　見ても美しく食べても美味ですね、サクランボは。清らかな愛は貴方様のためのもの。

スイートピー　スイートピー。色とりどりの美しい衣装を楽しんでください。

ビル　これはこれは、スイートピーさん。その香しいお姿をよく見せてくださいまし。

タイターニア　さあ、みんな、早く、愛しいお方をあちらへお連れしておくれ。

一同、館へ去って行く。

シーン6

森の中、苔むした斜面。
オーベロン登場。

オーベロン タイターニアは目を醒ましたかな。そして、その開いた目に1番最初に飛び込んできたものは何か、それを身も世もなく恋焦がれているに違いない……。

パックが入ってくる。

オーベロン それ、お使者の登場だ。どうした、浮かれ小僧？ 吾らに魅入られたこの森に、何かおもしろい慰みごとでも起ったか？

パック 女王様が化け物に血道をあげておいでです。女王さまがうとうとと眠っていらしたところへ、わけのわからぬ恥知らずの酔っ払いが通りかかりまして。があがあロバのようにうるさく歌うので、やつめの頭にすっぽりロバの頭をかぶせてやりました。その瞬間、タイターニア様が目をお醒ましになり、そのままロバにまいってしまいになるという、めったにこうはうまくまいらぬ話と相成りました。

オーベロン それほどうまくゆくとは思わなかった。ところで、例の惚れ薬、命令どおり、アセンズ人の目に塗っておいたろうな？

パック たまたま若者の眠っているところに出会いまして——もちろん、それもかたづけておきました——お話の女もそばに寝ておりましたし、男が目を醒ませば、どうしたってその女が目につく仕掛けになっています。

オーベロン 静かに。そのアセンズ人だ。

ヘレナが入って来る。

ヘレナ もういい加減にして！

ヘレナ通り過ぎる。ライサンダーが入ってくる。

ライサンダー 待って、ヘレナ！ 僕の女神！

ライサンダー、通り過ぎる。

パック どうやら女がちがうようで……。

オーベロン そのようだな。し！ またやって来たぞ。

ハーミア、デメトリアス入ってくる。

デメトリアス ああ、なぜそういじめるのだ、こんなに君を愛している男を？

ハーミア　あなたはのろわれても仕方のないことをしていらっしゃる……眠っているライサンダーを殺したのでしょう！　この人殺し！

デメトリアス　僕はライサンダーの血を流した覚えはない。

ハーミア　お願い、それなら、おっしゃって、あの方は無事だと。

デメトリアス　そう言ってあげたら、代わりに何をくれるというのだ？

ハーミア　ご褒美をあげます、２度とあたしに会えぬという……そうして、あたしはあなたのそばを去って行きます。（急ぎ去る）

デメトリアス　あれほど興奮している女のあとを追ってみても仕方がない。しばらくここにじっとしていよう。悲しみの重荷がますます重く心に食い入る。しばらくここに横になり、眠りの慈悲にすがるとしよう。（横たわる）

オーベロン　いったい、何をしたのだ？　とんでもない間違いだぞ。お前が惚れ薬を塗ってきた当の相手は、本気で惚れていた男の方だった。お前のやりそこないのおかげで、不実の恋がまことに変わるどころか、まことの恋まで浮気になりかねないぞ。

パック　さては、運命の女神のご出馬だ、そうなると、まことを守るはただ１人、百万人が嘘をつく、誓いをたてては破り、破ってはたてとというわけで。

オーベロン　すぐ行け、風より早く森中を駆けめぐり、ヘレナここへ連れ戻すのだ。それまでに、おれはこの男の目にまじないをかけておく。

パック　よし、きた、おい、きた——韃靼《だったん》人の矢よりも早く。（消え去る）

オーベロンは眠っているデメトリアスの上にかがみこむ。

オーベロン　キューピッドの矢に射抜かれた紫の花の滴だ、瞳の底にしみとおるがよい。醒めて女を見るときは、その面、夜空にかかる金星のごとく、いよいよ光り輝くよう。目が醒めて、かたわらに女がいたならば、それこそ、おのが恋の渇きを癒すものと知るがよい。

パックが現れる。

パック　妖精どもの隊長殿、それ、そこに、ヘレナがやって来る、例の、間違えた若者も一緒です。その愚かな一幕、これより見物とまいりましょうか？　はて、さて、なんと馬鹿者ばかりでござろうか、人間というものは！

オーベロン　退っていろ。２人の騒ぎで、デメトリアスが目を醒まそう。

パック　そうなると、２人が一緒に１人を口説く。一つ見物といきましょう。（２人、傍らに退く）

ヘレナ登場。そのあとにつづいてライサンダー。

ライサンダー　なぜそんなことを考えるのだ、からかいに口説いているなどと？　私の誓いはみな真実に満ちている。
ヘレナ　ますますお上手におなりだこと。今うかがった誓いのお言葉、あれはみんなハーミアのもの——あの人をお捨てになるの？
ライサンダー　俺には分別というものが無かったのだ、あの女に愛を誓ったころには。
ヘレナ　いいえ、今だってありはしない。
ライサンダー　デメトリアスがあの女を愛している。あれはあなたを愛してはいない。
デメトリアス　（目を醒まし）おお、ヘレナ、女神、森の精、全きもの、聖なるもの！
ヘレナ　デメトリアス?!
デメトリアス　その目を何にたとえよう？　水晶もまだ濁っている。おお、その手、あのトーラスの高嶺の雪も、その手を高くさしのべれば、たちまち変じて烏の黒羽色と化そう。おお、せめて口づけを、その白い手に、このうえなき清らかなものに！
ヘレナ　ああ、くやしい！　わかりました、ふたりともぐるになって、あたしをいい慰物にしようと言うのね。ただ嫌うだけではたりないと言うの？　ええ、知っています、嫌われていることくらい。でも、そのうえ、心を合わせて、あたしをあざけらなければ、気がすまないの？
ライサンダー　君が悪い、デメトリアス。いいかげんにしないか——君が好きなのはハーミアのはず。ハーミアの恋人役は喜んで君に譲る、そのかわり、ヘレナのお相手役は僕に譲り渡してもらいたい……僕はヘレナを愛している、死ぬまで愛し続けるだろう。
ヘレナ　からかうにも程がある、あんなそらぞらしい文句を並べるなんて。
デメトリアス　ライサンダー、いいのだ、ハーミアは君がとっておけ。僕は要らない。僕の心にとって、ヘレナこそが故郷、永住の地なのだ。
ライサンダー　ヘレナ、あれは嘘だ。
デメトリアス　よせ、知りもせぬ愛の誠を穢すのは、危ない目に遭いたくなければな……。

ハーミアが近づいて来る。

デメトリアス　それ、見ろ、君の恋人がやってくる。あれさ、君の大事な人は。

ハーミアはライサンダーを見つけて走りよる。

ハーミア　ライサンダー、ひどいわ、なぜあたしを置き去りになさったの？
ライサンダー　（背を向けて）どうして、じっとしていられよう、愛が行けと追い立てるのに？
ハーミア　どんな愛がライサンダーを追い立てるの、あたしのそばから？
ライサンダー　ライサンダーの愛がさ、そのおかげでじっとしていられなくなったのだ——美しいヘレナ！　あの空に輝く星、光の目、それにも増して美しく夜を照らし飾るこの女性のために。なぜ君は僕を追いまわすのだ？　これでも、まだわからないのか、君が厭になった、だから、逃げ出したということが？

ハーミア　心にもないことを。どうして、そんなことが。

ヘレナ　まあ！　この人まで、ぐるになっているのね。やっと、わかった、3人、示し合わせて、こんな性の悪い狂言を仕組んだのね、このあたしをいじめるために。ひどいハーミア、なんという友達甲斐のない人なの、あなたもぐるなのでしょう？　この人たちと一緒になって、あたしを陥れ、いい笑いものにしようというのね？　仲のよかった子ども時代を、一緒にすごした日々のことも、みんな忘れてしまったの？　2人の古い友情という愛を、あなたは2つに裂こうというの？　男たちと一緒になって、気の毒な幼馴染を嬲りものにしたいの？

ハーミア　まあ、驚いた、何を言うのでしょう……あたし、あなたを嬲りものになどしなくてよ——どうやら、あなたこそ、あたしを嬲りものにしているらしいわ。

ヘレナ　あなたじゃなくて？　ライサンダーをそそのかして、ただあたしを嬲りものにしたいばかりに、あとを追いかけさせたのは？　おまけに、もう1人の恋人、デメトリアスまで、つい、今さっき、あたしを足蹴にしたくせに、急に女神だの、森の精だの、はては、神聖にして、類まれなるもの、尊くして、天使のごとしなどと言い出したのも、みんなあなたの入れ知恵でしょう？　さもなければ、どうして、嫌いな女に、そんなことを言って？　あなたのように男たちに想われず、想ってばかりいる、これほどみじめな女はいない。それこそ、同情してくださるべきで、馬鹿になさることはないはずよ。

ハーミア　あたしにはわからない、何を言っているのか。

ヘレナ　どうぞ、ご勝手に！　あたしがうしろを向いたら、3人でお互いめくばせして、その楽しい冗談を続けるがいい。

ライサンダー　待ってくれ、ヘレナ。僕の言い分も聴いてくれ、吾が想い、吾が命、僕の魂、美しいヘレナ！

ヘレナ　おお、お上手だこと！

ハーミア　まあ、そんなにからかうものじゃないわ。

ライサンダー　ヘレナ、僕は君を愛している——命にかけて愛している。君のためなら、いつ棄ててもいいこの命にかけて誓おう、僕が君を愛していないなどと言うやつは、きっと目にもの見せてくれる。

デメトリアス　言おう、僕が愛しているほど、あの男には、君が愛せない。

ライサンダー　よし、そうまで言うなら、ここはお預けだ。向こうへ行って、その証拠を見せてもらおう。

デメトリアス　おお、すぐにも、さあ——。

ハーミア　(ライサンダーを押さえ) ライサンダー、いったいどうなるの？

ライサンダー　どいてくれ！

デメトリアス　この男は無理をして息巻いているだけさ！　おい、そのつもりなら、いくらでも追って来そうなふりをしていろよ……が、来はしまい……君は腰抜けさ、ざまを見ろ！
ライサンダー　放せ、猫め、この牝鼬！　畜生、放せというのに。
ハーミア　いったいどうしたというの？　何かあったの。すっかり変わってしまって、あたしのライサンダー？
(なおもライサンダーをおさえて放さない)
ライサンダー　あたしの！　よしてくれこの色黒女！　ええい、行ってしまえ！
ハーミア　冗談なのでしょうね？
ヘレナ　決まっているわ、あなただって。
ライサンダー　デメトリアス、さあ、約束は守るぞ。
デメトリアス　君の手形がほしいね、が、こっちから手は出せない、どうやら、かよわきお手がそれをおさえているらしいからな。口だけでは信用できないよ。
ライサンダー　何だと？　この女をひどいめに遭わせたら気がすむのか？　なぐれと言うのか？　殺せと言うのか？　いくら嫌いな女でも、そうまではしたくない。
ハーミア　何ですって？　嫌いな女、そうまで言えば十分ではなくて？　あたしが厭になったの、どうしてでしょう？　ああ、いったい、どうしたと言うの！
ライサンダー　僕は君が厭になった。そしてヘレナを愛している。
ハーミア　(ヘレナに)ああ、何ということでしょう、魔術師よ、あなたは！　そうなのだわ、夜中にそっと忍び寄って、あたしの愛するあの人から心臓を盗んだのね？
ヘレナ　お見事よ、本当に！　あなたには慎みというものがちっとも無いのね。何よ、このいかさま師、操り人形！
ハーミア　操り人形ですって？　ああ、そうなの？　なるほどね、それが言いたかったのね。やっと解ったわ。この人は背比べがしたかったのよ、自分の背が高いことをもちだしたかったのよ。そうして、そのすらっとした様子を楯に、あの人の心を虜にしたのだわ。あたしがちびでずんぐりしているのをいいことにして？　あたしがどれほど低いというの？　いくら低いからといって、この爪があなたの目にとどかないほどではないのだから。(ヘレナに武者ぶりつこうと構える)
ヘレナ　みなさん、お願い、からかうのはいいけれど、この人に乱暴をさせないで。もともと、あたしは気が弱いの。とめて、あたしを打たせないで。ああ、お二人とも、この人の方が背が低いから、なんでもないと思っていらっしゃるのね。
ハーミア　背が低い！
ヘレナ　もうあたしをアセンズに帰してちょうだい。
ハーミア　ええ、さっさと行ってしまったらいいわ。誰かとめでもすると思うの？
ライサンダー　こわがることはちっともない。あれは何もしないよ、ヘレナ。
デメトリアス　よく言った。なんの手出しもさせるものか。
ヘレナ　ハーミアは怒るとかっとなってしまって、手がつけられなくなるの。学校に行っていたころなど、大変なものだったわ。柄は小さいけれど、気の強い人なのよ。
ハーミア　また、「小さい」と言ったわね？　二言目には「低い」とか「小さい」とか！　２人とも、なぜ放っておくの、こんなにあたしを嘲弄する女を？　放して。
ライサンダー　どけ、ちび。すんずまりのどんぐりめ。
デメトリアス　（ライサンダーに）そこのちんちくりんの親指小僧はお前がとっておけ。だがヘレナは私のものだ。手を引け――　（剣を抜く）さもなければ……。
ハーミア　（ショックを受け）……ちんちくりんの……どんぐり……！（ライサンダーからはなれる）
ライサンダー　（剣を抜く）ハーミアが放してくれたぞ。さあ、出来るものなら、ついて来い。貴様と俺と、どっちがヘレナをものにするか、この勝負で決めるのだ。（森の中に駆け込む）
デメトリアス　ついて来い？　ばかな、一緒に行くぞ！（すぐ、あとを追う）
ハーミア　いい腕だわ、この騒ぎは、みんなあなたのせいよ。待って、逃げなくてもいいわ。
ヘレナ　あたしはあなたが信用できないの。あなたの方が手が早いけど、脚はあたしの方が長くてよ、だから逃げるにはもってこいだわ。（駆け込む）
ハーミア　あきれて、ものも言えないわ。（のろのろとあとを追う）
オーベロン　（前に出てくる）これもお前のそそっかしさからだぞ。相変らずだな、お前という奴は、へまをするか、さもなければ、いたずらだ。
パック　王様、これはへまの方です。覚えておいででしょう、アセンズの服装が男の目印とおっしゃった？　そこまでは、こっちの手はずに文句はないはず。確かにアセンズの男の目に薬を塗ったのですからね。
オーベロン　見たろうな、恋人たちは決闘の場所を探している。急げ、パック、闇夜のとばりをおろすのだ。いますぐ、星のきらめく大空を、あの地獄のアケロンに垂れ込める黒い霧で隠してしまえ。そうして、あの競いたつ２人の恋人たちを道に迷わせ、お互いに出会わぬようにしなければならぬ。
パック　では、時にはライサンダーの声色を使って、デメトリアスをののしり、かっとさせる。かと思うとデメトリアスになりすまし、さんざん相手の悪口をわめきちらすといった具合で２人を引き離します。
オーベロン　やがて死のような深い眠りが、疲れきった２人のまぶたの上に忍び寄って来よう。そうしたら、この薬草をしぼって、ライサンダーの目にたらしこむのだ。この汁は惚れ薬の魔法を解いてくれる。たちまち目の迷いを去り、今まで通り真実の恋人を見つめるようになるだろう。目が醒めてみれば、この愚かな騒ぎが全て夢まぼろしと思えるだろう。そして、恋人４人、仲良く手に手を取り合い、アセンズをさして戻って行くのだ、死後も変わらぬ永久の愛情に包まれてな。
パック　王様、これはぐずぐずしておられません。そら、夜の女神が去って行く。
オーベロン　では行くのだ。俺はタイターニアのところへ行き、インドの子どもをもらってくることにしよう。そう、これがうまくいったら、呪いのかかったあれの目を、化け

物の世界から解き放ってやる、それで万事、まるくおさまろう。とにかく、急いでくれ。(退場)

霧がおりて来る。

パック あちらこちらと、自由自在。おいらは奴らを引きずり廻す。小鬼のパック、恋人たちを引きずり廻せ。さあ、お一人やってきた!

ライサンダーが闇の中を手探りで戻って来る。

ライサンダー おい、どこにいる、高慢ちきのデメトリアス!

パック (デメトリアスの声色で)ここだ、悪党め。剣を抜いて待っているぞ! やい、どこだ!

ライサンダー 行くぞ。

パック よし、来い。もっと平らな所がいい。(ライサンダーは声の方へ行く)

デメトリアスが同様に手探りで出て来る。

デメトリアス ライサンダー、何か言え! 逃げ足のはやい奴だ。卑怯者め!

パック (ライサンダーの声色で)卑怯者、口では大きなことを言うが、俺には手が出せないのだな? 勇気があるなら来い!

デメトリアス そこにいるのだな?

パック 声をたよりについて来い! ここでは、思う存分戦えないからな。(デメトリアス、声の方について行く)

ライサンダー、再び戻ってくる。

ライサンダー 先回りして挑むくせに、声の方へ行くと、もういない。あいつはよほど足が早いらしい。奴の逃げ足にはかなわない。もうくたくただ。ひとまずここで休むとしよう。夜の女神が去り、暁の女神のほほえみを見たら、奴を見つけて恨みをはらしてくれよう。(眠りに落ちる)

デメトリアスが駆け戻ってくる。

デメトリアス ライサンダー! いいかげんにしろ! 明るくなりさえしたら、きっと目にもの見せてやる! それまでの命だと思え。ここで身を横たえるとしよう。すっかり疲れてしまった。仕方がない。ここで身を横たえるとしよう。いいか、夜があけたら……。(眠りに落ちる)

パック これでよし! おっと、ちょうどやって来た。

ヘレナが空き地に入って来る。

ヘレナ ああ、いやな夜、長い、いとわしい夜、早く過ぎ去っておくれ! 東の空が明るくなってくれば、アセンズへ帰れるでしょう……今は眠りがほしい。いつも悲しみの目をとざしてくれる眠りに、心をまぎらわしたい。(手探りで堤の方へ行き、デメトリアスが寝ている側に伏して眠る)

パックが現れる。

パック　まだ3人か？　も一人来い、恋人よ。男と女、二二が四。そら来た、おきゃんなお嬢さん！

ハーミアが力なく入ってくる。

ハーミア　こんなみじめな思いは初めて。露には濡れるし、茨にはひっかかれるし、もうこれ以上動けない。夜が明けるまで、ここで休んでいこう。天がライサンダーをお守りくださるように……。(よろめくようにして、ライサンダーの所へ行き、そのそばに眠る)

パック　大地が寝床、ぐっすり眠れ。その間に、まぶたに一たらし、おい、色男、それ惚れ薬。(ライサンダーの目に汁を塗る)お目々が醒めたらもとの恋人の目を眺め、ぞっと嬉しくなる仕掛け。さあ、おしまいは、めでたし、めでたし。(姿を消す。霧が薄れていく)

シーン7

シーシアス、ヒポリタ、イジアス、入ってくる。

シーシアス　ヒポリタ、この美しい朝の狩りはいかがかな。

ヒポリタ　森だけでなく、空も泉も、あたりを包む自然のすべてが1つになって、内なる想いを歌いあげるかのよう。

シーシアス　ヒポリタ、そなたの美しさがこの朝の美しさをさらに引き立てるのだ。(ハーミアに気づき)待て、この森の女神たちは、何者だ？

イジアス　それが……大公様……ここに眠っておりますのは、私の娘でございます。これがライサンダー、こちらはデメトリアスで……そして、これはヘレナ。あのネダー老人の娘、ヘレナでございます。さっぱりわかりませぬ。みな、なぜここにこうしておりますのやら。

ライサンダーが目を醒ます。

ライサンダー　ここは……ハーミア！　ハーミア！

ハーミア　(目を覚まし)ライサンダー！　よかった。ご無事で。ということはあなたがデメトリアスを？

ヘレナ　(目を覚まし)デメトリアスはここに眠っています。デメトリアス、デメトリアス。

デメトリアス　(目を覚まし)おお、愛しいヘレナ。俺はいったい、そうだ！　ライサンダーはどこだ！

ヘレナ　あちらに。

ライサンダー、ハーミアは元の恋人同士、仲良く抱き合っている。

ヘレナ　ええ、喜んで。

デメトリアス　ヘレナ、暁の女神。今やっと真実に目覚めた。俺にはヘレナ、君しかいない。これまでの私の浮気を許し、受け入れてくれるかい？

2人、手を取り合う。

シーシアス　イジアス、お前の希望は聞き入れられぬようだな。

イジアス　はい。愛の使者、キューピッドの矢によるいたずらな運命にまかせるより、いたしかたありません。

ライサンダー　シーシアス様！

ハーミア　お父様……。

イジアス　ハーミア、新しい婿殿を大切にするのだぞ。

（ハーミアとライサンダーの手をとり、かさねる）

ライサンダー　感謝いたします！

ヒポリタ　ヘレナ、そなたの真の愛が受け入れられたようですね。

ヘレナ　はい。これ以上の幸せはありません。

デメトリアス　愛の運命にさかってきた僕を、美しいヘレナは受け入れてくれました。

ヘレナ　なんだかまだ夢を見ているよう。

ハーミア　ええ、目が覚めているのか、夢を見ているのか、

2つの目で別々に眺めているようだわ。

ライサンダー　私も夢から醒め、今は真実の光に包まれている。

シーシアス　さあ、そろってアセンズに帰ろう。花婿3人、花嫁3人、厳かに式をとりおこない、披露の宴を張るとしよう……行こう、ヒポリタ。

ヒポリタ　喜んで。今宵は新月、暗闇に包まれても、愛の光が輝く夏至の夜となるでしょう。

恋人たち、去って行く。

パック　（出てきて）これですべて一見落着。ところで王様たちは？

オーベロン出てくる。

オーベロン　パック、首尾良く事は運んだようだな。こちらもいとも簡単に、インドの子どもを譲り受けることができた。

パック　女王様は目を醒まされたのですか？

タイターニア　（入って来る）おお、オーベロン、なんという変な夢を見ていたのでしょう！　なんだかロバに夢中になっていたような気がするのだけれど。

ロバのビル、入ってくる。

オーベロン　そこにいるぞ、お前の恋人は。
タイターニア　（オーベロンにしがみついて）ああ、恐ろしい！　どうしてこんなことに……おお、見ただけでぞっとする！
オーベロン　（小声で）パック、頭をはずしてやれ！
パック　合点！

パック、ビルのロバ頭をはずす。
パックがビルを脅かすと、ビルは腰を抜かしつつ逃げていく。

オーベロン　タイターニア、気分を変えようじゃないか。音楽を！
タイターニア　ええ……音楽、音楽を！
オーベロン　さあ、これで、俺たちも仲直りだ。今夜はアセンズの館で結婚式が行われるだろう。ともに出かけて行って、互いに想い合う恋人たちを祝福してやろうではないか。アセンズの恋人たちに幸多からんことを！
タイターニア　そしてそのこどもたちも、恵み豊かな人生を歩むように。さあ、妖精たち、1人残らず舞い踊れ。

妖精たち入ってくる。歌を歌い、舞う。
音楽が高鳴り、3組の恋人たちも入ってくる。
明るくなった舞台が、照明が変化しだんだん薄暗くなる。
同時に、パック以外の人たちは三々五々退場していく。

暗がりの中、パックだけが残される。

エピローグ

パック　夜の住人、私どもの、とんだり、はねたり、もしも皆様、お気に召さぬとあらば、こう思召せ、ちょいと夏の夜のうたたねに垣間みた夢まぼろしにすぎないと。それならお腹も立ちますまい。この狂言、まことにもって、とりとめなしの、夢にもひとしき物語、けっしてお咎めくださいますな。さいわいお許しいただけますなら、われら一同、今後のはげみ。このパック、御覧のとおりの正直者、ますます精だし、見事な舞台をお目にかけるよう、一同に代わって、お約束いたします、パックは嘘をつきませぬ。つきせぬお名ごりなれど、今宵は、皆様、これにておやすみなさいまし。ごひいきのおしるしに、お手を拝借。いずれ、パックが舞台でお礼をいたします。
（消える）

――幕――

※本作品は、福田恒存氏の翻訳を使わせていただいています。
※劇中歌 Golden Slumbersはイギリスの伝承童謡集「マザーグースの歌」にその詩があり、シェイクスピアと同時

代に活躍したトーマス・デッカーが劇作品の中で子守歌として描き、大変流行した曲です。シェイクスピアは作品中にこの子守歌は書いていません。

参考図書
『夏の夜の夢・あらし』ウィリアム・シェイクスピア 作／福田恒存 訳（新潮文庫）
WILLIAM SHAKESPEARE THE COMPLETE WORKS
General Editors: Stanley Wells and Gary Taylor
(CLARENDON PRESS・OXFORD)
『シェイクスピアのハーブ』熊井明子 著（誠文堂新光社）

夢を奪われた少女達

作・脚本・読谷中学校演劇同好会

初演校
読谷村立読谷中学校

初演日
２０２１年12月12日

登場人物
シゲ　ひめゆり学徒隊、14歳。
ウメ　ひめゆり学徒隊、14歳。
ツル姉さん　ひめゆり学徒隊、16歳。
じゅん子　シゲの妹、11歳。
母　じゅん子の母。
兵隊Ａ～Ｆ
先生
ハル　ひめゆり学徒隊、14歳。
シゲばぁ　案内役・語り部。

読谷村立読谷中学校演劇部、2022年8月18日。

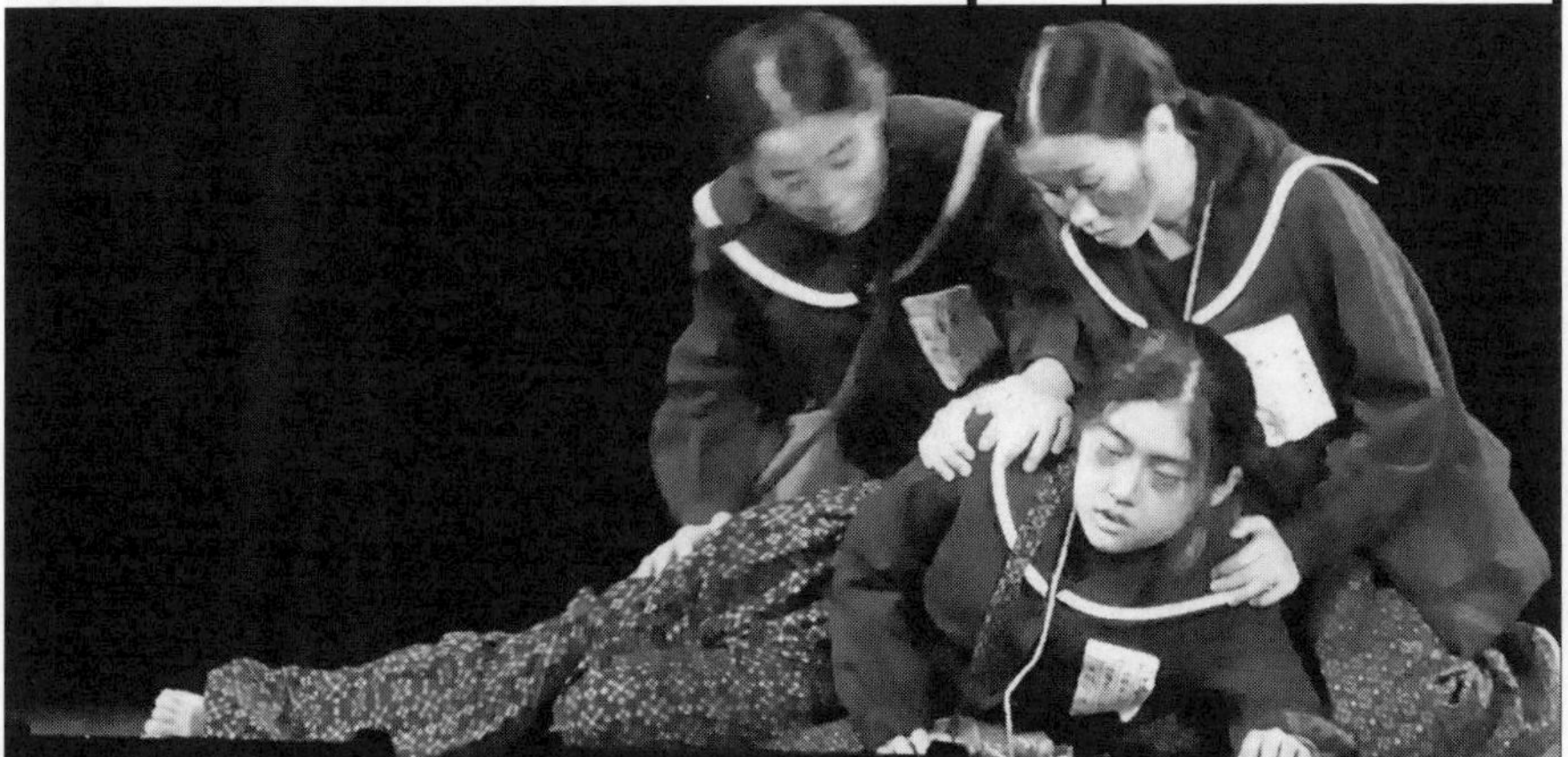

場面①

開演のベル。客席の照明が消える。
１９４４年１月。沖縄県那覇市安里の夕刻。
舞台全灯。緞帳があがりきったら、上手から、学校帰り道、楽しそうにシゲとウメが歩いてくる。

シゲ 今日の部活きつかった〜！
ウメ お疲れー！　バスケット部ってさ、いつもあんな感じなの？
シゲ そうなんだよね。基礎練ばっかりできついんだよね。
ウメ でも、シゲちゃんいつも頑張っているから、すぐレギュラーになれるよ！
シゲ ありがとう！　そういえばウメのお琴はどうだった？
ウメ ちょっとずつ上手くなってる気がする！
シゲ え〜?!　見に行きたい！
ウメ ……分かった！　もっと上手くなってからね‼
シゲ 約束だよ‼
シゲ・ウメ 指切りげんまん♪〜。

シゲとウメ歩き出す。

シゲ あっ……！

シゲとウメ止まる。

シゲ 英語の宿題やった？
ウメ やってない……！　忘れてた‼
シゲ 今日の授業むずかしかったよね〜。
ウメ うん……実は私、英語苦手なんだよね〜。シゲちゃんは英語得意？
シゲ 私も苦手なんだよねー。あっ、ツル姉さん英語得意じゃなかった？
ウメ そうだったねー！
シゲ 明日ツル姉さんに聞いてみるか！
ウメ うん！　そうしよう！
シゲ・ウメ ばいばい。

シゲ、ウメ下手にはける。

舞台上暗転と同時に、上手花道スポットライト。
シゲばぁ、上手花道のイスに座っている。
ゆっくり語り始める。

シゲばぁ えっ？　ウメ？　ウメはね、おばーの大切な親友。沖縄の方言でイチュドゥシっていうんだよ。聞いたことあるね？　あの頃のオバーたちは、勉強や運動、今のあんたたちと変わらない友達との楽しい学校生活を送っていたんだよ。
シゲばぁ　おバーの学校は沖縄師範学校女子部、県立第一高等女子学校の二つの学校をあわせて「ひめゆり」ってよばれていたわけさ。そこにはね、13歳から19歳の生徒、1150人くらいいたかね～。今のあんたたちとな～んにもかわらない本当に楽しい時間を過ごしていたんだよ。

上手花道暗転。

場面②

舞台明転。

シゲの家。舞台中央にちゃぶ台。
じゅん子板付き。（お手玉で遊んでいる）
母下手そでスタンバイ。
シゲ上手から、帰ってくる。

シゲ　ただいまー。
じゅん子　ねぇねぇ、おかえりー。
母　（舞台そでから）シゲ、おかえりー。今夕飯できたから、運ぶの手伝ってー。
シゲ　はーい！（母からお盆を受け取る）じゅん子～、あんたも手伝ってー！
じゅん子　え～！　今、お手玉やってるのにー！
シゲ　あー、わかったー。おかぁ、じゅん子手伝わないから、夕飯なしでいいよね？（下手そでに向かって）
じゅん子　（セリフの途中で遮る）分かった！　手伝うから‼
シゲ　はい、じゃあお手玉片付けて！（じゅん子にお手玉を持たせる）
じゅん子　はーい。

舞台照明少し暗く。
上手花道スポットライト。

じゅん子下手に向かう、母下手から出てくる。
3人でご飯の準備をする。

シゲばぁ　じゅん子はねぇ、おばーの自慢の妹。おかぁもさ、どんなに生活が苦しくても、「おかえり」っていつも優しく言ってくれたわけさ～。毎日ちょっとした話をして、ごはん食べて、いつも通りにすごしていたわけよ。でもさ当たり前の日常はねぇ、当たり前じゃなかったんだよ……。友達と、家族と一緒にいられる時間がどれだけ大切だったか……。

上手花道暗転。

シゲ・母・じゅん子　いただきます。（すぐに）

シゲ、フジオつける。

ラジオ（録音）　太平洋戦争……。
じゅん子　はぁ、おとーとにぃにぃ、元気かなぁ……。
シゲ　なんでー、心配しないでいいさ～、元気だよ～。おとーとにぃにぃはお国のために戦場で戦っているんだよ～。
じゅん子　そうだよね。でもまた家族みんなで、海に行きたいな～。
母　そうだね～……。
シゲ　（すぐに）じゅん子、溺れてたよね～！
じゅん子　はあ～！　違うし～！　溺れてたのは、ねぇねぇでしょ～！

シゲとじゅん子言い合っている。２人を見て母微笑む。

母　はいはい、どっちも溺れてたわよ。
シゲ・じゅん子　お・ぼ・れ・て・な・い!!

母笑う、つられて２人も笑う。
静かになる。

母　戦争なんてなければ、ずっと一緒にいられるのにね……。（ぼそっと言う）
じゅん子　おかぁ、なんか言った？
母　え？……。あぁ、なんでもない……。

シゲ何も言わずに母を見つめる。

シゲ　そういえば、隣のアキオおじさん、「戦争反対運動」起こして逮捕されたってよ～。
じゅん子　え～、そうなの～！　なんで逮捕されるのに、そんなことするのかな？
シゲ　だからね～。
母　（２人をみつめ、深呼吸）シゲ、じゅん子……。
シゲ　おかぁ、どうしたの？
母　今まで、言えなかったんだけどさ……。本当はおかぁも戦争に反対だわけ……。
シゲ　なんで？　戦争って悪いことじゃないよね？　お国のために戦争に協力することはいいことって学校で習ったよ。
母　うん……そう言われてるんだけどさ……。
シゲ　おかぁも逮捕されるんだよ！
じゅん子　（セリフの途中で遮る）ねぇねぇ！　まずはおかぁの話聞かないと、何もわからないさ～！　おかぁは何で戦争に反対だわけ？
母　もし、戦争がなかったら、今みたいに家族がバラバラになることも、なかった……。父ちゃんだって、あんな危険な戦場に行くこともなかっこ。わが子を戦わせることもなかった！　あんたたちは、学校で「お国のために死ぬのは美しいこと」って習ったかもしれないけど、おかぁは間違っていると思う！　おかぁは、あんたたちの命が何よりも大切なんだよ……。
シゲ　そっか……おかぁは、私とじゅん子のことを思って、戦争に反対してるんだね……。

じゅん子　じゅん子は、戦争のことあまりわからないけど、家族がバラバラになるのは嫌だ……。
母　こんな空気にして、ごめんねぇ。さぁさぁ！　ご飯が冷める前にたべようー。
シゲ・じゅん子　うん！

シゲ、じゅん子、母、話しながら食べ始める。
ゆっくり暗転と同時に上手花道スポットライト。

シゲばぁ　あの時はねぇ、おばーたちは「お国のために戦争に行く、死ぬのはいいこと」って教えられていたわけさー。
１９４４年になると、ツル姉さんが大好きだった英語を学ぶことが禁止されてねぇ……。日常生活でも英語は敵国の言葉として、使う事も禁止されたんだよ。その代わり「戦時訓練」「看護訓練」がはじまったわけさ。それでも私たちは、残り少ない家族との時間を楽しんでいたわけよ～。……でもよ～私の家に「三月二三日に陸軍病院に集合せよ」って伝令がとどいてねー……私は、看護部隊として、戦場に行くことになったわけさ～……。

上手花道暗転。

場面③

舞台明転。
シゲ、じゅん子、母板付き。

シゲ　行ってきます……。
じゅん子　ねぇねぇ……、がんばってね……。
シゲ　うん……。
母　……。何があっても生きるんだよ……！　必ず生きて会おう
シゲ　おかぁも、じゅん子も元気でね……。
じゅん子　うん……。
シゲ　（深呼吸）行ってきます！
母　行ってらっしゃい……！

じゅん子、母がシゲを抱きしめる。
ゆっくり暗転次のシーンの準備。

場面④

舞台明転。
南風原陸軍病院壕へ向かう途中。
ウメ上手から歩いてくる、シゲがウメを見つけて上手から走ってくる。

シゲ　ウメー！

ウメ　シゲちゃん！（驚いたように）久しぶりだねー！元気だった?!
シゲ　うん！　ウメも元気そうでよかったー！
ウメ　うん、でも、家族とお別れするとき、なんか……。お国のために戦場に行くのに、素直に喜べなかったんだよね……。
シゲ　そうだよね……。でも、戦争が終わったら、また家族みんなで暮らせるようになるよ。だから、それまで頑張ろう！
ウメ　うん。そういえば、ハルちゃんは寮から直接陸軍病院に行ってるんだよね？
シゲ　そうだったはずよー。でも、ツル姉さんは私たちと一緒で、家から向かうよね？
ウメ　つーん、そうじゃない？
ツル　シゲー！　ウメー！（手を振りながら上手から近づいてくる）
シゲ・ウメ　あっ！　ツル姉さんー。（嬉しそうに）
ツル　前の空襲大丈夫だった?!　結構激しかったさーね。
シゲ　何とか大丈夫でした。
ウメ　うちも、危なかったけど家族全員無事でしたー。（シゲのセリフにかぶせる）
ツル　よかったぁ。
ウメ　南風原陸軍病院も危ないのかなぁ……。
ツル　南風原陸軍病院は丈夫で攻撃されないし、安心して看護にあたれるって先生たちから聞いたよー。
シゲ　そうなんだー！　安心しました。

シゲ、ウメ、ツル3人で話をしながら、下手にはける。
ゆっくり暗転と同時に、上手花道スポットライト。

シゲばぁ　おばーとウメ、ツル姉さんはその病院が安全だって信じていたから、きっとおばーたちも何かできるかもしれない思っていったわけさぁ。でもねぇ、本当は病院といっても土を掘っただけの壕でねぇ、ぜんぜん安全じゃなかったんだよ。１９４５年４月１日、沖縄の青い美しい海を何百、何千もの、黒い戦艦が埋め尽くし、沖縄本島中部の西海岸から米軍が上陸を開始したわけさぁ。陸軍病院には、もうケガをした兵隊さんが毎日たくさん運ばれてくるようになったわけよ。

上手花道暗転。

場面⑤

南風原陸軍病院壕の中。
上手側に岩2つ。負傷兵A、B、Cがまばらに横たわる。
シゲ、ウメ、ツル舞台奥で作業をする。
舞台薄暗く照明。

塚の中の雑音。負傷兵がうめく。

兵隊A　学生さん！　水をくれ～！

シゲ　はい！　今行きます‼

兵隊C　うぅ……。誰か来てくれー！　あー‼（発狂）

ウメ　大丈夫ですよ。今行きますからね。

兵隊B　麻酔なしでもいい！　早く俺の腕を切ってくれ！

ツル　はい！　２人とも！　この兵隊さんを押さえるの手伝って！

シゲ　すみません！　今は手が離せないです！

ウメ　ごめんなさい。私もです！

兵隊A　傷口のウジ虫を取ってくれー、ムズムズする！

ウメ　はい！

兵隊B　（怯えながら）痛い！　痛い！　やめろー！　もう、やめてくれー！　誰か、誰か助けてくれ！（ご幻覚を見ている）

兵隊C　もういい、殺してくれ。軍医殿、殺してくれー

兵隊A　学生さん、尿器をくれ‼　早く、早く！

兵隊C　（シゲが手当てをしている）学生さん、苦しい、苦しいよ……。

シゲ　大丈夫ですよ。よくなりますからね。

兵隊C　お母さん！（手を伸ばし頭を少し浮かせる）（シゲの膝に頭をのせる）お母さん、僕が悪かった。僕が志願しなければこんなことこまならなかったのに、僕の親不孝を許してください。（死ぬ）

シゲ　兵隊さん！　大丈夫ですか？　しっかりしてください！

上手花道スポットライト。

シゲばぁ　暗い塚の中はねぇ、じめじめして暑苦しくてねぇ、そしてむせるくらい臭くて、兵隊さんの叫び声とかうめき声が、聞こえないときがないくらいずーっと、塚の中に響いていたわけさー。兵隊さんのほとんどはねぇ、十分な治療も受けられないで、どんどん死んでいったんだよ。

上手花道暗転。

場面⑥

舞台薄暗く照明。
シゲとウメ、手を合わせる。

ウメ　さっきまで、普通に話せてたのに……。

シゲ　なんで、何もできなかったんだろう……。

ウメ　教えられたとおりにしたつもりだったのに……。

シゲ　兵隊さんたちを助けるために、戦場に来たのに、何もできないなんて……、何のためにここにいるんだろう……。

ウメ　シゲちゃん！（ウメがシゲを立ち上がらせながら）私

たちは、ここにいる人たちを助けるのが仕事なんだよ！　まだ、助かる命がたくさんあるかもしれない！　シゲちゃんにできることはたくさんあるんだよ！

シゲ　そっか、ありがとう、ウメ。

ツル　（上手そでから）シゲ！　ウメ！　長くいたら危ないよー！　早く壕にもどってきてー！

シゲ・ウメ　はい！

ウメ　あと少し、頑張ろう！

シゲ　……うん！

ウメ、先に上手にはける。

シゲ　そういえば、おかぁとじゅん子どうしてるかな？（空を見上げる。）

ウメ　シゲちゃん！

シゲ、上手にはける。
だんだん暗転。

場面⑦

舞台赤い照明。
焼野原を逃げ惑う場面。
爆撃音、住民の悲鳴、叫び声。（小さくなる）

母とじゅん子、下手から小走りで入ってくる。

母　じゅん子！　はぐれないように、ちゃんとおかぁの手握って！

じゅん子　うん！　ねぇ、おかぁ、本当にヤンバルまで逃げられるかな？

母　大丈夫よ～あんた、おかぁと一緒でも不安だわけ？　何かあったら、おかぁが守ってあげるから、シワサンケー。

じゅん子　ありがとう。おかぁ。じゅん子もおかぁのこと守るからね！

母　（ほほえむ）ありがとうね～。おかぁ、嬉しいさ～。でもまずは、無事にヤンバルまで行けたらいいけどね～。

じゅん子　うん……。

住民の声　艦砲射撃だー!!　ふせろー！（舞台そでから）

母　じゅん子！

母がじゅん子におおいかぶさる。
同時に射撃の音。

母　う！　うっ！　あっ……。（苦しむ声）

じゅん子　おかぁ！　おかぁ！　誰かおかぁを助けてください！　血が止まらないんです！

母　じゅん子……。おかぁは、じゅん子たちがいてくれて、本当に幸せだった。ずっと家族みんなのことが大好きだ

からね。一緒に、海に行けなくてごめんね……。（ごめんの途中で死ぬ）

じゅん子　おかぁ？　おかぁ！　なんで、謝るの？　なんで、何も答えてくれないの？　一緒にヤンバルまで、逃げるんだよね？　おかぁ！　おかぁ!!

だんだん暗転。

場面⑧

舞台薄暗く照明。
シゲとツル板付き。
シゲとツル飯上げの樽を持っている。

ツル　シゲ、空爆が落ちついたから飯上げいこうか。

シゲ　はい……分かりました。

ツル　そっち持って。

シゲ　はい。

シゲ・ツル樽を担ぐ。

シゲ・ツル　はぁはぁ……。

ツル　あと少しだよ……！　頑張ろう。

シゲ　はい!!　あっ！　艦砲ー!!!

艦砲射撃の音。
ツル樽に覆いかぶさる。

ツル　シゲ大丈夫?!

シゲ　はい！　大丈夫です！　ツル姉さんは大丈夫ですか?!

ツル　それよりもご飯は?!

シゲ　（樽の中を見る）はぁ、ご飯は無事です！

ツル　よかったー……。ご飯は命よりも大切なものだからねー。

シゲ　はい！

シゲ、ツル樽を運ぶ。上手にはける。
上手花道スポットライト。

シゲばぁ　飯上げはねぇ、離れた炊事場までご飯を取りに行く。一番危険な仕事だったわけさー。ご飯が入った樽はねぇ、重くて2人がかりで運んだんだよ。ごはんを待っている兵隊さんのために、ぬかるんだ坂道で足が滑っても弾が近くに落ちても、樽はひっくり返さないように気を付けたさー。命より大切なものなんてないのにねぇー……。

上手花道暗転と同時に舞台上。
南風原陸軍病院壕の中。
ウメ道具を持って下手から入る。

ツル、シゲ上手から。

ツル はあー、やっとついた〜……。
シゲ 今日の爆撃はひどかったですね〜……。しっかり運べてよかった……！
ツル そうね……！　さぁ！　ご飯が冷めないうちにおにぎり作ろっか。
シゲ はい！

樽の中からおにぎりを作りながら出す。

ツル ウメー！　配るの手伝えるー？
ウメ はい！　今行きます！

シゲ、ウメ、ツル兵隊に配り始める。

兵隊D これだけの飯で俺たちが生きられると思うのか!!
兵隊E 俺たちは患者なんだぞ！　死なせるきか!!
ウメ すみません、、でも、みんな少しずつしかないんです。
兵隊F どうせ、おまえらだけたくさん食べてるんだろ！
ウメ いいえ、そんなことは……。
ツル ウメ、答えなくていいよ。
ウメ でも……。
ツル 今からおにぎり配りますからねー。

シゲ、ウメ、ツル負傷兵の手当ての仕事を続ける。

兵隊F おい！　そこの学生！　無視するな！
シゲ どうされたんですか？　包帯を巻きなおしましょうか？
兵隊F い、いや……なんでもない……。
兵隊D 水をくれー！
兵隊E もっと飯はないのか?!

舞台上暗転と同時に。
上手花道スポットライト。

シゲばぁ 食事はねぇ、テニスボールよりも小さいおにぎりが1日2個だったわけさー。でもねぇ、戦況が悪くなるとピンポン王くらいのおにぎりが1日1個になったんだよ。
私たち学徒の仕事はねぇ、今では考えられないくらいきつくてね……。負傷兵の手当て、手術、だけじゃなく、食事の運搬から水汲み・死体埋葬となんでもやったさ〜。つらい環境で必死に働いたさー。

上手花道暗転場面。

場面⑨

舞台薄暗く照明。南風原陸軍壕の中。

ウメ　はあ、戦争っていつまで続くのかな……。
シゲ　だからねー……。はあ、おかぁとじゅん子に会いたいなー。
ウメ　私も……家族に会いたいなぁ。
ツル　あんたたち、そんな暗い顔しないで！
シゲ　でも……。
ウメ　ツル姉さんはきつくないんですか？
ツル　私も、きついよ……。でも、日本は絶対勝つから大丈夫よ！
シゲ　そうですよね……。
ツル　こんな気分のままじゃ仕事も頑張れないから、歌うか！
シゲ・ウメ　えっ?!
ツル　兎おいし、かの山ー（歌ってる）ほら！　あんたたちも！

シゲ、ウメ、ツル「ふるさと」を歌う。

シゲ　はあー……なんかすっきりした気がします。
ウメ　こんなして、みんなで歌ったの久しぶりですねー。
ツル　そうだね……なんか、音楽会が懐かしいねー……。
シゲ　また、みんなで歌いたいですね、
ツル・ウメ　うん！

だんだん暗転。

上手花道スポットライト。

シゲばぁ　きつい仕事の中でも、お互いに励ましあって、なんとか1日1日を生きていたわけよ。でも、6月18日の夜、陸軍病院で私たちに解散命令が言い渡されたんだよ。突然の解散命令に、私たちは混乱したさー。

上手花道暗転。

場面⑩

舞台薄暗く照明。南風原陸軍壕の中。

先生　君たちは、よく頑張ってくれた。（間をあけて）今日からは自らの判断で行動するように。
生徒　えっ?!（ざわざわする）
ツル　なぜですか?!　今まで私たち、頑張ってきたのに……。
先生　（無言）
シゲ　私たちはこれからどうすればいいんですか?!
先生　……決して早まったことをしてはいけない。安全な場所を探して、1人でも多く生き延びなさい。
ウメ　でも、外は砲弾の嵐です！　このままだと、みんな死んでしまいます!!

シゲ　先生！
先生　固まっていれば、みんな殺されてしまう。出るんだ！すぐに出ろ‼（強く）

生徒たちざわざわしながら出ていく。

ウメ　先生！　ハルちゃんはどうするんですか！　重傷で一緒に逃げられません！
シゲ　ウメ！　私たちの肩をかしてあげよう！　そしたら、一緒に逃げられるよ！
ハル　シゲ！　ウメ！　私にかまわず早く行って‼　後で必ず追いつくから！
シゲ　わかった……後で必ず会おうー
ツル　シゲ！　ウメ！　早く出ないと！
ウメ　ハルちゃん……。（ツルに引っ張られる）
ハル　早く行って！　私は大丈夫だから……。

シゲ、ウメ、ツル上手にはける。

舞台上照明少し暗くすると同時に、ハルちゃんにスポットライト

ハル　私も連れて行ってほしかった……みんなと一緒にいきたかった……。

だんだん暗転。

場面⑪

赤い照明。激しい爆撃音。
南風原陸軍病院壕を出て、艦砲射撃の中を逃げ惑う場面。
シゲ、ウメ、ツル上手から走ってくる。

ツル　2人とも！　ちゃんとついてこれてる？
シゲ　はい！　大丈夫です！　でも、ウメが……。
ウメ　ちょっと待ってください……。（息切れいている）
ツル　砲弾が落ち着いてきたから、ちょっと急ごうか！ウメ！　もう少しだから、頑張って！
ウメ　はい！
シゲ　きつかったら、後で休めるかも……。
ウメ　（うなずく）３人で逃げ切れるように、私も頑張る！

近くに爆弾が落ちる音。
ツルが倒れる。

シゲ　ウメ大丈夫?!
ウメ　うん、大丈夫。
シゲ　ツル姉さんは⁉（振り向く）……えっ?!

ウメ振り向く。

ウメ　ツル姉さん……？

シゲとウメ、倒れているツルにかけより抱き寄せる。

シゲ・ウメ　ツル姉さん?!　ツル姉さん?!
ツル　私は……もう……歩けないから……かまわず……先に行って……。
シゲ　何言ってるんですか！　そんなことできません！　ツル姉さんも一緒に……。
ウメ　３人で逃げないと、意味がないんです！　１人でも欠けたら、ダメなんです！
ツル　あなたたちは生きる運命、私は死ぬ運命……。お母さんにここで死んだと伝えて……。最後くらいお母さんにもう一度、もう一度会いたかった……。

ツル死ぬ。

シゲ・ウメ　ツル姉さん！　ツル姉さん！
シゲ　どうして？　どうして、ツル姉さんが死んじゃうの？
ウメ　……。
シゲ　ねぇ！　なんで！　なんで、死んじゃうの?!

激しい艦砲射撃、爆撃音。

ウメ　シゲちゃん……このままじゃ、私たちも危ない！
シゲ　わかるよ……分かるけど……ツル姉さんをここに置いていけない。
ウメ　私も、置いていきたくない……でも、私たちはどうすることもできない。逃げるしかないんだよ。
シゲ　分かった。（深呼吸）
ウメ　ツル姉さん、ごめんなさい。
シゲ　今まで、ありがとうございました。

シゲがツルに花を持たせる。
だんだん暗転。

場面⑫

舞台薄暗く照明。

シゲ　ウメ！　ここのしげみに隠れよう。
ウメ　うん。

砲弾の音。

ウメ　もう少しで死ぬところだった。ありがとう、シゲちゃん。
シゲ　ううん。ウメがケガしなくてよかった。
ウメ　このまま２人で逃げ切ろう。
シゲ　うん。

米兵（録音）　誰かイマスカ？　隠れている人たちデテキナサイ。日本はマケタノデス！　ムダな抵抗をやめて、デテキナサイ。日本はマケタノデス！　命をステナイデクダサイ‼
ウメ　負けたってことは私たち捕虜になるの？　捕虜になったらなにをされるかわからない。
シゲ　日本が負けたなんて、絶対嘘だよね？
シゲ　でも、ここまで逃げてきたんだよ？
ウメ　怖いよう……。私、殺されるかもしれないんだよ。
シゲ　私だって怖いよ……。でも、本当に酷い殺され方をするのかな？　ウメ！　行ってみよう！
ウメ　いやだ、絶対行きたくない！　先生たちが言ってたことは本当なんだよ！（カバンから手榴弾を出す）
シゲ　ウメ！　だめだよ！　ここで自決したら、ツル姉さんが悲しんじゃう、ツル姉さんの分まで生きなきゃ！
ウメ　（深呼吸）分かった、ツル姉さんの分まで……。
米兵（録音）　日本はマケタノデス！　ムダな抵抗をやめて、デテキナサイ‼

シゲ、ウメ両手を挙げて上手にはける。

舞台上暗転と同時に、上手花道スポットライト。

シゲばぁ　戦場をさまようおばーたち学徒は、絶対に捕虜になってはいけないって教えられていたわけさー。捕虜になるのは恥だと信じていたし、米兵は男を八つ裂きにして、女をもてあそんで殺すって聞いていたから、捕虜になることを何よりも恐れたわけよー。おばーたちひめゆりは3月の動員から解散命令を受けるまでの90日に19名の友達がなくなってさ。解散命令後のわずか数日で一〇〇名以上の友達が亡くなったんだよ。……そして捕虜になったわたしたちは、コザ収容所に収容されたんだよー。

上手花道暗転。

場面⑬

舞台下手側に「コザ収容所」の立て札。
舞台上少しずつ全灯。
じゅん子板付き、（お手玉を見つめている）
シゲとウメ上手入り。

シゲ　……じゅん子……？
じゅん子　ねぇねぇ？

シゲとじゅん子駆け寄り、抱き合う。

シゲ　じゅん子！　無事で良かった～！
ウメ　じゅんちゃん、ヤンバルまで逃げるの大変だったでしょ……。
じゅん子　うん……。周りの人たちについて行ったんだけど、途中で捕虜になっちゃったんだ。
ウメ　そっか……じゅんちゃん頑張ったんだね……。
シゲ　周りの人たち……？　おかぁは？　おかぁと一緒じゃなかったの？
じゅん子　……おかぁは……じゅん子のことをかばって……。
シゲ　……じゅん子……。
じゅん子　ねぇねえ、ごめんね……ごめんね……。

シゲがじゅん子を抱き寄せる。

シゲ　じゅん子は何も悪くないよ……。戦争が……戦争がなければ……！
ウメ　全部間違っていたんだね……何もかも……。

舞台上だんだん暗転。

場面⑭

舞台上に、先生、母、じゅん子、ツル、それぞれの場所に思い思いに居る。

舞台は上手側スポットライト。
「別れの曲」が流れる。（小さく）

先生　私の夢は、教え子たちが、先生になる姿を見ることでした。本当は看護教育なんてさせずに、短い学生生活を楽しんでほしかった。危険な戦場に、行かせたくなかった……。

舞台上手側スポット消えると同時に、舞台下手側スポット。

母　私の夢は、家族みんなで過ごすこと、ただそれだけでした。子どもたちの笑顔や、我が子が将来どうなるのか、考える時間さえもとても幸せでした。本当は自分の目で、あの子たちの幸せを見届けたかった。

舞台下手側スポット消えると同時に、舞台中央スポット。

じゅん子、お手玉を握りしめ、舞台中央に座っている。

じゅん子　じゅん子の夢は、家族みんなで海に行くことです。家族や、友だちと楽しい思い出をたっくさんつくりたいです。

舞台中央スポット消えると同時に、舞台上手側スポット。

ツル　私の夢は、学校の先生になることでした。大好きな英語を子どもたちに教えて、外国の文化を学ぶ楽しさを伝えていきたかった……。戦争がなければ、夢が叶ったのかな……。

　　舞台上手側スポット消えると同時に、舞台下手側スポット。

　　ウメ舞台下手側で正座をしている。（琴を弾くポーズ）

ウメ　私の夢は、みんなに琴を弾いている姿を見てもらうことです。戦争が近づいてきて、練習をする時間も無くなってしまった、、何よりも、友だちの笑顔が少なくなっていくのが、つらかった……。私の演奏で笑顔になってほしい。

　　舞台下手側スポット消えると同時に、舞台中央スポット。

シゲ　私の夢は、大好きなバスケットをたくさん練習して、もっと上手くなることです。学校の先生になったら、勉強だけでなく運動をすることの楽しさも子どもたちに伝えたいです。明るく希望に満ちあふれた子どもたちに……。

　　全灯。出演者全員横一列に並ぶ。
　　シゲばぁ、シゲの少し前に椅子に座る。

先生「太陽の下で大手を振って歩きたい」

　　先生のセリフと共に、シゲ中央で全員出てきて、横1列にならぶ。

ツル「水が飲みたい、水、水」

シゲ「お母さん、お母さん」

ウメ　学友の声が聞こえてきます。

じゅん子　私たちは、真相を知らずに戦場に出て行きました。

母　戦争は、命あらゆるものを殺すむごいものです。

みんな　私たちは、1人1人の体験を通して知った、戦争の実体を語り続けます。

　　「別れの曲」をバックに全員遠くを見ている。
　　緞帳が下がる。

伊原第3外科壕の奇蹟

又吉弦貴

登場人物
ミアイ
スズ
シオネ
オネ
レイ
マサル

ユキ
ミチコ
アイコ

日本兵キヨシ
日本兵コウヘイ
米兵ロペス

那覇市立安岡中学校、2022年10月30日、那覇文化芸術劇場なはーと、初演。

機関銃音。
「マイムマイム」音楽・ダンス数名。
ダンス後、雑談。

ミアイ　ねえ、あのさぁ、マイムマイムってどうゆう意味。
スズ　イスラエルって砂漠が多いじゃん、それで井戸を掘り当てたときの喜びをあらわす歌。水が出て嬉しいなという意味だよ。
ミアイ　へぇ、普段は遊んでいるように見えるけど博学だなぁ！　能ある鷹は爪を隠すだね。
スズ　なにそれ……。
シオネ　ノンアルコールは爪を溶かす……。

スズ、ミアイこける。

スズ　もう……シオネ、能ある鷹は爪をを隠す！

携帯着信音。

シオネ　ん、なんかなってる?……。
スズ　先生のスマフォ？　とっていいかなぁ？（スマフォをとる）

機関銃音。

ユキ　こちらイハラ第3外科壕です。どちらの部隊ですか。（早口で）
シオネ　どういうこと、あ、いたずら電話?……。
スズ　そういうこと……。
ユキ　伊原第三外科壕に配属された比嘉ユキ。
シオネ　まさかとおもうけど、伊原第３外科壕……？　比嘉ユキ人、ネットで検索してみて……。
スズ　どうせ、いたずらだと思うけどね……。（タブレットでネット検索）ヒ・ガ・ユ・キ。えっ、うそでしょ、出てきた！
シオネ　えっ！　本当だ！
ユキ　ネット?ってなんですか、もしかして敵の内通者ですか！
スズ　内通者だなんて……。
シオネ　伊原第3外科壕もっと詳しくも検索してみて。
スズ　わかった！　ねぇねぇここ。（検索してものを見せる）
シオネ　比嘉さん、あなたは、ひめゆり学徒隊？（声を上げる）
ユキ　えっ、どうしてわかるの？
スズ　えっ、ちょっと待って比嘉さん！　今日って何年の何月何日ですか？　あと元号は何ですか？
ユキ　えっと、今日は確か昭和20年の……。
ミチコ　６月17日でしょ。日付くらい覚えておきなよ！っていうより、一人でなにしゃべっているの？（隣にいたミチコが答える）

ユキ　なんか不思議な通信があって……。
スズ　昭和20年か……というと1945年……。比嘉さん、信じられかもないしれないですけど、私たちのところは2022年、私たち77年の時間を超えて話しているみたいです。
ユキ　77年！
スズ　あっ、遅れましたけど私は、中学3年生のスズ。
シオネ　私はシオネ。あっ、スズと同じ15歳です。
ユキ　えっ、私たちも同じ15歳です。
スズ　ほんとですか、同い年なら敬語やめません？　あっ、ちがう敬語やめよう！
ユキ　いいよ！　じゃあ私のことはユキて呼んで。
スズ　うん。
ユキ　私と一緒にいるのはミチコ。私はミッちゃんて呼んでる。（スズ調べ始める）
ミチコ　もお、勝手に名前ばらさないでよ！てか不思議な通信？　未来と繋がるなんて、おかしいよ！
ユキ　そんなに言うんだったら2人に聞いてみようよ！
シオネ、スズ、この戦争ってもちろん日本軍が勝つよね。
（顔見合わせる）
シオネ　残念だけどね負けて、降伏する。
ユキ　負けるわけないよ。兵隊さんも日本軍の勝利だって……。
ミチコ　そうだよ、日本軍が負けるなんて、やっぱりあなたたち敵の……。
スズ　ユキ、ミチコ、本当は最近状況が悪くなってるなって感じてるんじゃないの？　今調べてたんだけど、食事も小さなピンポン球くらいのおにぎりが一日一個。敵の砲弾も激しくて援軍もいつまでたっても来ない！
ユキ　たしかに、それはそうだけど、信じたくないよ。
ミチコ　ユキ、信じる必要ないよ！　こんな人たちの言うことなんて！　私たちのことをしらべて伝達する内通者かもれないいんだよ！
ユキ　ちょっとミッちゃん言い過ぎだよ！
ミチコ　だって……初めて話をして、姿も見えないし……。
スズ　ミチコの言うこともわかるよ、急に言われても信じられないよね……。
シオネ　何これ。（笑う）ねぇねぇ、ユキ。ネットで調べてみたらね面白いのみつけたの。（タブレット検索していて面白いところを見つける）
ユキ　面白い？
シオネ　そう、ひめゆりの生徒たちって先生にあだ名をつけてたんだって？　えっーと「クラークゲーブル」とか「ペンギン」とか。
スズ　ちょっと、シオネ！　今真面目な話していたのに……。
ユキ・ミチコ　バネ仕掛けのすーとか。（笑い）
ユキ　シオネ、そのなんとかって言うもの、そんなことまで調べられるの！　学校か！　なつかしーなぁー！　よくみんなで図書館で本を読んで、日が暮れるまでおしゃべりしていたよね。
ミチコ　ちょっとユキまで……スズの言うとおり。今まじめな話をしていたんだよ！　でも、図書館かぁ、懐かしい！　久しぶりに夏目漱石読んでみたいな。それと、シシシ……。

ユキ　シマザキ……。

ミチコ　トウソン！　そう島崎藤村！

「まだあげ初めし前髪の　林檎のもとに見えしとき前にさしたる花櫛の　花ある君と思ひけり」

『初恋』……とか読みたいなぁ。

同級生のミアイ、登場し席に着く、シオネとスズが、携帯で何か話しているのが気になる……。

ユキ　戦争が終わったら、また、みんなで図書館行こうね！　そういえば気になる事があるんだけど、シオネやスズたちの時代では学校では何を習っているの？

スズ　えっとね、国語、数学、理科。

シオネ　社会……あれ他にも何かあったよね。

ミアイ　英語でしょ！　今はグローバル社会なんだから、英語はこれからの世界を生き抜くために大切なアイテムよ。

ミチコ　英語、アイテム？　それって敵の国の言葉じゃない！

シオネ　まぁ、そう思っても仕方ないよね。でも私たちの今生きてる時代、２人の77年後には同盟国になっているんだ、不思議だよね……。

ユキ　信じられない。

ミチコ　もう、ユキ、だまされているかもしれないよ。

ミアイ　ねぇねぇ、さっきから何の話をしているの？

シオネ　なんか不思議なんだよ、過去と通信してて……。

ミアイ　過去と通信ね、でも前にテレビドラマで観たことがある。

シオネ　えっ、ほんとに！

スズ　あっ！

シオネ　何！　スズ、急にどうしたの？

スズ　音楽の授業もあるって２人に言うの忘れてた！

シオネ　ちょっとびっくりさせないでよ、そんなこと！

スズ　だって音楽大事じゃん。

ユキ　まぁねぇ。

ミチコ　音楽いいよね、戦争が始まる前まではみんなでよく歌ったなぁ。

ユキ　あっ、ミッちゃんね、こう見えて実は歌うまいんだよ。

ミチコ　ちょっとユキ、（嬉しそうに）こう見えてってなによ！（笑う）そうだ、あなたたちの時代にはどんな歌があるの？

ミアイ　んー何があるかなぁ……。

シオネ　あっこれは……。

３人、アカペラで歌う。

「海のチンボラー」（沖縄民謡・作詞・作曲　伊良波伊吉）

海ぬちんぼーらー小

（うみぬちんぼーらーぐわー）
逆ない立てぃば
（さかないたてぃば）
足ぬ先々危なさや
（ひさぬさちざちあぶなさやー）
したくぬ悪っさやすばなりなり
（したくぬわっさやすばなりなり）
さー浮世の真ん中ジサジサ
（さーうちゆぬまんなかジサジサ）
ジッサイ島ぬヘイヘイヘヘイ
（ジッサイしまぬへいへいへへい）

ミチコ　わぁ、とってもいい歌。
ユキ　本当、心にしみた。３人ともありがとう。これでお国のために死ぬことが怖くなくなった！
ミアイ　ちょっと何を言っているの。
スズ　お国のためってダメだよ！
シオネ　そうだよ、自分の命は自分のもの。
ミチコ　何言っているの？　それは非国民が考える事！　お国のために生きて恥をさらさない、みんなも清く、お国のために命を捧げた。
スズ　非国民がなんなの、お国のため？　そんなのだめだよ！　１番大切なのは自分の命だよ。自分で自分の命を大切にしないでどうするの！
オネ　昔の沖縄のことわざにもある！「命は宝　ぬちどぅ宝」
ユキ・ミチコ　ぬちどぅ宝……。

日本兵２人、上手から登場。
機関銃音。

日本兵キヨシ　おい、ひめゆり！
ユキ・ミチコ　（敬礼）はい。
スズ　えっ、誰の声。
ミアイ　男の人の声……だよね？
日本兵コウヘイ　何をしている！　話している、そんな暇があるったら水をくみに行くぞ！
ユキ　あ、わ、わかりました。ミッちゃん、これ片付けとくね！
ミチコ　ユキ、この人たちにだまされすぎるんじゃないよ、私先にいく。（強い口調）
ユキ　ミッちゃん。

ミチコ、ユキ、日本兵と一緒に水くみに向かうが、途中で米兵を見つけ壕に隠れる。
壕の近くでは、同じひめゆり学徒隊のアイコが芋をほっている。
芋を掘っていると、米兵が近づいてくるのが見える。

米兵・ロペス登場。

日本兵隊２人、隠れる。

アイコ　（米兵と目が合い）ワッタームン！
日本兵キヨシ　あいつ、何言ってるんだ！
ミチコ　沖縄の島言葉で『私のもの』って意味です。
日本兵キヨシ　あぁ、オッケー……。英語みたいに聞こえるな。
ミチコ　えぇ！　今オッケーって言いました？
日本兵キヨシ　いや！　言ってないよ！
ミチコ　いやいや、言ってましたよね？
日本兵　やめろ！　ひめゆり！（敬礼）はい。
ミチコ　ねぇねぇ、今オッケーって言っていたよね……。

日本兵、咳払いをして様子を見に行く。

アイコ　ワッタームン！
米兵ロペス　What time? Oh! 9Nine Three.
日本兵コウヘイ　今のはなんて言っているんだ？
ユキ　たぶん、ワッタームンがWhat time て聞こえて、時間を教えたと思います。Nine Three、９時30分……て。
日本兵コウヘイ　おい、芋をどんどんとっているぞ！
ユキ　たぶん……Nine Three なーひぃんとぅり！と聞こえて、
日本兵キヨシ　なーひぃんとぅり？
ミチコ　沖縄の島言葉で、もっととりなさい、ていう意味です。

日本兵キヨシ　あぁオッケー……おおおぉぉ。コウヘイ！　あの米兵を捕虜として捕まえるぞ！

２人ロペスを捕らえる。
日本兵、ロペスに銃口を向ける。
ユキ、ロペスを覆いかばう。

ユキ　ダメです、見てください。この人は怪我をしています！　アイコ、包帯！
ミチコ　そうです、敵でも味方でも命は宝、命どぅ宝ですよ！

アイコ、道具を持ってロペスもとへ。

日本兵コウヘイ　３人ともどけ！
日本兵キヨシ　どかないとお前らも……！

銃撃音。

ユキ　何でそんなこと言うんですか！　そんなにアメリカが憎いんですか！
日本兵コウヘイ　憎むに決まっているだろう！　キヨシさんの弟はアメリカ兵に殺されたんだ！
ユキ　……でも、だからってあなたたちまで、同じ事をしてはいけません！　本当に憎いのはアメリカじゃない！　この戦争です。

銃撃音。
キヨシ、銃を下ろす。
機関銃音。
キヨシ撃たれ、ミチコ、キヨシを助けようとする。

日本兵キヨシ おれは、足でまといになる先に行け！
ミチコ あなたを見捨てて逃げるわけにはいきません！
ユキ 命は宝！
日本兵キヨシ 命どぅ宝か……。

キヨシを抱えながら、ひめゆり撤退……壕から出て行く。
銃撃音。

ミチコ きゃぁー！（叫び声）
ユキ ミッちゃん！ ミッちゃん！
スズ ユキ？
ユキ ミッちゃんがミッちゃんが。（泣き崩れる）
シオネ ユキ・ミチコ！ 大丈夫、ユキ・ミチコ！

幻想

シルエット（ブルー）。

ユキ ミッちゃん死なないでよ！ 一緒に図書館行くって約束したよね……。
ミチコ お母さん、お父さん……。
日本兵コウヘイ お国のため、それが正しい。
日本兵キヨシ この非国民が（怒）！ なまはんかな覚悟は捨てろ。
ミアイ 過去と通信！ そんなことって……やっぱりありえないよ映画じゃあるまいし……。
アイコ あの3人のこと信じていいのかなぁ？
シオネ ねぇ、スズ！ ユキとミチコ死んじゃってないよねぇ？
スズ あんなの悪い夢だよ！ ユキとミチコも生きているに決まっている。
レイ ねえねえマサル、この新聞見て！ こないだ電話がかかって来たっていっていたじゃん？ ひめゆり学徒隊のユキっていう人からだっけ、その人が載っている！
マサル えっ、あれってさぁー、いたずら電話っていってなかった？
レイ とにかくここ読んでみて、いたずらじゃなかったてことがはっきりするはず！ ここ、ここ……。
マサル 元ひめゆり学徒隊の又吉ユキ、旧姓比嘉ユキさん92歳が……、（驚き）でもさあ、こんなことって絶対あり得ないよ！
レイ あり得ない？ マサル、絶対あり得ない事はない。
マサル えっ！
レイ 1959年アメリカウエストバージニア州パインズ

ビルの山中で、ダグラス・シェルトン少年が捕まえた猫には翼が生えていた。

マサル　にゃぁ。（ふざけて猫の鳴き声）

レイ　その猫の噂は、あっと言う間に広がり地元紙「ポスト・ヘラルド」にも取り上げられた。（客席からスズたちの所へ）この世界には不思議なこと、奇蹟はあるはず……。

マサル　にゃぁ。

レイ　ふざけるな！（にらむ）みんなここ見て！

スズ・シオネたちに新聞を見せる。

シオネ　何？　どうしたの？

マサル　このあいだ3人が話していたひめゆり部隊のユキのこと。

シオネ　なに、また、からかいに来たの？

マサル　その時の「ユキ」が新聞に載ってるの！

ミアイ　えっ、どういうこと？

レイ　ユキのお孫さんが新聞の取材受けて記事を書いてるわけ、読んでみて。

シオネ　ひめゆり学徒隊として沖縄戦に看護動員され、戦後、語り部として尽力された又吉ユキ（旧姓比嘉ユキ）さんが死去した。お孫さんのえっ、まさかあのユキさん！うそでしょ、信じられない……。

レイ　マコトさんは本誌の取材に次のように語った。

シオネ　おばあちゃんは、『自分の体験を後世に伝えるために生かされた。』と『平和だと思っている日常も絶えず努力して守っていかなければいけない。命は宝《ぬちどぅたから》。これが沖縄戦というあまりにも大きな代償を払って得た、沖縄人《うちなーんちゅ》の堅い心情だよ。』と話してくれました。

音楽。

スズ　そんな気の強いおばあちゃんでしたがある時、不思議なエピソードを話してくれました。壕からの解散命令の前日、通信機で未来の女の子と通信したと。その女の子たちが歌ってくれた歌と「自分の命を大切にしなさい　命は宝《ぬちどぅたから》」という言葉に心が動かされたと……。

互いに顔を見合わす。

――幕――

＊参考文献
「沖縄戦の発掘 沖縄陸軍病院原南風原壕群」
　新泉社、池田榮史
「弾雨の中で」新日本出版社、行田稔彦
「ひめゆり学徒隊の引率教師たち」
　ひめゆり祈念資料館 企画・執筆
「ひめゆりの沖縄戦」岩波ジュニア新書、伊波園子
「絵本 ひめゆり」ひめゆり祈念資料館・三田圭介
「生かされて生きて」道友社、與那覇百子

さくらサクエスト

池　奏帆

登場人物
咲良　中3。書道が得意。あがり症。
春　姉。高2。不良。根は優しい。
華　妹。小4。俳優を目指す。
静香　母。女優兼料理研究家。
源　父。海外に単身赴任中。あいちゃんの限界オタク。
じいちゃん　元空手師範。
莉奈　咲良の友人。中田君が好き。
林さん　静香のマネージャー。
中田君　咲良のクラスメイト。アイドル的存在。
きらりん　華の同級生。子役。
きらりん母　モンスターペアレント。
ゲーム
サキ　書道家。大きな筆で戦う。（実は咲良）
スイ　格闘家。（実はじいちゃん）
ヤマチャン　魔法使い。（実は静香）
ユリ　剣士。（実は華）
アイス　学者。（実は源）
ナツ　ガンマン。（実は春）
※中田君とスイは同じ役者が演じると効果的です。
その他
ユアバスケットの店員・店長
山田先生
生徒たち
マスコミたち
パチ公
キュッパ（声）
渋谷の人たち

初演校
久喜市太東中学校
初演日
２０２１年12月28日

横浜市立谷本中学校演劇部、2023年３月27日、関東大会にて。

第一場　学校

音楽とともに開幕。

舞台は教室。古典の授業中、先生と生徒たちが暗唱をしている。生徒たちは客席に背を向けて座っている。教室後方（舞台手前）に主人公も客席に背を向けて座っている。

生徒たち　（暗唱）

先生　はい、では暗唱テストの続き行きましょう。まだ合格ではない人、（閻魔帳をみながら）えっと……大宮さん。

生徒たち　大宮さん？

生徒全員がふりかえって咲良を見る。

咲良　あ、はい。

先生　覚えてきた？　言える？

咲良　あ、……。

先生　まだ覚えてないの？　まだなの大宮さんだけだよ。

生徒がくすくすと笑いだす。チャイムが鳴る。

先生　静かにして。じゃあまた次の時間ね、終わりましょう。

生徒　気を付け、礼。

生徒は椅子と机を中割より奥へ片付けはける。（終わったら、中割を閉める）帰宅のシーン、咲良が上手に向かって歩いている。

そこへ莉奈が声をかける。

莉奈　咲良。

咲良　あ、莉奈。

莉奈　大丈夫？

咲良　大丈夫じゃない、暗唱。

莉奈　あ〜覚えてないの？

咲良　覚えてる。

莉奈　え？　あ、そうか、いつもの。

咲良　そう、あがり症……だって、だってさ、さされるじゃん？　そしたら、こう振り返ってみんながこっちみるじゃん。そしたら目がいっぱいこっちみてさ、怖いんだよ。

莉奈　あ〜ね、分かるわ。

咲良　そうなるとさ、もうなんか頭の中真っ白でさ、何も言えなくなる。

莉奈　そうだねえ。でもこのままじゃ成績下がっちゃうよ。国語やばくない？

咲良　（ため息をついて）やばい。どうしよう

そこへ中田君が下手からやって来て、後ろから2人を驚かす。

中田君　よっ、どうしたの。
莉奈　な、な、な、中田君！　なんでもない。中田君、えと、か、帰り？
中田君　うん。これから空手。
莉奈　あ、そうなんだ。
中田君　……そういや大宮、さっきの国語の暗唱のこと、あんま気にすんなよ。
咲良　えっ。
中田君　（決め台詞っぽく）「試練は主人公のみに与えられる」
莉奈　なに、それ？
中田君　俺の座右の銘。俺の敬愛する武道家の言葉なんだ。
莉奈・咲良　さすが黒帯。
中田君　じゃあ、元気出せよ。
咲良　ありがとう。

中田君、かっこよくはける。2人うっとり見送る。

莉奈　中田君、かっこいい……。
咲良　うん、本当に。
莉奈　告っちゃう？
咲良　えっ、ずるいよ！　ぬけがけじゃん。
莉奈　ふふ。どっちが上手くいても恨みっこなしって約束でしょ。
咲良　そうだった、莉奈にもうまくいってほしい。矛盾してるけど。
莉奈　そんなうまくいくわけない。中田君ってモテるし、あ、なんかうまくいかないな。
咲良　そうだよね……じゃあ、おまじないをかけてあげる。
莉奈　おまじない？
咲良　そう。幸運が訪れるおまじない。いくよ？
莉奈　う、うん。
咲良　こがりぶりのーほいっ！
莉奈　ふふっ。ありがと。なんか、元気出たし逆にはげまされちゃった。
咲良　それきくかわかんないよ。
莉奈　ひどっなによ、それ。（2人で笑う）あ、てか、これからプリ撮りに行く？
咲良　行く！

話しながら上手にはける。

第二場　大宮家

大宮家のリビング。中央にテーブルが一つ。シンデレラの台本を音読している妹の華、それを聞きながら太極拳をやっている祖父。

華　じいちゃん、カードにサインして。
じいちゃん　何のサインじゃ。

華　だからさ、いまシンデレラの音読したじゃん。やりましたってサイン。
じいちゃん　音読？
華　もう、5回も読んだじゃん、じいちゃんひどい。
咲良　ただいま。

上手から咲良、帰宅。

華　あ、おかえり。あれ、今日書道部は？
咲良　今日はない。
華　ふうん。あ、咲良姉でいいからここにサインして。
咲良　なにこれ。シンデレラ？
華　そ、こんどの学習発表会でやるの。こんどオーディションあるんだ。それより、音読のサインしてよ。
咲良　やだよ。そんなのお母さんにしてもらえばいいじゃん。
華　そんなの、無理に決まってるじゃん。
咲良　じゃあ春姉。
華　まだ帰ってない。

咲良、下手袖で部屋着に着替えながら会話。

咲良　おなかすいた。なんかないの？
華　今日は咲良ねえが食事当番だよ。
咲良　えっうそ。あたし、この間やったし。
華　今日は春ねえが買い物、華がお皿洗い。だから、咲良ねえが食事当番。
咲良　ぜったいはめられた。最悪。
華　今日は卵焼き、ちゃんと焼いてよね。この間の最悪だった。
じいちゃん　あやうく死ぬところじゃった。
咲良　うるさっ。もうサインしない。
華　あっうそうそうそうそ。ね～。（と咲良にすがる）

そこへレジ袋を提げた春が上手から帰宅する。

華　あ、おかえり。
春　はい、食料。（机に置く）最近スーパーの店員、態度悪いんだよ。なんかじろじろこっち見てさ。

華とじいちゃんが袋をのぞき込み、華とお菓子を取り合う。

咲良　お姉ちゃんが見るからにヤンキーだからでしょ。
華　どこのスーパー？
春　そこの角のユアバスケット。
華　（持っていたお菓子をじいちゃんにとられる）春姉！じいちゃんにお菓子とられたし音読のサインもしてくれないい！
春　音読？きいてねえし。
華　5回もじいちゃんに読まされたの。
春　じいちゃん、ほんと？

じいちゃん　さあ、どうだったかの。
華　もう、じいちゃん〜。
咲良　はあ、テレビでも見よ。（テレビをつける）

舞台上手の花道にスポット。仲のよさげな家族が映り、ゲームのコマーシャル。

娘　あ！　お父さん、わたしのアイテム奪ったでしょ！
父　さーて、何のことかな……って、あ！
娘2　よそみしてるからでしょ。
静香（母役）　休みの日は、家族一緒に〜。
全員　大混乱。アタックブラザーズ!!
静香　大宮静香もやってます。（ガッツポーズ）
咲良　フン。またやってるよ。

咲良テレビを消し、サス消える。そのCMがなかったかのように家族が動き出す。

華　ねえ、早くサインしてよ。
じいちゃん　飯はまだかの。
春　おじいちゃん、ご飯はもう食べたでしょ？（優しく）
じいちゃん　なんじゃ、ボケたかどうだか試しているのか。
春　引っかからなかったな。
じいちゃん　シャー！（威嚇）
華　じいちゃんこんなでも元空手師範だよ？
じいちゃん　こんなとは何だ失礼な！
咲良　何年前の話よ。
じいちゃん　昔はモテたんじゃぞ。
咲良・華　うそだあ。
じいちゃん　街を歩けば女の子たちがきゃあきゃあ、きゃあきゃあ……。

静香がマネージャーの林さんを連れて上手から帰宅。

静香　いや、やらないから、断って。
林さん　ですよね、でもほらアタブラのCMの評判も良かったわけですし……。
静香　これ以上忙しくなるのは嫌なの。
林さん　ですよね、でも受けたほうがいろいろあとにつながるといいますか……。
咲良　おかえり。
静香　あら、ただいま。
華　今日は早いね。
静香　撮影が早く終わって。
咲良　じゃあ、今日はご飯作れるよね。
静香　え、どうして？　今日は、咲良の当番でしょ。
咲良　たまには母親らしいことしなさいよ。
静香　いや、私女優だから。
咲良　いや、料理研究家でしょ、あなた。
静香　研究はしてます。
咲良　あんなCMに出て、調子乗ってんじゃないの。
静香　おーっほほほほ。（調子に乗って）

華　林さんのプロモーションのおかげだよね。
林さん　おそれいります。
静香　そういや、今度オーディションあるんだっけ？
華　うん、知ってたの？
静香　もちろん。じゃあ、おまじないをかけてあげよう。こがりぶりのーほい！（２人笑う）
咲良　そんなの効くわけない。
華　そんなことないもん！　これでお腹痛いの治ったりするもん。
静香　母の愛を思い知れ〜。
咲良　あるか、そんなもん。
静香　あ、春、お父さん帰国するらしいよ。
春　そう。
じいちゃん　今どこにいるんじゃ？
静香　コートジボワールだったかな。
林さん　（手帳をみて）ベラルーシです。
春　なんでマネージャーの林さんが知ってるの。
林さん　メモ魔でして。
華　あ、そうだお母さん、サインして。
静香　ん？　オッケー。

さらさらとサインする静香、急に泣き出す華。

咲良　……どうしたの？
春　……ほんとにサインしてどうする！
咲良　女優か！
静香　だってサインしてって言ったから……華ごめん。
咲良・春　最悪。

ゲームのＢＧＭがなり、中割が開く。

第三場　ゲームの世界①

そこはアタックブラザーズの世界。

咲良　こんな最低な家庭でわたしが唯一自由になれる場所。それはゲーム！

上手、下手、中央サスが交互につき、その中で決めポーズ。

スイ　守るは弱きと世界の平和！　格闘家！　スイ！
ヤマチャン　回復も攻撃も、私にかかれば問題ないわ。魔法使い。ヤマチャン！
ナツ　信じられるのは己の意志と刀のみ。剣士！　ナツ！
ユリ　遠くの方にもご用心。防御も攻撃も！　ガンマンユリ！
アイス　知識は時に力をも超えた武器になる。学者、アイス！
咲良　そして私がいつも選ぶジョブはこれ、書道家のサキ。

主人公が入れ替わる。サキが話し出す。

サキ　一筆入魂。天下無双の書道家！　サキ！……オンラインゲームで知りあった人たちとゲームしてお話したりする。私たちの合言葉は。

全員　「ウイングス！」（ポーズをきめる）

サキ以外はける。

サキ　ここが私の居場所。

サキのセリフが終わると、戦闘ＢＧＭが流れ始め、スライムが上手からが現れる。

サキ　（転んで）だ、誰かー！

サキ以外の全員　ちょっと待った！

サキ　みんな！

袖からみんなが現れ、スライムを成敗する。

サキ　助かったぁ、ありがとう。

ヤマチャン　なあに、仲間でしょう。

スイ　大丈夫だったか、サキ。

ユリ　やった、レベルが上がった！

ナツ　あと少しでラスボスまで行けそうじゃん。

ヤマチャン　サキのジョブだったらさ、必殺技が出せるんじゃない？

ユリ　上下天光《しょうかてんこう》！　だよね。

アイス　いや、でもそれ操作が難しいんです。まず的に確実に狙いを定めなければいけません。しかもＹボタンとＸボタンを同時に押して、Ｒボタンも押すんですけど力みすぎないように力も調節しなければなりませんしそれに……。

スイ　（さえぎるように）激むず操作だ！　それがあればラスボスを倒せるのにな。

ナツ　サキ、そういえば今日は学校のほうはどうだった。

ユリ　そうそう発表だっけ、どうだった？

サキ　やっぱ、だめだった。みんなから注目されるのが怖くて……。

アイス　あがり症おそるべし。

サキ　でも発表がんばらないと成績に響くし……。

スイ　そうか……勇気だしてやるしかないな。

ヤマチャン　さすがスイくん。

ユリ　ゲームの中だったらいくらでもできるのにね。（スイとサキ以外ははけはじめる）

スイ　「試練は主人公のみに与えられる」

咲良　えっ。

スイ　ゲームじゃそうじゃないか。……でも、現実だってきっとそうだよ。

咲良　スイさま……え、スイ様はもしかして……。（スイ様に頭ポンポンされる）

2人ばらばらにはける。中割が閉まる。

第四場 学校

廊下に咲良と莉奈がいる。上手花道から登場し、咲良がゲームのことを莉奈に話している。

莉奈 ゲームの中で中田君と⁉（大声で）
咲良 しっ。本人は私だって気づいてないみたいだから。
莉奈 え、それほんとなの？
咲良 たぶん。
莉奈 それ、ほんとだったら女子から嫉妬で呪われちゃうんじゃない。
咲良 だよね。
莉奈 絶対秘密にしたほうがいい。
咲良 だよね。そうする。

先生が上手から駆けてくる。

先生 大宮さん！
咲良 山田先生。
先生 以前出品した県の書道大会、最優秀賞をとったわよ！
咲良・莉奈 さ、最優秀賞⁉
先生 おめでとう！
咲良 あ、ありがとうございます！
先生 なかなか取れない賞だよ。本校始まって以来かも。
咲良 本当ですかうれしいです！
莉奈 すごいじゃん！ よかったね咲良。
先生 あ、あとそれから、進路希望調査が出てないんだけど。
咲良 あ……すみません。
先生 ま、明日にでも出しておいて、よろしくね。（上手にはける）
咲良 ねえ、莉奈、夢とかある？
莉奈 私？ 私はね、保育士になりたいんだ。咲良は？
咲良 （首を振って）はあ……憂鬱になるな……。

2人の背後を生徒が通り、咲良に気がつく。

生徒 あ、家族でアタックの人だ。
生徒2 まじで？ 全然似てないね。

ひそひそと話す通りすがりの人たち。

莉奈 家族が芸能人って大変だね。
咲良 一応家族のこと非公表にはなってるんだけど、子どものころからじろじろ見られたり、危ない目にもあったし……。
莉奈 大変だね……。
咲良 ああ、家族に相談なんてほんとヤダ。

中割が開く。ゲームの音楽がかかる。

第五場　ゲームの世界②

サキが舞台の中央にいる。他の皆は袖などに隠れている。

サキ　今日は報告したいことがあります！って、いないいか。スイたち　呼んだ？（と突然いろんなところから出てくる）

サキ　うわっ⁉　ちょっとまって。あの、……実は、書道の県大会で最優秀賞を受賞しました！

ユリ　わあ、おめでとう‼

スイ　おめでとう！

アイス　おめでとー！（抱きつこうとしてよけられ転ぶ）

ユリ　わ、すみません！

ナツ　家族にも話しなよ。

サキ　えっと……家族はみんな忙しくて……まだ言ってません。

ナツ　話した方がいいんじゃないいの？

サキ　え～。

ヤマチャン　素直じゃないなあ。

サキ　みなさんこそどうなんですか、自分の話は全然しませんけど。あ、ゲームを始めた理由とか。

スイ　俺はもともと格闘系をやっているからな！

サキ　……やっぱし！

ナツ　私は、気晴らし。

アイス　僕は、このゲームが世界中で流行ってるから。

ユリ　わたしは友達がやってたから！

サキ　へえ、そうなんだ。……じゃあ、ヤマチャンさんは？

ヤマチャン　私？　私は子どもとの話のネタにいいかなって思って。

サキ　へえ、いいお母さんですね。

ヤマチャン　……そう？

サキ　私だったらうれしいです。そんなお母さん。

周りのキャラたち、見つからないように涙をふく。

ヤマチャン　そうだといいけどね……さっきの話だけどさ。

サキ　さっきの？

ヤマチャン　家族の話。

サキ　ああ、はい。

ヤマチャン　サキ、相手がわかってると思ってることでも意外に伝わってないことってあるんだよ。

サキ　伝わってないこと……？

ユリ　あー、その時に伝えないといけない言葉とかあるよね？

サキ　例えば？

ナツ　「ありがとう」とか「ごめんなさい」とか。

ユリ　大事、大事。

サキ　無理です。

アイス　「好きです」。（ハートのポーズで）とか。

サキ　もっとむりです。言えません。
ヤマチャン　お年頃だなあ、サキは。
サキ　だって……。
スイ　その言葉を待っている人もいるかもしれない。
サキ　いませんよ。
ヤマチャン　……ちゃんと言わなきゃいけないことが、あるんじゃないの？
ナツ　がんばらなきゃいけないこととかも。
サキ　ゲームだって難しいのに現実なんか、もっと無理だよ。ゲームはセーブすれば何度でも生き返るしやり直せるけど、現実はそうはいかない……あ、そうだ！　皆さんにお願いがあります！
ヤマチャン　お願い？
サキ　みなさんに会うことはできますか。オフ会みたいな。あ、関東周辺だったりしますか？
アイス　あー、厳しいかも。
サキ　可能な人だけでもいいんです。会って話がしたいんです、お願いします！
ユリ　会ったらがっかりしちゃうかもよ。
ナツ　まあ確かに。
サキ　えーー。

セリフにかぶるように、戦闘シーンのBGM。
チュウボースが上手の花道から登場。

チュウボース　はっはっは!!　私の名前はチュウボースだ!!
スイ　でたな！　中ボスのチュウボース！

チュウボースが舞台中央に、囲まれる形に。
チュウボースには攻撃が効かない。ナツが隙を作り全員で攻撃する。

ナツ　いまだ!!

だが、チュウボースがバリアを張り、みんな吹き飛ばされる。

チュウボース　バリアでしたー!!　はっはっは!!
サキ　こんな状態じゃ戦えないよ！　いったんひこう。
チュウボース　いつでも挑んでくるがいい！　はっはっはっはっはっは!!

全員はける。中割が閉まり、大宮家のリビングに。中央にテーブル、上手に椅子が2つが並んでいる。

第六場　大宮家

家のチャイムの音。
その音とともにきらりん母ときらりん登場。

きらりん母　すみません、わたくし、きらりんちゃんの母でございます
咲良　あの子、だれ？
華　同じクラスのきらりんちゃん。
咲良　なんであんなひとうちに入れるのよ。
林さん　ですよね、すみません。
きらりん母　あの、小学校のこんどの学習発表会で劇をやるのはご存じだと思うんですけど。そのオーディションに華ちゃんがでるとお聞きして伺った次第でございます。
咲良　ああ、あれか。
華　うん。練習してたやつ。
きらりん母　それだったら、うちのきらりんにやらせたほうが立派に努めると思いますのですが、そうおもいません？
きらりん　やだ、ママったら本当のことを。
きらりん母　きらりんちゃん、きらりんちゃんは女優になるために生まれてきたのよ。きらりんちゃんはきらきらのスターになるの。そうよ。みなさんもそうおもいません？
華・咲良　はあ。
華　お母さんは？
林さん　奥に閉じ込めました。
きらりん母　うちのきらりんは3か月から赤ちゃんモデルをしておりまして、うち以外のお子様が主役をやるとなると役不足と申しますか、かわいそうじゃございませんか。先生も公平を期すためにオーディションをなんておっしゃったようですが、落ちて悲しませてしまうなんて教育的にも良くないかと。で、なんでしたら、オーディションをおりていただけたらと思いまして参りました。
咲良　……林さん、なにをメモってるの。
林さん　すごいプロモーション方法だと思って参考に。
春　なるか！
きらりん母　最近では、女優でもないくせに女優ぶってるタレントみたいな輩がテレビに出てたりするでしょう。
みんな　どきっ。
きらりん母　でも、このきらりんちゃんは全く違います。はい、そこのあなた、メモ。
林さん　はい。
咲良　おい。
きらりん母　きらりんちゃんはスターになるべくして生まれたミラクルガールなのですよ。
きらりん　スターオブスター！
きらりん・きらりん母　きらりんオブー……きらりん。（決めポーズ）
きらりん母　と、いうわけで。オーディションを降りていただけますでしょうか。
咲良　なんか、ものすごい理由で納得させられそうだ。
華　え、どうしよう。
春　降りる必要なんかねえだろ、帰れよ、おばさん。
きらりん母　なっ！　暴言ですわ。親の顔を見てみたいですわ！

チャイムの音がなり、林さんが上手へ走る。
上手からスーツケースを引きながら父親が帰宅。

源　ただいま〜娘たち、ははは っ！　パパだよ！　会いたかったよ〜！

ハグをしようとするが全員に逃げられる。

源　いや〜、次はアフリカにすぐにいかなきゃならないんだ。
咲良　あらそう、大変ね。
源　あ、そうだ春、あの件だけど。
春　あ、うん。
咲良　あの件って何？
じいちゃん　春はカメラマンを目指すんじゃと。
咲良　えっ、そうなの!?
父　そうそう。だから高校卒業したらお父さんの助手になって世界中を飛び回ることになるってことだね。
源　それで、渡したいものがあってだな……。（スーツケースをあさる）これ！……ちがう。これ！……ちがう。（スーツケースの中から次々とおもしろい物が出てくるが、違う）
華　お父さん、これ何？
源　これかい？　これはね……僕のアイドル、あいちゃんの公式応援グッズ。
じいちゃん　あいちゃん！　わし、2周年のグッズもってる。
源　わ〜！　いいなあ。でもこれ、初回限定版ですから。
咲良・華・春　……きも。
源　って、ちが〜う！　えっと、これ。そうこれ！（とファイルを渡す）はい、よく読んでおくように。
春　分かった。
源　それから、咲良。ちゃんと勉強しているか？　咲良が欲しがっていた書道家の本、学校で発表とか頑張ったらパパ買っちゃうぞ〜。ちゃんとやりなさい。
咲良　は？……なんで発表？？　たまにしか帰ってこなくて！　挙動不審で！　オタクのくせに何目線でものを言っているの？
華　まあまあ……。

チャイムの音。同時に林さんが上手玄関へ。
すると、ユアバスケットの店長が登場。

林さん　あ、ちょっと困ります。
店長　あ、いたいた。おい、お前。（春の手首をつかむ）
春　は？　なに？　勝手にうちに上がり込んで何？
店長　うちのスーパーで万引きしただろ。
全員　万引き？
店長　おにぎり2つ、防犯カメラにも映っている。さあ、警察にいくぞ。
春　ちょっと離せ、そんなことしてない。何かの間違いだ。
きらりん母　あっらあ、お口も悪ければおててもくせが悪いだなんて、親の顔が見たいもんだわあ〜。
静香・源　呼んだ？（静香下手から出てくる）

華　お母さん、出てきちゃだめだよ。
静香　別にいいじゃん。自分のうちだし。パパおかえり。
源　ママ〜。（静香にもハグを逃げられる）
きらりん母　あら、お母さままでいらっしゃいますか。どうもお初にお目にかかります。どうやらお聞きになられていたようですから話は早いですわ。そちらのお嬢さんは姉妹そろって品行方正ではないことが証明されましたので、シンデレラの役はきらりんに譲っていただくということでよろしいでしょうか。
華　あんた、何言ってんだよ。
静香　うちの華がやりたいって挑戦しようとすることを止めるわけないでしょ。華は俳優になりたいんだ。
咲良　え、そうなの？
華　うん。いま、林さんにスクールとか探してもらってる。
林さん　検討中です
店長　あんた、親？　この子警察に連れて行くから。
静香　ちょっと待ちなさいよ。やってないって本人が言ってるでしょ。

チャイムが鳴り、また林さんが玄関へ。ユアバスケットの店員が上手から走ってくる。

店員　店長ー！　店長、店長、店長、店長!!　あ、すみませ〜ん、店長。人違いでした。防犯カメラよく見たら、その子犯人の近くにいたんで間違えちゃったみたいです。てへぺろ！
店長　（あわてて）ほら、謝るぞ！
店員　申し訳ございませんでし……大宮静香!?
きらりん・きらりん母・店長　えっ、大宮静香!?
店員　いや、私ファンなんですよ。握手してください。
店長　大宮静香？　あの中途半端な芸風の？
静香　だれがだ。
きらりん母　これは一大事。今明かされる大宮静香の家族！　娘はヤンキーで万引き、わがまま放題。きらりんちゃん、これはすぐにマスコミにリークしなきゃ。さ、つぶやくわよ〜！
全員　ええっ!?
咲良　ちょっとやめなさいよ！（きらりんたちは椅子に上り家族と携帯の奪い合いになる）
きらりん　はい、アップした！

チャイムが鳴り林さんが上手へ。少しの間の後、マスコミがどっと入ってくる。
舞台上大騒ぎになる。

咲良　いい加減にして！

一瞬静まり返り、また騒ぎ出す。マスコミ、店員、店長、きらりん親子、林さんを押してはけさせる。

咲良　こんな家……もういや！　だいたいなんで私がこんなあがり症になったのかわかる？　お母さんのせいだ

よ！　お母さんがテレビとか出始めてから、廊下で知らない子から指をさされたり、ひそひそ言われたり、……いやでいやで、なんとか目立たないように生きてきたの！　さっきのきらりんちゃんとこだって、モンぺだったけどさ、結局子どものめに一生懸命ってことでしょ。うちはなんなの？　お母さん、子どものためになんかしたことあるの？

じいちゃん　それは違うぞ咲良！　お母さんはな、家族を守るために家族を非公表にしたり、最近は仕事をセーブしたり……。

静香　じいちゃん、もういいから

咲良　もうたくさんよ。うちの家族みんな好き勝手じゃん。お母さんは女優かぶれ。お姉ちゃんは不良だし。いつもいないくせに帰ってきて偉そうなお父さん。生意気な華……！

じいちゃん　わしは？

咲良　じいちゃんはいい！（じいちゃんわかりやすくしょぼんとする）それに……姉ちゃんも華も自分の夢があって……。私にはなくて。みんな、嫌い。私なんかいなくなればいい。全然私は主人公なんかじゃない。……わたしなんて……。

咲良静香にビンタされる。

静香　いい加減にしなさい！

咲良　もういい！

母を突き飛ばして下手へはける。追いかけるようにみんなはける。静香が舞台中央に残り、たたいてしまった手を見て。

静香　……どうしよう。

とまどいながら静香も下手にはけ、ゲームの世界に転換。

第七場　ゲームの世界③

中割が開くと、チュウボースがくつろいでいる。

スイ　さっきぶりだなチュウボース！　今度はもう負けないからな！

アイス　もう攻略済みです。攻撃力は７０００ＨＰは１５００。素早さは３で中学の時の偏差値は70！

全員　70⁉

ヤマチャン　たっか。

ナツ　学力で負けた……。

ユリ　と、とにかく！　集中しよう。

チュウボース　私の最強バリアにどう抗うのか見ものだな！

アイス　バリアを解く魔法は、「ウンターラ・カンターラ」です！

チュウボース　なに、なぜわかった！
アイス　攻略本にのっていました！　ブックオフで、２９８円です！
チュウボース　やっす⁉
ヤマチャン　最強でも、無敵なわけじゃない‼
全員　「ウンターラ・カンターラ！」（バリアが割れる）
チュウボース　バリアが！

バリアがくずれ、中ボスにとどめをさす。崩れ落ちるチュウボース。

中ボス　ははははははははは！　私の真の姿を見せる時が来たようだ！　いでよキュッパ!!!

ＢＧＭが変わり、いよいよラスボスキュッパとの闘い。大きな体に、目がいくつもついている。サキはそれにおびえる。

ユリ　これがマジの……。
アイス　最強……！
スイ　ラスボス‼
全員　キュッパ‼
キュッパ　がははははは!!!!　出でよ、キュウハチ！

キュッパの背後から９と８の字がたくさん現れ、攻撃する。強さに圧倒されてしまう。

キュッパ　これが私の最終形態だ。いでよ、触手！

黒子がキュッパの両脇に一列に並び、手を波のように動かして触手になる。

ユリ　私に任せて！　た、たすけて〜！（触手につかまる）
アイス　ユリ！（助けに行き、触手につかまる）
ヤマチャン　ユリが捕まった。
サキ　ユリを助けないと。
アイス　僕のことは構わず！
ナツ　わかった！
アイス　ええええ！

触手によってみんな倒されていく。

ユリ　サキ！必殺技、上下天光しかない‼
サキ　無理だよ！　経験値が足りなさすぎる。
スイ　勇気を出すんだ！
サキ　操作がむずいの！　目が、目がこわいの‼
アイス　タイミングを意識して！
ヤマチャン　サキならできる！
皆　サキ‼

舞台上ストップモーション。上手に先生。

先生　はい、次は大宮さん。大宮さ〜ん。
咲良　は、はい。

咲良は客席後方にいる。客席のたくさんの目が咲良を見つめる。
たどたどしく暗唱をするが、途中で俯き止まってしまう。

皆　サキ！

咲良は顔を上げ、勇気を出して暗唱をはじめ、最後は自信をもって言い終え、舞台に上がる。

サキ・咲良　くらえ！　上下天光。

サキと咲良が必殺技を出し、爆発音。同時に「ドオオオン」という字を舞台いっぱいに黒子が出す。キュッパが倒れる。ミッションクリアの音楽。

ユリ　やったああ!!!!!!
スイ　よくやったぞサキ!!
ヤマチャン　ちゃんと決まってたわ。
ナツ　さすが。
アイス　さすがです。
サキ　……みんなのおかげ。ありがとう！　あ、そうだ！　約束覚えていますか？　お願いです！　会いたいです。

みんな目くばせをしてちいさくうなずく。

ヤマチャン　いいわよ。
サキ　ほんとですか！　じゃあ、日曜日、渋谷のパチ公前に1時。合言葉は。
皆　ウイングス。

優しい音楽が流れ、ゆっくり暗転する。

第九場　渋谷パチ公前

渋谷駅前の雑踏。パチ公の銅像前。上手の袖近くに平台が1つ。上手奥に後ろ向きで2人、その前に1人の通行人が待ち合わせで座っている。下手にも1人通行人が座って誰かを待っている。咲良はまず下手の通行人に定めをつけて近寄る。

咲良　あの…………………ウイングス！
人1　え……。
人2　おまたせ！（と待ち合わせの相手がやってくる）
人1　よかった〜。なんかマジでこわいんだけど。（といって下手に通行人2人とも下手にはける）

咲良、撃沈するが、なんとか心を立て直し、次は上手に座っている通行人に近づく。

咲良　あ、あの…………………ウイングス！
人３　……？？
人４　あ、いたいた！
人３　マジできもかった‼

探している相手は見つからず、咲良は渋谷の変な人になってしまう。

咲良　ああ、なにか特徴を聞いておくんだった……。

がっくりして上手の椅子に座りこむ。すると背中合わせの人が。

静香・華　ウイングス。
咲良　だ、だだだだだ、誰⁉……ええええええ！　おかあさん？　華？　え？　どういうこと？　なんでいるの？　どうしてここが？　偶然？　そんなわけないよね。
華　まあまあ、おちついて。
咲良　えっえっ。
静香　ウイングス。
咲良　えっ。
静香　わからない？　つまりは私がヤマチャンなのよ。
咲良　ヤマチャンがお母さん？
華　そして、ユリが私。
咲良　ユリが華？
春　私がナツ。
咲良　お姉ちゃんまで！　ど、どどどど、どういうこと？
華　だからさ、お姉ちゃんが最近反抗期で何も私たちに話さなくなってたでしょ。ゲームばっかりしてさ。それでお母さんが家族みんなでゲームに入ったら咲良と話ができるんじゃないかって。
静香　ほら、幸いなことに私がＣＭに出たおかげでうちにはニンジンドーが山積みにおいてあったでしょ？
春　だから各自１台ずつ各部屋で。
咲良　え、じゃあアイスは？

華がノートパソコンを見せる。

上手平台で父親がパソコンでリモートで参加。

源　咲良！　パパもいるぞ！
咲良　お父さん！
源　パパ日本時間に合わせるの大変だったんだぞ。
咲良　みんな……待ってじゃあ、スイ様は……？

そこに中田君が上手からやってくる。

咲良　中田君！
中田君　え、大宮。
源　おい！　誰だその男は！　彼氏か⁉　パパ許さないからね⁉　そもそもどこの馬の骨とも知らないやつにうち

の可愛い可愛い咲良ちゃんは渡さないからね！　というかだ……。（咲良が華のパソコンを閉じ強制終了、フリーズ）

咲良　中田君……あのね。

中田君　大宮、なんでここにいんの？

咲良　だって、待ち合わせでしょ？

中田君　な、なんで知ってんの？

咲良　気づいてたから。

中田君　え、いや、え！　そうなのか〜まいったな。

咲良　あの時はありがとう。

中田君　あのとき？　あ、気にすんなよ。

咲良　ふふ、まさか中田君がスイさまだったなんて……。

中田君　……ん？

家族　……ん？

咲良　……ん？

下手から莉奈がやってくる。

莉奈　ひろくーん！　おくれてごめーん！

咲良　え、莉奈!?　どうしてここに……もしかして？　まさか２人は。

２人、目が合って照れ笑い。

莉奈　咲良のおまじないがきいたみたい。告白したらＯＫしてくれて、黙っててごめんね。じゃ、あとでラインする。

咲良　あ、え、あ、うん、ばいば〜い……？

源　ははは!!　どんまいどんまい！　まだワンチャンスあるから！

咲良、再びパソコンを閉じにかかろうとする。

咲良　……まって。じゃあ、本物のスイさまは誰？

まず家族、次に咲良、さらにパチ公の順でみんなの視線が下手にいつの間にか座っている人物に集まる。そこには背中をむけた老人が……。

じいちゃん　わっはっはっはっは……ゴホッゴホ。（せき込む）

咲良たち　じいちゃん！

じいちゃん　いや〜、たのしませてもろうたわ。

咲良　だって、あんなかっこよく……。

じいちゃん　ああやってばあさんをくどいたもんじゃ。

咲良たち　ひ〜〜〜。

咲良　で、でも「試練は主人公のみに与えられる」っていう言葉は？　あれは？

じいちゃん　ん？　それは、わしがツイッターでアップしてバズった言葉じゃ。

咲良　え、じいちゃんツイッターやってんの？？（じいちゃんのスマホを取り上げる）……中田君もフォローしてる！

じいちゃん　いい世の中になったのう。
華　まあ、いいじゃん。
咲良　全然よくないよ。
春　それよりさ。
咲良　え？
咲良以外　書道大会最優秀賞おめでとう！
咲良　……負けた……完敗です。
静香　家族をなめんじゃないわよ。
咲良　……はい。
静香　さ、お祝いに何か食べに行く？
咲良　……わ、私！　お母さんの卵焼き食べたい、かも。
春　咲良の卵焼きは最悪だった。
静香　よし、じゃあこの料理研究家の大宮静香におまかせあれ。世界1おいしい卵焼きにトッピングでとっておきのおまじないをかけてしんぜましょう。
華　さすが魔法使い。おまじない、あなどれないね。
咲良　うん、ほんとに。
静香　きっと進路もいい方向にすすむよ。
咲良　……それなんだけど、私、書道科のある学校に進もうと思う。
静香　お、いいねえ。
華　じゃあ、家でゆっくり話しますか。
静香　さてその前に咲良さん、な〜んか私たちに言ったほうがいい言葉、あるんじゃないの？

家族みんなにやにやして咲良を見る。咲良考える。

咲良　……やっぱ、いいたくない！（家族ずっこける）
じいちゃん　（ため息をついて）じゃあ、もうちょっと大人になるまで待っててあげるから大丈夫だよ。
静香　中学生は面倒じゃのう。
咲良　……うん！

笑顔でいっぱいの家族。パチ公の犬と記念撮影をしようと家族が近づく。ハイチーズのタイミングでパチ公も台座から降りて祝福する。家族はパニック。明るい音楽が舞台いっぱいに響き、優しい光が家族を包んで閉幕。

※ゲームのシーンでは、黒子がキラキラした星を出したり、擬音語を文字にして出したりする演出をすると舞台が映えます。

あとがき

この作品は、ありとあらゆる遊び心を、詰めに詰めた作品です。繰り広げられる壮大なゲームの世界や、コミカルで個性豊かな家族たち、どう演出し演じるか、自由自在なのがこの劇の醍醐味であり難しいところだと思っています。この作品を演じてくださる皆様には、是非やりたい演出をとことんやって欲しいと思います。噛めば噛むほど……の、するめ的な感じで、考えれば考えるほど面白くなっていくこのが「さくらサクエスト」なのです。

ヒガンバナ屋

作・加藤希実／潤色・横浜市立大綱中学校演劇部

登場人物

鈴木 愛　ヒガンバナ屋に迷い込んだ大学生。
店員(優羽)　ヒガンバナ屋の店員。
佐藤なな　ヒガンバナ屋の客、中学生。
周防茜　ヒガンバナ屋の客、ブロゲーマー。
渡辺 智　ヒガンバナ屋の客、おじいちゃん。
白雪友康　ヒガンバナ屋の客、おじいちゃん。智と友達。
藍木美咲　ヒガンバナ屋の客、高校生。
藍木莉理　ヒガンバナ屋の客、小学生。美咲の妹。
本間 景　ヒガンバナ屋の客、サラリーマン。
店長　ヒガンバナ屋の店長。
クラスメイト1〜3　各登場人物のクラスメイト。
姫香　もともとななと親友だったが裏切ったいじめのリーダー。
連　ななの好きだった同級生。
先生　愛の担任。
みゆ　愛の友人。

横浜市立大綱中学校演劇部、2021年12月28日、初演。

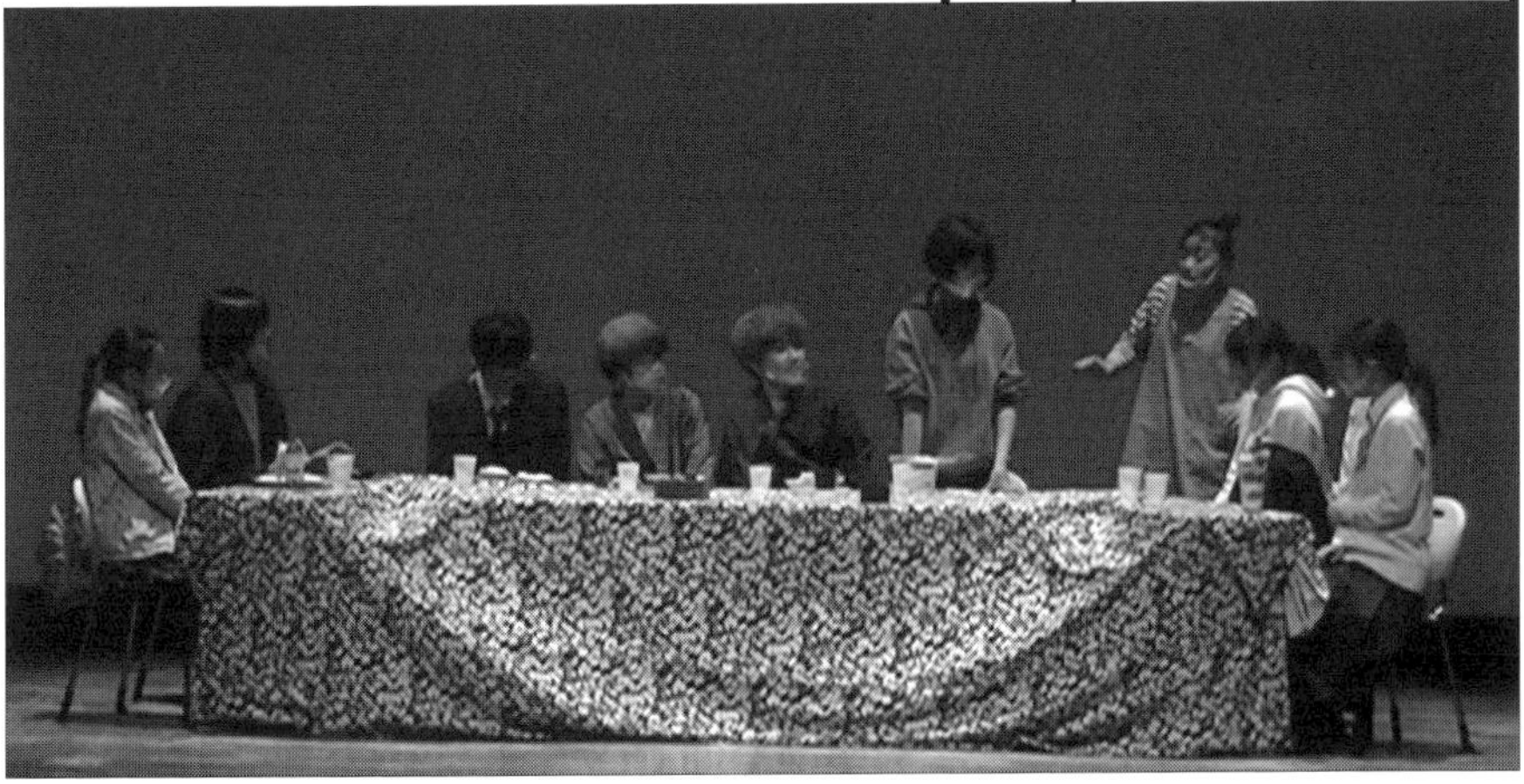

大学の帰り道、暗く人影は誰もいない。
そこに愛とみゆが話しながら登場。

みゆ　それでね。振り返ると……そこには誰もいなかったの。
愛　キャッ!?　あー、もうやめてよ！
みゆ　実はー、そこは死んだ人が、……。
愛　もうやめてってばー。
みゆ　最後の晩餐で食事をしていたの。その建物は……。
愛　うるさいうるさい！
みゆ　あははごめん、ごめん。ほんと、愛は怖がりだなぁ。
愛　こんな夜道でみゆがそんな話するからでしょ。
みゆ　でも楽しくない？　ホラーって。
愛　私そういう話ホントダメなの。鳥肌が立ってきちゃった。
みゆ　じゃあ、続きは今度ね。これからが面白いところなんだから。
愛　もういいよ。その続き考えて、夜寝れなくなりそう。
みゆ　じゃあ、ここでお別れね。また明日、バイバーイ！
愛　はーい！　じゃあね。

愛、夜道を１人で歩く。

愛　……なんか暗いなあ。みゆったらあんな話するんだもん。なんか怖いなあ。……。

愛、ヒガンバナ屋の店前に登場、周りを見渡し。
ふと立ち止まる。店の中では、客が料理を待っている。

愛　あれっ？　もしかして道間違えた？　最悪、曲がるとこ間違えたのかなあ？？……なにここ？　花がめちゃくちゃあるけど……彼岸花と白い百合？　なんかきみ悪いなあ？　行き止まり？　ん？　なんだこれ？　こんなところにカフェなんてあったかしら？……。

愛恐る恐る入り口に近づくと。
後ろから店員登場。

店員　いらっしゃいませ！
愛　うわ!?　でたあああああ。
店員　なんですか？　その幽霊でたときみたいな驚き方。まぁ驚かせてしまいましたね。すみません！
愛　え、あ、いえ大丈夫です。
店員　お客様ですか？　当店は、相席方式になっています。知らないお客さんと相席になっちゃうんですけど大丈夫？　さあ、どうぞ。

店員、愛店の中に。
シャランシャラン♪と鈴の音。

店員　嫌な人は１人用の席もあるんだけど、ちょっと今混んでて。
愛　分かりました。確かにだいぶ混んでるようね。でも珍しいですね相席なんて。
店員　まぁねーこんな時ぐらい知らない人と喋って楽しんでもらいたいという店長の考えで。ほんと最近来る人多すぎてさー。マジで忙しすぎるからもっと店員増やしてほしいって店長に頼んでるんだけどーあ、愚痴っちゃったごめん。じゃあ、そこの席へどうぞ！　注文決まったら呼んでねー。
愛　あの！　私たちどこかでお会いしたことあります？
店員　え？　いや、そんなことないと思うよ。
愛　そうですよね。ごめんなさい。なんか懐かしいような気がして。
店員　大丈夫ですよーこの店レトロっぽい雰囲気だからそう思ったのかもね。
愛　確かに。おしゃれですよね。あ、そこの席でしたっけ？
店員　そうですよ。ではごゆっくり！

愛、7人が長テーブルに座っている席に向かう。

愛　えっとこんにちは。

それぞれバラバラに挨拶する。莉理だけ無言。

美咲　ほら、莉理も挨拶しな。
莉理　あ、えっと、こんに。
智　（被せて）全く、最近の子どもときたら挨拶もろくにできないのか。しつけがなっとらん。
友康　まあ、まあ智。まだ小さいんだから怖がらせちゃダメでしょう。お嬢ちゃんごめんね。
美咲　大丈夫です！　お気遣いありがとうございます。
友康　いえいえ。お姉ちゃんかい。しっかりしててえらいね。
愛　失礼します。

愛、椅子に座り、周りをキョロキョロみる。

愛　ん？　すみません。メニュー表って？
茜　ないよ。注文したら基本何でも作ってくれるらしい。
愛　ええ⁉　何でも？
美咲　そうそう何でも！　すごいよねー。
愛　そうなんですか。じゃあ、今お金もそんなに持ってないし……すみませーん！
店員　はーい！　ご注文決まりました？
愛　あの、基本なんでも作ってくれるって本当ですか？
店員　本当だよ～すごいでしょ！
愛　すごいですね、どうなってんだろ？　あーじゃあ紅茶ください。
店員　……え、それだけ⁉
愛　それだけです。え？
店員　へー、珍しいね。びっくりしちゃった。大体の人が高級品か好物をたくさん頼むのに。えー紅茶1点、っと。

アイスにするホットにする？

愛　アイスで。

店員　はいはーい。じゃあ少々お待ちください！

少し沈黙。

なな　……あの、自己紹介でもしません？　なんかこのままだとちょっと気まずくないですか？　あ、でも余計なお世話ですよね。すみません。

美咲　いいと思う！

愛　私も賛成。

景　僕も賛成です。少しの間ですがこんな時ぐらい楽しみたいので。

美咲　じゃ、ウチから時計回りで！　ウチは藍木美咲―高2でダンス部やってました！　ちなみに頼んだのはハンバーグ！　よろしくね。次、莉理挨拶できる？

莉理　あっ、わたし、は、藍木莉理です。お姉ちゃんの、妹。よろ、しく。

美咲　よし頑張った！　次は、あなた。

景　僕か。どうも初めまして本間景です。ブラックの会社に勤めているんですけど、疲れてしまい、なんとなくここに来ました。短い時間だけどよろしく。

莉理　お姉ちゃん、ブラックって黒ってこと？

美咲　えっとそうだけどそうじゃないっていうか……あ、てかあれですね！　本間景ってなまった本当か？　みたいな……。

景　え？

美咲　ほら、ほんまけぇ？　みたいな！

なな　ふふっなんですかそれ。でもそれっぽいかも。

愛　美咲ちゃん面白いねー。

智　だから最近の子はすぐ意味分からんこと言いおって。

友康　まぁまぁ、いいじゃないか楽しそうで。あと次は智な。

智　はぁ、渡辺智。70。以上じゃ。

友康　じゃあ私は白雪友康。智と同い年で昔からの友達です。よろしくね。

茜　周防茜。プロゲーマー。ちなみにfps系は得意。よろしく。

愛　よろしくお願いします。私は鈴木愛。大学生です。えっと他に何言えばいいんだろ。趣味はドライフラワーとかですかね。よろしく！

なな　……あ私か。ごめんなさい。佐藤なな中2です。人見知りなので静かかもしれないんですけど別に楽しくないわけじゃないです。えっと巨大カラフルいちごパフェを頼みました。人生のうちに1回は食べたかったので。

美咲　あれね！　流行ってたやつ～。

なな　知ってるんですか！　1度でいいから食べてみたかったんです。

美咲　そりゃ、あんだけ流行ったらだいたいの人は知ってるよね。（笑）2回目行きたいとはなんないけど、1度は食べてみたいってやつかな。分かる。

智　流行《はやり》？　最近の子どもは、すぐはやりのものを食べたがる。
美咲　あの！　なんなんですかその最近の子はーってやつ。空気悪くなるんでやめてくれません？
智　は？　なんだそのもの言いは！　もっと老人を気遣え！
美咲　だからそういう考えが古臭いって言ってんの！
茜　うるせぇんだけど。
智　ほら、最近の若い奴はすぐよくわからん言葉を使ったり暴言を吐いたりする。ほんとにどうなってんだ。まったく。
なな　あー、まぁまぁ……。

店員登場。

店員　アイスティーとハンバーグのお客様ー。
愛　お、丁度いい時に！　私アイスティーです。ありがとうございます。
美咲　ハンバーグ、ウチですっ！　やったー美味しそ！
店員　ではごゆっくりどうぞ。
愛　いただきます。
美咲　いただきます。
愛　あ、これ美味しい！
美咲　……うん、久しぶりにこんな美味しいもの食べた。
なな　そんなに美味しいんですか。
美咲　ウチ、お母さんがよくハンバーグ作ってくれたから好きなハンバーグ頼んだんだけどお母さんの味がする！
茜　気のせいだろ。
美咲　気のせいでもそう思っておくの！
愛　お店の雰囲気もいいし、美味しいしまた来たいなー皆さん何回か来たことあるんですか？

一瞬静まり返って一同困惑する。

友康　……え？　何回か来た？
なな　ああー冗談？　冗談ですよね。あーびっくりしたぁ。
景　あー？？　そういうことか。びっくりさせないでくださいよ。
愛　みなさん初めてなんですか？
智　あったりまえじゃろ
愛　はあ……。
茜　あんたマジ馬鹿だったりする？
愛　え？　いや、なんで？　なんかおかしいこと言いました。(みんなの様子をうかがって）んん？　まぁいいや。他の皆さんはなに頼んだんですか？
茜　えっ、こっちがよくないんだけど。
智　(明るく）わしは寿司を頼んだ。わさび多めでな。
茜　人の話、無視するか？　ジジイの方がよっぽど行儀悪いんだけど
智　なに！　なんだそのもの言いは!!
茜　ブッ、ハハハッ！　ジイさん頭固いっすねー。
智　固くない！　ぶよぶよじゃ！（両手で頭をわしづかみ……ぶよぶよ）

茜　ブッ、ハハハッ！　ぶよぶよじゃなくてよぼよぼじいさんだろ

智　♪よぼよぼー♪（立ち上がって腰振ってとぼける）なに言うんじゃ！（怒る）

愛　なんかこの2人1周回って仲いいのかもしれない。（苦笑）

2人　絶対違う。（2人にらみ合いながら徐々に座る）

友康　ははは、話を戻そうか。私は今、目の前にあるからわかるだろうけどそうめんとわらび餅と緑茶。そうめんは全部食べたけど美味しかったよ。

景　いいですね。僕は中華料理をいくつか頼みました。まだ来てないですけどね。

莉理　莉理は、パフェと、オムライス。

茜　カップラーメン。

なな　カップラーメン!?

茜　なに悪い？

なな　い、いえ。

愛　茜ちゃんあんまり脅かしちゃダメだよ。

茜　チッ。

愛　え？　私なんか嫌なこと言った？

茜　はぁ、別に。

愛　えぇ？　ならいいけど。っていうか系統バラバラだけど本当になんでも作ってくれるんだ。カフェっていうかもうレストランだね。

莉理　お姉ちゃん、一口ちょーだい。

美咲　ん？　いいよーどうぞ

愛　あれ？　美咲ちゃん腕怪我してる。莉理ちゃんも。どうしたの？　大丈夫？

美咲　あー……こ、ここに来る途中で。

なな　あぁ、なるほど……。

愛　そうなんだ。

莉理　痛、かった。

愛　そっかよしよし。痛いの痛いのとんでいけーってやつ知ってる？

莉理　なにそれ。

愛　え、知らないの？　お母さんとかにやってもらわなかった？

莉理　お母さん、いない。

愛　あ、ごめん。

美咲　大丈夫です。そんなに気にしないでください。

なな　痛いの痛いのとんでいけってね、痛いところをさすってその手を空に向けて痛いのを遠くに飛ばすってやつなの。

莉理　やってみたい。

美咲　じゃあ痛いところさすって

莉理　うん。

美咲　痛いの痛いのとんでいけー。

莉理　おじいさんにとんでいけ。（指を差す）

智　おっ、いやなんでじゃ

莉理　おじいさん、痛い？

智　ええ、い、いたたたああ。

莉理　あはは、おじいちゃん面白いね。

美咲　でも人のこと指差しちゃダメだからね。
莉理　はーい！
愛　すごくいいお姉ちゃんだね。
美咲　えへへ、ありがとうございます！

店員、店長料理を持って登場。

店員　お寿司と中華とカ、カップラーメン……とパフェとオムライスのお客様ー。
店長　できましたよ
景　全部きましたね。いただきます。
智　いただきます。
茜　ん、うま。
莉理　いただきます。美味しい。
景　めちゃくちゃ美味しい……！
智　わしも、本気で今までで1番かもしれん。
店員　そうでしょそうでしょ！　本当に美味しいんだよねーカップラーメンはお湯を注いだだけだけど‼
茜　なんか悪い？　なんでもいいって言ったのそっちでしょ。てか店員なんだから敬語使ったら？
店員　う、ああああムカつく！
愛　あ、あはは……この美味しさでなんでもって冷蔵庫の中どうなってんだろ。
店員　企業秘密でーす！　ところでもともと何のお話してたんですか？
茜　なんだっけ。
景　痛いの痛いのとんでいけの話？
店員　うわ懐かし！　いいですね、かわいらしくて。
景　そうですね。ところで店員さんはこんなところで話してていいんですか？
店員　いいのいいのみんなのお話聞きたいし！　ちょっとくらいサボったって大丈夫。
茜　はぁ？　いい加減な店員だなあ。すっげーむかつく。
美咲　ねぇ茜ちゃん口悪すぎ！
智　いろいろとマナーが悪い。
友康　もうちょっと、言われた側の気持ちも考えられるといいかもな。
茜　チッ……。

店長、再度登場。

店長　ん？　もめごとかー？　なあ優羽、どないしたん。
店員　店長！
店長　ところで優羽なんで仕事の時間にお客様と会話してるん？
店員　あーいやっ、違うんですよ！
店長　なにが？　ふふっちゃんと仕事してもらわんとなぁ。

遠くから別の客の声がする。

客　すみませーんお皿割っちゃったみたいなんすけど。
店員　は、はーい！

店長　ほないってらっしゃい。
店員　はいぃ……。（小声で愛に）またお客さんが少なくなってきたら来るね。

全力で走りながらはけていく。

店員　はーい！　どうされましたか？
茜　いや声でか。
店長　ふふっこれは失礼。何があったか知らんがほどほどにな。ほな、ごゆっくり。

店長もはける。

なな　ねぇ愛さん、店員さんなんて？
愛　またお客さんが少なくなってきたら来るって。
智　また来るつもりなのか。
茜　あの、さっきは、ごめん。ちょっとイライラがたまってて。口が悪いのは気を付ける。できるかわからないけど。
友康　少しずつ直していけばいいんだよ。茜ちゃん。
茜　うん。でも出来ればみんな「ちゃん」付けやめてほしい。
愛　あれ嫌だった？　じゃあ直すね。
莉理　あかね。
茜　ん。さんきゅ。……ところでさ、さっきの店長さんなんか怖くなかった？
景　そう？　優しそうだったけど。
莉理　莉理も、なんか、怖かった。
美咲　えええええ⁉　どこが怖いの？　めちゃくちゃいい人みたいに見えるけど！
茜　なんか心の中を読まれてそうっていうかなんていうか。
愛　あーちょっと分かるかも。なんか雰囲気が独特だよね。
茜　対してあの店員はうるさいにも程があるけど。
なな　あ、明るい方だよね！
美咲　そうだねー。
愛　学生っぽいけどどうなんだろ。

店員突然現れる。

店員　呼びました?!！（突然大声で現れる）
愛　うわああああああ！
店員　だからそんなに驚きます？
愛　だって、どこから出てくるかわかんないし怖いんですよ。
景　めっちゃ戻ってくんの早くないですか？
店員　やっぱサボりは最高だね☆
美咲　もぉ～。
店員　えへへ……あと、1時間で閉店なんで今日はちょっとおしゃべりしちゃおって思って。
智　1時間、か。
美咲　あはは寂しいなあ。ん、莉理大丈夫だよ！　ほら痛いのと同時に不安もとんでいけーってやろ！
莉理　うん。

なな　なんか皆さんいい人たちばっかで、皆さんがクラスメイトとかだったらよかったのに。でもあと少しの間ですが楽しみましょう！
景　そうですね。
茜　怖いといえばここに来る前に案内してくれたガタイのいい髭生えてるおじさんも怖かったな。僕ああいう人苦手。
友康　あの人は怖かったな。
店員　あの人かー悪い人ではないんだけど見た目がねえ。
愛　え？　なにそれ。
莉理　え？
智　この店に来る前に案内してくれた人じゃ。
愛　誰？　私そんな人とあってないよ。ここの店員さん？
店員　いや、違いますけど。え？　どうやってここに来たんですか？　あの人に限ってサボってたなんてことはないと思うけど。
愛　家に帰る途中で道間違えたら、なんか不思議な道があったのでそのまま進んだらここに来てました。

数秒間沈黙。

愛　え？　私なんか変なこと言った？
店員　いや、なんでもない！　えっと確認なんだけど迷い込んでここに来たってこと？
愛　はい、たまたまこんな素敵なお店見つけられて嬉しいです！
店員　あっ、そう。たまたまねえ。
愛　あのー。ちょっとお手洗いに行きたいんですけど、どこですか。
店員　あそこを真っ直ぐ進んで左だよー。
愛　ありがとうございます。

愛、はける。またしばらく沈黙。

友康　どうするんですか。
店員　たまにいるんですよねーなんででしょう。今、上の人たちが調べてるんですけど。あれ、皆さんの中に愛さんを知ってる人はいないんですか？
莉理　初めて、会った。
美咲　ウチもー。
なな　私も初対面のはずです。
友康　私も初めましてでした。
景　僕もです。
智　私も。
茜　ぼｋ……自分、も。
店員　おっかしいなぁ今まで迷ってここに来た人たちは全員お客様誰かしらと関わりがあった人なんですけどねえ。なにかその人への強い想いがあり、それでここに導かれたって説が1番有力だったんだけど。
美咲　じゃあ特別な例？
店員　上に報告しないとなー早めに防ぎたいんで。
景　なんか店員さんも大変ですね。

店員　そうー？　楽しいよ！
茜　サボってんだし、確かに楽そうだな。
店員　うぅ、何も言い返せない。
景　っていうかさっきからずっと気になってたんですけど、茜さん一瞬自分のこと僕って言いました？　その前も言ってた気がするんですけど。
智　……え、男!?
美咲　男の子!?　茜くん？　そんなことある？　確かに言われてみれば男の子でも着れそうな服だ！
茜　いや、ちが。
美咲　え、だとしたらめちゃくちゃ可愛いんだけど！

茜、体を震わせながら怒っているような悲しんでるような表情。
丁度そこに愛が帰ってくる。

茜　違う、違う違う違う！（茜、立ち上がる）
愛　えっと？
美咲　あの、どうしたの？
店員　んーとりあえず座ろっか。なにがあったか話せる？流石に急に叫ばれてもなんもわかんないから。

茜、なにも話さなくしばらく沈黙が流れる。全員茜をじっと見ている。

茜　はぁ、あーもう分かったよ。マジで、軽蔑しないでね。僕は、無性です。性別はありません。
智　は？　何を言ってんじゃ。
茜　考えが古臭いおじいさんには分からないでしょうね！　今ＬＧＢＴとか広まっていると思ってたけど結局そうだ！　理解したようなこと言って実際に会ったら気持ち悪がる。なんでだよ！
美咲　１回落ち着こう。深呼吸。
茜　ふぅ。ごめん。ゆっくり話す。まず僕には性別がない。勿論物理的にじゃなくて精神的に。見た目女だし仕方ないのは分かってるけど女扱いされると結構傷つく。ちなみに性別関係なく恋愛的に好きになる。僕、恋愛と性別関係でトラウマをもってるんだ。
　僕は友達にそのことを言ったことがなかった。嫌われるのが怖かったから。でも自分の思いを伝えたくて当時好きだった女の子に告白したんだ。結果はノー。でもこの思いを伝えられただけで満足だった。そう思っていたときに事件は起こった。何故か僕が女の子に告白したこと、僕が無性なことがクラスメイトにバレたんだ。

回想シーン、茜のクラスメイト１・２・３登場。
コソコソと笑いながら話している。

クラスメイト１　あー！　女に告白した人だー！　妖怪、性別男女！
クラスメイト２　あはは声でかいよ～。
クラスメイト１　ごめんごめん、でも事実じゃん？

クラスメイト3　それはそう！
茜　え、なんで、
クラスメイト2　んー？　その茜の好きな子がばらしたからだよ？　可哀想ー。
クラスメイト1　あ！　先生に呼ばれてるんだった。早くいこ。
クラスメイト2　行こ行こ！

クラスメイト1・2退場。3だけ残っている。

クラスメイト3　あの、私あんなこと言っちゃってごめん。あの2人がメインに噂を広めてて裏で男女ってあだ名つけて悪口言ってる。告白された子が広めたのは本当。ひどいよね。あ、私がこんなこと言ったってのは言わないでね！　みんなの前だといじめるふりしてるけど私は茜ちゃん……あ、茜の味方だから。じゃ！

クラスメイト3、速足で退場。

茜　幸い直接的な被害はなかったんだけど学校が怖くなって結局不登校。そこからゲームにハマり今じゃ引きこもりのゲーマー。余計な話が多くなったが以上。もう性別に関しては触れるな。
智　そうじゃったのか。
美咲　ごめんね、ウチそういう知識あんまりなくて。気を付ける。

景　僕もごめん、無神経で。
茜　いや、こっちもごめん。
店員　よかった。じゃあ、みなさん、はい仲直り！

店員が茜と美咲と景の手を持って握手させる。
そこに、智もうれしそうに加わってくる。

茜　はあ？　なんでジジイとまで握手しなきゃいけないんだよ。
智　だからジジイって言うな！
なな　まぁまぁ。
美咲　でもそんなやつ付き合わないでよかったよ！っていうか私もゲームやるんだよね！　トランプとか、人生ゲームとか、人狼とか！
茜　あーそれもゲームではあるけど。僕がよくやるのはパソコンを使うゲーム。銃を打って殺しあって生き残るみたいなやつだから。
美咲　そっかーえへへ、ちょっと過激なゲームだけど面白そうね。
茜　そりゃどーも。てか、あの、みんな気持ち悪いって引かないの？
美咲　びっくりはしたけど引かないよ！
愛　そんなので引かないよ。
茜　そっか。ありがと。
店員　どういたしまして！
茜　いやお前なんもしてねーだろ。

店員　あははいいツッコミだねぇ！　取り敢えず話してくれてありがと！　みんなももっと自分の話、していいからね！

友康　と言われても初対面だしそんなに自分の話もないしねぇ。

店員　あ、さっきみたいに悩みとか共有したいこととかないの？

愛　あーお悩み相談みたいな？

店員　そうそう、今まで言えなくてモヤモヤしてたこととかなんでもＯＫ！

景　いいですねそれ。

店員　私が直接なにかしてあげられる訳じゃないけどね。

なな　……あの、じゃあ私いいですか？

店員　お、全然ＯＫだよ！

なな　えっと、どこから話せばいいのか分からないんですけど、私中学から学校に行けてなかったんですよね。いじめが原因で。元々親友だと思ってた子に中学生になってから裏切りられて。

ななの回想シーン。ななの同級生たち登場。

姫香　ななってマジ性格悪いよねー。（大声）

なな　……え？

クラスメイト1　分かるわー男に色目使ってんのバレバレだし陰キャだしキモい！

クラスメイト2　あんなブスと小学生の時一緒に居てあげたとか姫香可哀想なんだけどー優しすぎ！

姫香　ほんと馴れ馴れしくしてきて迷惑だったわー

クラスメイト3　可哀想ー姫香天使かよ！　もう私たちが友達だしなと関わんなくていいからね。

姫香　ありがとう！

クラスメイト2　でもなんであんなのに付き合ってたの？

姫香　ブスは引き立て役になるから？

クラスメイト3　あははなにそれ最高なんですけどーでも絶対疲れるよねー

姫香　そうそうだからもう関わんのやーめた！　3人マジ神だわ！　あ、そうそうなな好きな人教えようか。

クラスメイト1　え、マジで？　気になるーてかその人可哀想！

クラスメイト2　あんなのが恋愛してるとか気持ち悪すぎて無理なんだけど。

なな　あ、あの！

クラスメイト2　は？　なに話してる途中なんだけど分かんない？。

姫香　やっぱバレちゃった～ごめんねー佐藤さん♡

クラスメイト1　あはは姫香が大声で言ったんでしょマジ最高！

クラスメイト3　謝んなくてもいいのにー。

4人下品に笑って退場。

なな　何が起こったか分らなくて混乱してました。最初はいろいろ抵抗したんですけどエスカレートするばかり。悪口から嫌がらせ、暴力とどんどん酷くなっていって学校に行くのをやめようかと悩んでいました。でも好きな男の子がいつも助けてくれて少し希望を持ち始めた時に事件は起きました。

なな　急に呼び出してきてなに？
姫香　あのね、あたしななちゃんがやってること悪いことだと思うのぉ。
なな　え？
姫香　連くんに媚びを売ってあたしたちには暴言、あたしたちがいじめてるって言ったそうじゃん。酷いよ！　そんな悲劇のヒロインやるためにあたしたちを利用するなんて！
なな　なに、言ってるの。

姫香が叫んで自分にカッターを刺す。

なな　え？　なにやってんの、大丈夫？
姫香　うっ。（泣き真似）
なな　え？　いや、え？

クラスメイト1・2・3と連が入ってくる。

連　なんだこの状況。
クラスメイト2　ああ！　姫香血出てる！　大丈夫？
連　どうしたんだよ。
姫香　あたしたちがぁななちゃんをいじめてるって連くんに嘘ついたって聞いたから注意したら急に……。
なな　ちがっ
連　証拠はあんのか。
姫香　万が一のために録音してたのぉ。

姫香がスマホを押すと
『急に呼び出してきてなに？　あのね、あたし……』
と流れる。

連　ほんとなのかよ。
姫香　あたしたちはぁ、いじめてなんかないんだよ！
連　信じてかばってきたのにお前最低だな。（姫香に向かって）今まで疑ってきて本当にごめん。
姫香　大丈夫だよぉ。
連　早く保健室行こう。
姫香　ありがとぉ。

姫香、クラスメイト1・2・3、連退場。

なな　こんなの現実で起こると思っていませんでした。その時はいじめっこ小説の読みすぎじゃない？　とか思ってたんですけど思ったより深刻になって。それから連、私の好きだった人もいじめに加わるようになり学校に行けなくなりました。多分、連は正義感でやってたんだろうけど立派ないじめでした。もともと成績はいいほうだったんですけど行かなくなってからどんどんわかんなくなっていって先生にも親にも期待されてたのに出来なくなって、……怒られて、私は今まで親の言いなりになってたんじゃないかって思って、居場所がなくなって、それでもう耐えられなくてここに来ました。人を信じるのが怖くなったんです。あ、ちなみにその後姫香と連は付き合ったそうです。バカみたいですよね。長々と失礼しました。

空気が重く誰も何も言わない。

なな えっとぉ、
美咲 よく頑張った。
なな え？
美咲 そんなのに立ち向かったななちゃんはすごいよ。綺麗事かもしれないし今日あった人がなに知ったような口きいてんだって思うかもしれないけど、だけど本当にすごいと思う。
店員 うん。えらいよななちゃんは。よく話してくれたね。
なな ありがとう、ございます。ごめんなさい、あははなんで泣いてんだろ。
愛 大丈夫だよ。
なな そういうことを言ってくれる人が周りにいなかったので、嬉しくて。
茜 そんなので泣くなよ。
なな あ、すみません！
茜 あーそうじゃなくて、そんなことで泣いてないで笑っとけ。こんな時に泣いてどうすんだよ。
なな っ……！ はい！
景 にしてもなにが楽しいんでしょうね。そんなことして。
智 よっぽどの暇人なんじゃろ。
茜 ちなみに大体いじめてた側のやつらはそんなことすぐ忘れる。僕もこないだいじめてたやつと会ったんだけど、馴れ馴れしく、久しぶり〜元気？とか聞いてきた。そのくらいいじめを軽く見てんだな。
愛 いじめって怖いですね。
店員 そうだねーやっぱりここに来る人、大体重い悩みを抱えてんだけど、聞いてるだけで辛くなっちゃう。
愛 ってことはいつもサボってお客さんの話を聞いてるんですか？
店員 あー、いや、まぁそうなるね。
景 ちゃんと働いてくださいよー
店員 はいはーい。でもね、話聞いてあげるとスッキリした顔してお会計するお客さんも多いんだよ。
なな でも、確かに少しスッキリしました。ありがとうございます。
愛 そうだねーやっぱ悩みを話せるっていいよね。逆に話せる居場所がなくて知らない人でもいいからプライベートなことでも吐き出したいってなるのは問題だよね。
美咲 でもさ、こうやって聞くとみんな個性的ながらもいい人だよね。

なな　はい、みんないい意味ですごい個性があって自我を持っているいい人たちだと思います。だからこそここにいるのかもですけど。
店員　難しいね。
愛　じゃあ、私の話もちょっと聞いてもらってもいいかな。
店員　え？　いいよ〜。
愛　私には唯一親友と呼べるある女の子がいました。小学生の時から仲良しで明るくて面白くて可愛い子でした。ただずっと居れば食い違うこともあり高校生のとき私が褒め言葉として言った言葉が悪口に聞こえたらしく結構な喧嘩をしたことがありました。その後物凄く後悔したんですけど、その場では謝れなくてしばらく距離をとっていました。それから数日後、深夜に電話が鳴りました。彼女のお母さんからでした。

愛の回想シーン。

愛　あ、もしもし！　こんな時間にどうしたんですか？……え!?　行方不明!?　いや、なにも知りません。はい、はい、私こないだ喧嘩しちゃって、それで最近話してませんでした。もしかしたら私が関わってるかもしれません。あの、私探します！……いやでも、はい。分かりました。明日クラスメイトにも聞いてみます。
　電話の内容としてはその友達が夜になっても帰ってこないから何か知らないか？と聞かれました。当然私はほとんど会話してなかったので何も知りません。あの子の身に何か起きていないかと思うと、その日は一睡もできませんでした。

クラスメイト登場。

クラスメイト1　愛おはよ〜。
愛　おはよ。ねぇ優羽知らない？
クラスメイト2　ん？　優羽はー、まだ来てないっぽい。ていうか愛と優羽喧嘩でもした？　最近全然話してないしギスギスしてたよね。
愛　あーちょっと、ね。でも来てないかぁ……。
クラスメイト3　どうかしたの？
愛　実は昨日の夜から行方不明らしくて。
クラスメイト2　え!?　それ結構やばいやつじゃない？
クラスメイト3　マジで!?　昨日何もなかったよね？
クラスメイト1　うん。いつも通り学校来ていつも通り一緒に帰ったけど……？　先生に聞いてみる？
愛　そうしようかなぁ。きっと先生ならなんか知ってるよね。
クラスメイト3　あ、先生。

先生登場。

先生　どうした？
愛　今日優羽は？
先生　優羽はえっと、今日はお休み。

愛　あの、行方不明ってこと知ってるんです。昨日から何か進展ありました？
先生　知ってるんだ。……今は警察に捜索願をだしてる。おれも心配なんだよね。最近の優羽の様子はどうだった？何か気になることはあったか？
愛　私も最近あまり話してなくて、よくわからないんです。
先生　そうか……。じゃあ、何かわかったら教えろよ。それと、このことはまだ秘密にしておいてくれ。
愛　分かりました。またなにかわかったら私たちにも教えてください。
先生　うーん。できる限り、な。じゃあ、授業準備。
クラスメイト1　はい。

先生、クラスメイト1・2・3退場。

愛　それからもう会っていません。あまりにこないから先生に聞いても「ごめんな、個人情報だから。」しか言わなくなって結局何の説明もされないまま「優羽さんは転校した」とか言って。今でもどこにいるか、生きているのかすらわかりません。あの時私があんな風に言わなければ、こんなことにならなかったかもしれないのに。今日、優羽の夢を見たんです。今日なんだか会えるような気がして。でもそんなのどうせ夢で……それにさっき店長さんが店員さんのこと「ゆうは」って呼んでて思い出して、ちょっと寂しくなっちゃって、やっぱどうしてもあの時のことを謝りたかったなぁって。
美咲　そうなんだ。

店員が目を見開いて固まる。

店員　愛ちゃん名前なんだっけ。
愛　ん？　鈴木愛ですけど。
店員　そっ、か。あははごめんなんでもない。
愛　……ああ、そうですか。なんでもないならいいんですけど。……。
景　でも不思議ですね。今日あったばっかなのに居心地がよくてみんなが素で喋ってる。この何分かの間に信頼ができてる。
美咲　あはは確かに普通ほとんど赤の他人にこんな重い話を話さないし聞かないよねー。
智　もう会うことはないだろうけど仲良くなれたのはよかったかもな。
茜　なんかそれをジジイが言うとキモい。
智　だからジジイ言うな！
茜　ふふっ。

店長、いつのまにか登場している。

店長　楽しくおしゃべり中に失礼ですが閉店の時間です。
茜　うお⁉
愛　びっくりした……。
店員　げ、店長。

店長　驚かせてごめんな。そろそろ閉店だから準備して。優羽もおしゃべりもいいけどちゃんと仕事やってもらわんとなぁ。
店員　はぁい。
店長　じゃ、お帰りの準備できた人からお願いな。

店長、店員後ろで準備している。

愛　えっと、短い時間だったんですけどありがとうございました。
美咲　うん！　ありがとねー。
茜　ん、さんきゅ。
なな　ありがとうございました！　話とか聞いてくれて、みんな優しくて。身近にこんな人たちが欲しかったです。
友康　こんなおじいちゃんに気使ってくれてありがとね。じゃ
智　じゃまた。私も口悪くてすまんかった。
景　久しぶりにじっくり人の話を聞けた気がします。私も実は話したかったけど、みなさんの話に比べればたいしたことなくて、ありがとう。
美咲　私たちもお母さんの話とかしたかったんですけどね。
愛　あら、聞きたかったですね。じゃあまたの機会に。

愛以外、沈黙。

友康　あ、あー、またの機会にね。

愛以外退場、無表情、直立不動で店外に出る。

シャランシャラン♪

愛、カウンターに移動。

店長　確認のために名前教えてくれる？
愛　え？　鈴木愛ですけど。

店長が分厚い本を取り出してくる。

店長　鈴木愛、鈴木愛、鈴木愛……あー、もしかして迷い込んだ？　たまにいるんよなぁ。うーん。
愛　えっと？　会計は？
店長　しゃーない今回だけ許しておくわ。タダでええよ。分かったらさっさと出ていき。
愛　は、え？
店長　もう来るんじゃないよ。あんたはまだ来ちゃダメなとこ。タダより怖いものなし、ね。ふふっ。

店長に背中を押されドアまで来る。
店員がダッシュで突っ込んでくる。

店員　あああああああ！　ちょっと待ったああああ！
店長　うおぉびっくりした。どなんしたん。

店員　店長は他のお客様のとこ行っててください！
店長　えっ。
店員　お願いです。
店長　……あー、はいはい。（首をかしげながら退場）
店員　ありがとうございます！　あの、愛ちゃん！　いや愛！
愛　え、な、なんですか。
店員　今日は来てくれてありがとう！　でもあの、もうこないで！ってのと、きっとさっき愛ちゃんが話してた女の子はもう怒ってないよ！　多分また話したいって思ってるから！　意味わかんないと思うけどごめんね！
愛　ありがとうございます？
店員　あとこの彼岸花あげる！
愛　彼岸花、怖いですけど綺麗ですよね。ありがとう。
店員　愛と話せて楽しかったよ！じゃ。さようなら……。
愛　さようなら。

シャランシャラン♪半ば強制的に追い出される。

愛　……あ、なんだったんだろう。追い出された感じ？……でも、ま、いっか。なにか温かい気持ちになった。

元の道に戻りふと振り返る。

愛　え!?　ちょっと待ってさっきの道がない？　そんなことある？　さっきまで店員さんとか美咲ちゃんと話してて……私どうしたんだろう？　え、怖。早く帰ろ！

走って愛退場。店員と店長がカウンターの前で話しをはじめる。

店長　そういえばあの迷い込んだ女の子。あれ優羽の知り合いやろ。
店員　え、なんで!?　そ、そうですけど。流石にこの店のことは言えないし愛には黙ってました。
店長　ふーん。お客様同士じゃなく店員の知り合いってこともあるんやなぁ。あ、最後になに渡してたん？
店員　赤い彼岸花です。怖いイメージあるけど私は好きなんです。花言葉はまた会う日を楽しみに。
店長　へー。またあの子と会えるのはいつになるんやろ。
店員　出来れば遅いほうが嬉しいですけどねー。
店長　そうね。そういえばあの子ドライフラワーが趣味やったな。
店員　あの花でやってくれないかな……。
店長　ん、じゃあそろそろ閉めようか。お疲れ様でした。
店員　お疲れ様でした。

店員、入り口のプレートをひっくり返す。

店員　（大声で）最後の晩餐専門店、ヒガンバナ屋閉店！

――幕――

Dream Nation

小川夏季

登場人物

林田《はやしだ》　茜《あかね》
林田《はやしだ》　青《あお》
平井《ひらい》桃菜《ももな》
水川《みずかわ》銀二《ぎんじ》
伊藤《いとう》　藍《らん》
田渕《たぶち》玄樹《くろき》
長谷川《はせがわ》琥珀《こはく》
MC／面接官1
店員／面接官2
桃菜の母
桃菜の父

立命館慶祥中学校演劇部、2022年11月27日、初演。

1場面

舞台は街中。
平台・箱馬が据え置きで置いてある。ベンチ、板付きで置いてある。
1板付き鮮やかなホリゾント。ぼんやりとした照明。
＃Ｍ1　雑踏

緞帳が上がる。

中学生の茜、藍、玄樹、琥珀、上手緞帳ライン・第一袖幕の間から、舞台上へ。

茜　ね、昨日のテレビ見た？
藍　え、何の？
茜　あのー、色んな芸能人がめっちゃ水に落ちるやつ。
琥珀　ああ見たかも。面白かったよな！
玄樹　俺も見た、それ。めっちゃ笑ったー。
藍　あの企画、毎回面白いよね。
茜　ね！　早くまたやってほしー！

茜、藍、玄樹、琥珀、下手緞帳ライン・第一袖幕の間から下手袖へ。

＃Ｍ2　風が吹き抜ける音。

＃Ｍ3　カランコロンカラン。

上手側スピーカーから声のみ聞こえてくる。

男の子の声　「お母さん、僕この人形がいいな。」
お母さんの声　「いいわよ。可愛いね。えーと店員さん、あ、すいませーん。」
店員の声　「はーい。」
男の子の声　「これくーださい。」
店員の声　「かしこまりました。……あら？　ねえぼく、このお人形さんほつれちゃってるから、他のと交換こしようか。」
男の子の声　「ううん。代えなくていいよ。」
お母さんの声　「え、いいの？」
男の子の声　「うん。僕、これがいいんだ。」

＃Ｍ3　カランコロンカラン。

茜、下花道出入口から、下花道へ。

＃Ｍ2　風が吹き抜ける音。

1／2　クロスフェード。

2場面

第一袖幕、せめる。

桃菜、上手第一袖幕・第二袖幕の間から舞台上へ。

茜、下花道で足を伸ばし座っている。テレビのリモコンを持っている。

茜　（リモコンでテレビを消す動き）あー面白かった。マジ最高。あ、ねえねえお母さん。あのさ、この前、高校卒業してからの進路決めろって言ってたじゃん。で、私考えたのよ。好きなこと仕事にしたらいいってよく言うじゃん？　だから私、テレビ作る人になるから。（お母さんが話しているのを聞く）違う違う工場じゃない、番組のほう。だから私、高校卒業したらそっち系の専門行くから。（お母さんが話しているのを聞く）そんな心配しなくて大丈夫だって。じゃあそういうことだから。おやすみ〜。

茜、緞帳ライン・第一袖幕の間から下手袖へ。

2＆3　クロスフェード　学校の廊下の照明。

舞台は専門学校の校内。桃菜がしゃがみこんで何かを探している。

桃菜　あーもう、どこ行ったんだろ〜？　落とすとするならこの辺だと思ったんだけどなあ。（下手側へ行き、そこから中央付近まで歩く）こうやって来て、ここで止まって、（長椅子にカバンを下ろし、中身を見る）ここで荷物を整理したよね。じゃあやっぱ、落とすならここだよねえ。

桃菜、再びしゃがみこんで探し出す。

茜、下手第一袖幕・第二袖幕の間から舞台上へ。桃菜を不審そうに見ながら近づく。

茜　あのお……、な、何してるんですか。

桃菜　え？

茜　いやこんなとこでそんな体勢になって何してんのかなと思いまして。

桃菜　あ、今ちょっと探し物をしていまして。

茜　そ、そうですか。

間。

茜　あの、

桃菜　何ですか？

茜　めっちゃ、その、パンツ見えてますよ。

桃菜　え？　あ、（立ち上がって）ああ！　すいません！

茜　ああいや！　こちらこそ失礼でしたよね！

桃菜　全然！……お恥ずかしいところをお見せしてしまいましたね。

茜　肌色のストッキングは危ないですよね。（笑って）私も気づかないうちにやっちゃってるかも。
桃菜　ははは。

間。

茜　さっき、探し物してるって言ってましたよね？
桃菜　ああはい。
茜　何探してるんですか？　手伝いますよ。
桃菜　あ、ありがとうございます！　イヤホンを探してまして。
茜　どんな？
桃菜　ワイヤレスの。
茜　うわー見つけずらそー。
桃菜　なんかすいません。
茜　いやいや全然！

茜、桃菜、探す。茜、椅子の後ろ側（幕スレスレのところ）を覗く。

茜　あ！
桃菜　ありましたか！
茜　はい。多分あれだと思うんですけど。（椅子の後ろに手を伸ばす）お！（桃菜に取ったものを差し出す）これですか！
桃菜　そうこれです！
茜　良かった！　思ったよりあっという間に見つかりましたね。
桃菜　ですね。ほんと、ありがとうございます。あ、何かお礼を……。
茜　いいんですいいんです。あ、そうだ。ここであなたに会ったのもきっと何かの縁ですし。（椅子に座る）ちょっと話していきませんか？
桃菜　え？
茜　あ、もしかしてお時間ないですかね？
桃菜　それはありますけど……。
茜　ならほら隣、座ってくださいよ。
桃菜　わ、分かりました。（茜の隣に座る）
茜　お名前聞いてもいいですか。あ、私は林田茜っていいます。
桃菜　林田さん。私は平井です。平井桃菜。
茜　平井さん、ですね。何年ですか？
桃菜　２年です。
茜　ああそれなら！　同学年じゃないですか！
桃菜　あ、そうなんですか！
茜　じゃあ敬語やめ……るね。
桃菜　そうだね。
茜　あー呼び方も、下の名前で、いい？
桃菜　う、うん。
茜　じゃあその、桃菜、ちゃんは、コースどこなの？
桃菜　あーえっとね、音声コース。茜ちゃんは？
茜　私は制作。

桃菜　そうなんだ。じゃあディレクターとかプロデューサーになりたいってこと？
茜　うん、そうね。番組を作りたくてさ。
桃菜　そうなんだ。すごいね、クリエイティブ。
茜　いやあ、すごくはないよ。あー音声コースってことは音響さんとかになりたいってこと？
桃菜　そう、音響さん。
茜　へー。なんで？
桃菜　うーん、音とか音楽が好きだから、かな。
茜　そうなんだ。なんか、珍しいね。
桃菜　え、そう？
茜　ああごめん言葉足らずだったかも。ほら、音楽が好きだから、アーティストとかバンドやろうって人がいても、よし音響さんになろうって思う人なかなかいない気がして。
桃菜　ああ。私も中学生の頃とか、高校生の頃も進路真剣に考え始める前までは音楽やりたいなーって思ってたんだよ。
茜　そうなんだ。なんでやめちゃったの？
桃菜　単純にさ、アーティストってすごいゼロからのスタートだし、安定しない職業じゃない？
茜　そうだね。
桃菜　そんな職業に就いて、家族に心配かけるのって気が引けちゃって。才能があるかとかも分からないし。
茜　そっか。曲とか作ったことはあるの？
桃菜　うん、一応ね。中高生の頃よく作ってた。
茜　そうなんだ。めっちゃすごいじゃん。
桃菜　いやいや、ギターでコードだけ弾いてパソコンカタカタしてただけだしそんなでもないよ。
茜　それ十分すごいって。へー。聴いてみたいなー。
桃菜　あ、一応、データはあるけど……。
茜　ほんと!?　聴かせてよ！
桃菜　あんまり、期待しすぎないでね？（茜にイヤホンを渡す）
茜　ありがとう！　えと、Lがライトで右？
桃菜　いや、Lは左。
茜　ああそっかそっか。
桃菜　（スマホを見て）どれがいいかなー。あ、これにしよう。スマホに入ってるデータ、サビだけなんだけどいい？
茜　全然ＯＫ！
桃菜　じゃあかけるね。

茜、聴いている。桃菜、茜を見ている。

桃菜　聴こえる？
茜　（うなずく）

茜、聴いている。桃菜、茜を見ている。

茜、イヤホンを外す。

茜　めーちゃめちゃかっこいいじゃん。
桃菜　え、あ、本当？
茜　うん。桃菜ちゃんの雰囲気からは想像つかないくらいゴリゴリのロックだったけど。
桃菜　へへ。パンクが1番好きなんだよね。
茜　ほんと、かっこいいよ。えー、音楽の世界行ってみればいいのに。
桃菜　それは多分、無いと思う。でもそんなにいいと思ってくれた？
茜　うん、ほんといいと思うよ。音楽そんな詳しくない私が言うのもって感じだけど、才能あると思うなー。
桃菜　嬉しいよ。ありがとう。
茜　これ作る高校生やばいよ。
桃菜　褒めすぎじゃない？
茜　いやほんと、衝撃だったから。
桃菜　ははは。ねえ、今度は私から茜ちゃんに聞いてもいい？
茜　え、何？
桃菜　茜ちゃんは、なんでテレビ番組を作りたいと思ったの？
茜　ええ、なんで。うーん、まあシンプルに好きだったからかな。ちっちゃい頃からテレビっ子だったしさ。勉強も運動もそこまでしてこなかったし、好きなことっていえばそれくらいで。
桃菜　そっかあ。私たちが中学生の頃なんて、テレビ全盛期だったもんね。
茜　そうねえ。いいよね。テレビって。みんなで同じものを見てる感じっていうか。共通認識がどんどん増えていく、とでもいうのかな。
桃菜　私もテレビ好きだよ。まあ最近、その認識を持つ人も減っちゃってるけどねえ。
茜　ホントにそう。あーあ、時代戻ればいいのに。

MC、藍、上花道出入口から上花道へ。

桃菜　ハハッ、そうだね。……でも時間は過ぎてくよ。ほらもう授業10分前。
茜　え、マジ？　さっきあんなに暇を持て余してたのに。
桃菜　そろそろ行く？（立ち上がる）
茜　そうだね。（立ち上がる）あ、そうだ、連絡先交換しない？
桃菜　しよしよ。

茜、桃菜、スマホをかざすなどの操作をする。

茜　じゃあ、私教室こっちだから。またね。
桃菜　私あっちだ。じゃあね。

茜、上手第一袖幕・第二袖幕の間から上手袖へ。
桃菜、下手第一袖幕・第二袖幕の間から下手袖へ。

3場面

3／4　クロスフェード　上花道を照らす照明。
ベンチを下手第一袖幕・第二袖幕の間から下手袖へ。テーブル　を下手第一袖幕・第二袖幕の間から舞台上へ。箱椅子（タンス）とラジオ・フィギュアを上手第一袖幕と第一引割幕の間から舞台上へ。
青、銀次、テーブルを設置したらそのまま舞台上にいる。
藍、上手花道で祈るようにして立っている。MC、下手花道でマイクと台本を持って立っている。

MC　第11回ダンス・オブ・ジャパン、U22個人の部、優勝に輝いたのは、

＃M4　ドラムロール。

MC　千葉県・伊藤藍さんです！
藍　よし。やった……やった！
MC　伊藤さん、念願の優勝、おめでとうございます！
藍　ありがとうございます。去年も一昨年もギリギリのところで優勝を逃していたので、今回やっとこうして優勝できて、本当に嬉しく思います。
MC　かなり前から注目を浴びていて、プレッシャーもあったかと思いますが、そのあたりはいかがでしょうか。
藍　そうですね。やはり周りからの期待というのは感じていましたが、それでも自分の努力でここまで来られたっていうのは、大きな自信になりました。最高の気分です！

4／5　クロスフェード　部屋の照明。
MC、藍、上花道出入り口から上手袖へ。
舞台は青の部屋。青、銀次がテーブルに勉強道具を広げ、勉強している。

＃M5　キッチンタイマー。

銀次　はいしゅーりょー。採点しましょー。

青、銀次、ノートを交換する。ここからの会話は、お互いの丸付けをしながら。

青　なかなか重いな、ここの数学。
銀次　俺と青が2トントラックに乗った重さよりは重いから安心しろ。
青　重かったら安心できないだろ。
銀次　バレたか。
青　あと、銀次と俺が乗ったところで、相対的に見れば大した重さは加わらないんだから、2トントラックでいいだろ。
銀次　バレたか。

青、銀次、大人しく机に向かう。

青　これ、9？　4？
銀次　（ふざけた調子で）さあて、どっちに見えるかな？
青　バツにするぞ。
銀次　あーだめだめ、9だよ、9。
青　合ってんのかよ！
銀次　いぇーい。
青　腹立つわー。
銀次　あおー。
青　何？
銀次　採点終わったよ。（解答用紙を青に渡す）
青　ええ、ちょっと待てよ。（慌てて点数計算をする）はい、こっちもできた。（解答用紙を銀次に渡す）
銀次　あー2個ミスってるー。
青　素数。
銀次　満点じゃないとかゴミだー。
青　ゴミなんて言うなよ。こっちはそんなにできてねえんだよ。
銀次　それはね、まあ個人のだから。
青　気を遣うな。悲しくなるだろ。
銀次　すまんすまん。青はあれだな。いちいち丁寧にやりすぎなんじゃない？　解答に真面目さが滲み出てるわ。
青　あー、そう、なんだよなあ。時間の問題なんだよ、いっつも。
銀次　雑にやるとこは雑にやんないと。
青　でも俺雑にやったらなんも分からなくなるんだよ。銀次みたいに瞬で解けるのマジ羨ましいわ。
銀次　まあそこは、才能だよね。やっぱセンスの問題っていうか？
青　うわー。うっざー。でも否定できねえー。
銀次　天才と比べちゃいかんよ。
青　自分で言うなよ。
銀次　でもほら、ことかさ……。

＃M6　ドアが開く音。
青、銀次、舞台上手側に目を向ける。

茜　ただいまー。（声のみ）
青　あーっ、そうだ。今日姉ちゃん帰ってくる日だった。
銀次　茜？　そういや最近ぜんっぜん会ってなかった。元気にしてんの？
青　知らん。姉ちゃん東京の専門行ったから、俺も最近会ってない。
銀次　そっか。ふーん。じゃあ俺、帰るかなあ。（帰る支度を始める）
青　ええ、なんで？
銀次　久しぶりの帰省なんだから、家族だけのほうがいいだろー。
青　そうかあ？
銀次　そういうもんだって！（立ち上がる）んじゃ、また来るわー。
青　（立ち上がって）なんかゴメンな。

銀次　いーのいーの。
青　おお。

茜、上手緞帳ライン・第一袖幕の間から舞台上へ。

茜　青ー、久しぶりー。
青　姉ちゃん、勝手に入ってくるなよ。
茜　いやいや、私だって久々に帰ってきたら自分の部屋が弟の部屋になってて戸惑ってるんですけど。っていうか、横にいるのは銀ちゃん？
銀次　茜！　１１９３年ぶりだね！
青　素数。
茜　うん、そうだそうだ。銀ちゃん変わってないねー。
銀次　茜も案外そのまんまだね。
茜　そう？　褒め言葉として受け取っておくね。あれ、もう帰るの？
銀次　今日は帰るよ。
茜　そう、じゃあ気をつけて。青、お見送りしなね。
青　言われなくても分かってるって。
銀次　いやいや、いいって。
青　そうか？
銀次　うん。いーのいーの。じゃあな。
青　お、おう。

銀次、上手緞帳ライン・第一袖幕の間から上手袖へ。

茜　銀ちゃんと遊んでたの？
青　遊ぶ、って小学生かよ。
茜　じゃあ何してたの？
青　朝から勉強。
茜　もう日、暮れるよ？　ずっとやってたの？
青　２人とも受験生だし。（机に戻る）
茜　はあー。偉いねえ。２人とも賢いもんねえ。
青　……俺とあいつとじゃ、レベルが違うけどね。
茜　そう？
青　銀次はさ、ほら、天才だから。
茜　あー、銀ちゃん昔から頭良かったもんねえ。でも青だって十分賢いし頑張ってるじゃんね。
青　頑張ってる……ま、頑張ってはいるのかもしれないけど、なんて言うの？　天井があるだろ。凡人には。
茜　そう？
青　それに、天才はちょっと頑張ればそれでいいじゃん。ほんのちょっと頑張っただけで、凡人には考えつかない解法を見つける。たとえこっちが向こうの何倍も、頑張ってたとしても。
茜　ふーん。そっか。
青　あ、なんかこの言いようじゃ、銀次が頑張ってないみたいだな。多分、そういうわけじゃないんだよ。あいつもあいつなりに、やってるし。
茜　そう、だね。でも青は十分頑張ってるよ。
青　うん……あーこんなこと言わなきゃよかったか。かっこ悪い嫉妬ってところだよ。今の話忘れて。

茜　うん。

青、勉強し始める。

茜　ちょっとー。あんたまだ勉強するのー？
青　え、するでしょ普通に。
茜　一日中勉強して？　姉ちゃん帰ってきたんだし、ちょっとくらいゆっくりしたっていいのに。
青　まあそう、かもしれないけど。やらないと気持ち悪いし。
茜　はあ、すごいねえ。自慢の弟だわ。

青、タブレットを取り出し、勉強し続ける。
茜、しばらく青を見ているが飽き、話しかけそうになる。でも我慢する。部屋を歩き回りだす。ラジオをつけてみる。
＃Ｍ７　ラジオの音。
茜、少々大きめのラジオの音に驚く。音量を下げ、ラジオに耳をそばだてる。
＃Ｍ８　ラジオＤＪの会話。
茜、必死に笑いを堪えているが、つい笑ってしまう。

茜　っふふ。はは。ははは。
青　自慢の弟なんですよね？
茜　ごめんごめん。ちょっと、面白くなってきちゃって。
青　俺の部屋じゃなくてもラジオは聴けるでしょ。
茜　あ、青も聴く？　面白いよー。
青　いい。姉ちゃんほんと、ラジオとかテレビとか好きだよなあ。
茜　好きだけどなによ。
青　勉強とかしたことある？
茜　なーっ！　高校受験直前に！　たしなむ程度には！

桃菜、パソコンを乗せたスタンディングテーブル・折り畳み椅子を持って上花道出入口から上花道へ。

青　そうだよなあ。姉ちゃん遊んでるところしか見たことないもんなあ。
茜　うわー、やなやつ。でも青だって今、タブレット見てたじゃん！
青　見てたよ？
茜　え、遊んでるじゃん！
青　オンラインの教材見てたんだよ。
茜　え、そんなの使ってるの？　信憑性あるの？
青　あるに決まってんだろ。
茜　私のときは紙と鉛筆ばっかりだったのに。
青　嘘。でも姉ちゃんが中3、5年前か。あー、あるにはあるけど、浸透してない、くらいのころかな。
茜　5年でそんなに変わるもんかあ。
青　そうらしいね。
茜　なんか寂しいね。
青　そう？　使うものが変わっただけだと思うけど。

茜　若いのには分からんよ。（立ち上がる）
青　2コしか変わんないだろ。
茜　私、居間行くけど、青どうする？
青　んー。もうちょい勉強するわ。飯できたら呼んで。
茜　わかった。

茜、上手緞帳ラインと第一袖幕の間から、上手袖へ。
青、しばらく勉強。

茜、上手緞帳ラインと第一袖幕の間から、舞台上へ。

茜　青、ご飯できたって。
青　うん。もうちょいしたら行くわ。
茜　ご飯できたら来るんじゃなかったんかい。

4場面

5／4　クロスフェード　上花道を照らす照明。
第一袖幕、開く。（＝元に戻す）
テーブルを下手第一袖幕・第二袖幕の間から下手袖へ。箱椅子（タンス）とラジオ・フィギュアを上手第一袖幕・第一引割幕の間から上手袖へ。スタンディングテーブルを、一つは上手第一引割幕・第二引割幕の間から、もう一つは下手第一引割幕・第二引割幕の間から舞台上へ。
桃菜、パソコンに打ち込んでいる。

桃菜　（ヘッドフォンを外して）……ふうー。できた。いつぶりだろう、曲作ったの。（パソコン画面をスクロールして）3年前？　高2ぶり。それにしては、いいの作れたのかも。うん。……やっぱ楽しいなあ。音楽。最高に楽しい。

＃M9　スマホの通知音。

桃菜　（スマホを手に取って）ん、茜ちゃんからだ。「今度一緒に遊ぼうよ！　あ、また違う曲も聴かせてね！」ふふ、遊ぼうって、小学生みたいでかわいい。曲……送ってみようかな。

2／6　クロスフェード。
藍、玄樹、琥珀が椅子に座っている。周囲にも何組か客がいる。これらの客たちは玄樹や琥珀が帰ったあと、ぽつぽつと帰っていく。

玄樹　藍、優勝おめでとー!!!
琥珀　おめでとう〜。
藍　ありがとう。
玄樹　おん？　もうちょっと喜んでよ〜！
藍　こういうの苦手なの、知ってるでしょ。
琥珀　藍はかっこつけなとこあるもんな。
藍　かっこつけてるつもりはないんだけど。

琥珀　語弊が生じた。なんて言うの？　ポーカーフェイスみたいな。
玄樹　でも心の中ではめちゃくちゃ喜んでるだろ〜！　バレバレだぞ〜！
藍　まあ、嬉しいことは、嬉しいよ。もちろん。
琥珀　いやあ、ほんっとすごいよなあ。日本一だよ日本一。
玄樹　なにで日本一だっけ？　わんぱく相撲だっけ？
藍　違います。
玄樹　射的？
藍　違います。
玄樹　カタヌキ？
藍　玄樹は私をお祭りガチ勢だと思ってるの？
玄樹　金魚すくい？
琥珀　もういいだろ。ダンスだよ、ダンス。
玄樹　冗談冗談冗談。
琥珀　３回言うと歯切れが悪い……。
玄樹　いやあしかし頑張ったなあ！　藍！
藍　急に話戻してくれた。
玄樹　俺は優勝発表後のインタビューで泣いちまったよ！
藍　あ、見てたんだ。
琥珀　俺と玄樹と茜とで、生中継見てたんだよ。
玄樹　琥珀の家でな。俺、バイトあるから後で配信動画見るって言ったのに、茜が「こういうのは皆で一緒にテレビで見るからいいの‼」って言い張るから。
琥珀　茜らしいよな。
玄樹　そういや茜、今日は何で来ないの？
琥珀　なんか先約が入ってたらしい。
玄樹　へー。せっかく藍が優勝したってのにな。
藍　いいんだよ。終わった後、ちゃんと連絡くれたし。
玄樹　そっか。あ、なあ、注文しね？
琥珀　しようか。すいませーん。
店員　（声のみ）少々お待ちくださーい。
琥珀　藍って飲めるの？　何飲む？
藍　飲めるよ。でも、ウーロン茶にしておこうかな。
琥珀　なんで？
藍　もうすぐ優勝記念で踊らせてもらう機会があるからさ。太りたくないし。
玄樹　はあー、さすがのプロ意識ですなあ。

店員、下手第二袖幕・第一引割幕の間から舞台上へ。

店員　お待たせしました！　ご注文ですか？
琥珀　はい。えーっと、ウーロン茶とウーロンハイと、玄樹どうする？
玄樹　俺もウーロン茶で。
藍　え。
店員　ウーロン茶２つと、ウーロンハイ１つですね。
琥珀　あと枝豆２皿と……。（注文を続ける）
藍　（ニヤニヤして）玄樹、飲めないの？
玄樹　いやいやいや、そんなわけないじゃないですかあ。飲まない。そう飲まないだけ。
藍　ふーん。

玄樹　ほ、ほら琥珀ほど強くないし。
藍　でもちょっとくらい飲めばいいじゃん。
玄樹　そりゃあ、ま、まあ俺も？　体づくりっていうか？
(店員の方を向いて) あ、すいませーん。串カツ2本！
店員　お時間頂戴しますが大丈夫ですか？
玄樹　はい！　いくらでも！ (藍の方を向いて) 太りたくないからな！
藍　(笑いを堪えて) そうなんだあ。
玄樹　なんだよ、もう。
店員　(注文が終わって) かしこまりました。少々お待ちくださいませ！

店員、下手第二袖幕・第一引割幕の間から下手袖へ。

玄樹　にしてもほんとすっごいよなー！　日本一！
藍　ずっとそのスタンスで行く気？
琥珀　そういう会だからね。
玄樹　もうスターだよな、スター。夢がいっぱいだなあ！
藍　夢ねえ。
琥珀　藍はどんな風になるんだろうね。これからもダンスは続けていくわけでしょ？
藍　え、ああ、うん。
琥珀　どうかした？
藍　どうもしないけど。
玄樹　次は世界だなあー！
藍　世界、かあ。

茜、桃菜、上手第一袖幕・第二袖幕の間から、話しながら舞台上へ。

玄樹　あれ、茜？
茜　ええ！　みんなどうしたの、偶然だね！
琥珀　誘っただろ。藍の祝勝会だよ。
茜　そうだ、そうか！　今日だもんね。えー、同じ店だったんだ！
玄樹　茜も一緒に飲もうぜー。
茜　んー……。桃菜、いい？
桃菜　私は全然いいよ。
藍　どうも。何さん？
桃菜　あ、平井桃菜っていいます。
茜　専門学校でできた友達ー。

店員、下手第二袖幕・第一引割幕の間から、お盆を持って舞台上へ。

店員　お待たせしました！　ウーロン茶お2つに、ウーロンハイお1つです。
琥珀　ありがとうございます。
店員　5名様、ご一緒ですか？
玄樹　はい！
店員　もしよろしければテーブル、動かしましょうか？
茜　大丈夫です！　詰めれば座れます。

茜、桃菜、座る。

藍　お気遣いありがとうございます。
店員　いえいえ、楽しんでくださいね！
桃菜　あ、飲み物……、生2つ？
茜　うん。
桃菜　じゃあ、お願いします。
店員　かしこまりました！

店員、下手第二袖幕・第一引割幕の間から下手袖へ。

茜　桃菜、紹介するね。この子は藍。この間、ダンスの大会で優勝して、これはその祝勝会。
桃菜　そうなんですか。おめでとうございます！
藍　ありがとう。
茜　で、この人、
玄樹　俺が玄樹で、こっちが琥珀です！　よろしく！
桃菜　よ、よろしく。
琥珀　平井さんをびびらせるんじゃないよ。
玄樹　あ、すいませんねえー。
桃菜　いえ、全然……。あー、皆さんはいつからのお友達なんですか？
琥珀　中学の時から。偶然4人ずっと同じクラスで。
玄樹　腐れ縁ってやつだよな。

店員、下手第二袖幕・第一引割幕の間から、お盆を持って舞台上へ。

店員　お待たせしました！　まずこちらお飲み物が、ウーロン茶2つ、ウーロンハイ1つに、生2つです。
一同　（私です、ありがとうございます、などと言って受け取る）
店員　それと、枝豆、練り物盛り合わせ、ピーマン肉詰めになります。取り皿、置いておきますね！
琥珀　はい、ありがとうございます。
店員　串カツはまだもう少しお待ちください！
玄樹　了解でーす！

店員、一礼して、下手第二袖幕・第一引割幕の間から下手袖へ。

琥珀　藍、乾杯して。
藍　えー。
茜　今日の主役は藍でしょー。
藍　分かったよ。えーっと。みんな今日はどうもありがとう。乾杯。
一同　カンパーイ。（おめでとう、イェーイなど）

一同、ここからの会話は飲み物を飲む素振りをしながら。

藍　やっぱこの雰囲気さ、桃菜ちゃんしんどくない？

桃菜　いいや、私は全然。茜の友達のね、おめでたい場だから、私もおめでとうって気持ちになって、なんか楽しいよ。
藍　そっか。
玄樹　ねーねー、茜が専門で知り合ったってことはさ、桃菜、さんもテレビ系の仕事がしたいの？
茜　桃菜さんて。
桃菜　ざっくり言うとテレビ系になるのかな？
茜　まあそうね。桃菜は音響さんになりたいんだって。あ、言って良かった？
桃菜　ああ、もちろん。
琥珀　音響さんかー。言われてみれば、平井さん、そういう雰囲気あるかも。
藍　どういう雰囲気？
琥珀　なんか、音出してそうな感じ。楽器とか弾けそう。
桃菜　あ、一応、弾けないこともないよ。
玄樹　そうなんだ！　何弾けんの？
桃菜　ギターをちょろっと。
茜　結構弾けるくせに。
桃菜　私よりうまい人なんていくらでもいるから。
藍　ギターって、パッと弾けたらだいぶかっこいいよね。憧れるわ。
桃菜　そんなたいそうなものじゃないよ。
玄樹　いやしっかしさ、茜も桃菜さんも、テレビ好きなんだね。
茜　好きだけど……。それがどうかした？
玄樹　珍しいじゃん。この時代に。
桃菜　珍しいのかな。
琥珀　好きな人は一定数いるだろうけど、今の時代、テレビ業界に飛び込むのは少々リスキーかもね。
茜　そう？
玄樹　絶対そうだよ！
桃菜　どうして？
玄樹　だって俺見ないもん、テレビ。配信とか、スマホしか見てない。
茜　えー。
琥珀　まあ、そういう人結構多いと思うよ。パって見られるものの方が何かと良いっていうのは一理ある。
茜　でもさ、かかってる労力とかお金とか、ノウハウとか、テレビの方が圧倒的に多いと思うんだけど。
玄樹　そんなのどうだっていいじゃん。短くて、いつでも見れて、ちょっと笑えるくらいで十分なんだよ。
茜　うーん。それって本当に面白いのかな。
琥珀　面白いコンテンツもあるにはあると思うよ。
茜　そっかー。でも、なんか違う気がするんだよなあ。

玄樹、誤って琥珀のウーロンハイを飲む。

玄樹　ひっく。テレビとかさ、正直もう、
藍　ん？　玄樹どうした？
玄樹　オワコンだから、ひっく。
茜　オワコン……。

琥珀　玄樹、お前まさか俺のウーロンハイ飲んだんじゃないだろうな。
玄樹　考え直したら～。（机に突っ伏す）
琥珀　おーい、玄樹ー。
玄樹　んんー。
琥珀　（肩を叩いて）くーろーきー。
藍　こりゃだめだね。
琥珀　どうしよ。とりあえず、こいつの家に連れていくわ。この近くだし。
藍　（立ち上がろうとして）手伝おうか？
琥珀　いいいい。１人で十分。
藍　そう。じゃあ、ファイト。
琥珀　おう。おい玄樹、ちょっと立て。
玄樹　ん？　うんー。（立ち上がる）
琥珀　はい、歩いて。
玄樹　んー。おまえ、よくこんなもんいつものんでるなあ、ひっく。
琥珀　お前ほんとに弱いんだな。

玄樹、琥珀、上手第二袖幕・第一引割幕の間から上手袖へ。

桃菜　なんか、大変そうだね。大丈夫かな。
藍　大丈夫だよ。玄樹タフだから。
桃菜　そっか。
茜　……ねえ藍。
藍　んー？
茜　藍もさ、テレビはオワコンだと思う？
藍　何。気にしてんの？
茜　気にしてるっていうか……。時代って短い間でそんなに変わるものなの？
藍　どうだろ。オワコン、とは思わないかな。現に、茜とか桃菜ちゃんみたいな、テレビが好きで、作りたいって人がまだいるんだから、終わっちゃいないんじゃない？
茜　そう、だよね。でも、もし、本当にテレビが終わって、みんながばらばらのものばかりを見るようになったら、どうなるんだろう？
藍　茜はどうなると思う？
茜　話がなくなっていく？　趣味が違う人と話すときに、通じる話題が減って、自分が好きなものしかない世界だけで生きるようになって。それって自由に見えるけど、実は世界が狭くなっていってるんじゃないかな。でももう、そんな時代が、そこまで来てるんだよね。
桃菜　疑っちゃう時期だよね、ほんとにこのままで合ってるのかなって。就活も、もうすぐ始まるわけだし。
藍　気持ちは分かるよ。私も、これからどうすればいいのかなんて分からないし。
茜　藍には、ダンスがあるじゃない。
藍　でも、（立ち上がって）踊れなくなったら、どうすればいいんだろうね。
茜　踊れなくなったらって？
藍　（下手側のテーブル横に歩きながら）人間ってみんな、歳をとっていくでしょ。だから、いつまでも今と同じように踊っていられるなんて、そんな都合の良い話、ないんだよ。……人にも物にも、賞味期限がある。
桃菜　賞味期限？
藍　いくらその場で足掻いてみても、勝手に時間が過ぎていく。自分とか、自分の好きなものが、古くなっていくの。

間。

藍　私さ、ダンス以外なんもしてこなかったこと、後悔してるんだ。
茜　なんで？
藍　歳をとって、賞味期限切れになったとき、ううん。もっと前にあるのかもしれない。一生踊れないようなけがをしたり、私より年下で、ずっとすごいダンサーが出てきたりしたら、もう私のダンスは求められなくなる。……そしたら私、どうすればいい？　何をして、食べていけばいい？
茜　そりゃきっと、何かできることがあるはずだよ。
藍　ないよきっと。だって私、ダンスしかしてこなかったんだから。

間。

藍　将来的に困るならさ、もういっそ、ここで見切りつけて、他の仕事探すのもありかなあって、
桃菜　だめだよ、そんなの。
藍　え？

青、銀次、上花道出入り口から上花道へ。

桃菜　だって藍ちゃん、ダンスが好きなんでしょ？　ずっと続けてきたのは大好きだからだよね？　それならきっと、これからも、
藍　あのさ！　好きなこと自由にやって、失敗しても幸せでいられるのって、一体いつまでなんだろうね。
桃菜　……それは、わかんない。
藍　夢ばっかりみちゃいられない。私、そんな現実的なことばっかり言うくらいには、大人になっちゃった。

沈黙。

店員、下手第二袖幕・第一引割幕の間から舞台上へ。

店員　お待たせしました！　串カツです！
藍　食べる？
茜・桃菜　いや……。

6／E　サス　クロスカット。
桃菜、藍、店員、ストップモーション。

茜　私の夢も、いつか……。

5場面

Eサス／4　クロスフェード　上手花道を照らす照明。
茜、藍、店員、上手第二袖幕・第一引割幕の間から上手袖へ。桃菜、下手第一袖幕・第二袖幕の間から下手袖へ。
第一袖幕、せめる。
スタンディングテーブルを、一つは上手第一引割幕・第二引割幕の間から上手袖へ、もう一つは下手第一引割幕・第二引割幕の間から下手袖へ。テーブルを下手第一袖幕・第二袖幕の間から舞台上へ。箱椅子（タンス）とラジオ・フィギュアを上手第一袖幕・第二袖幕の間から舞台上へ。
青、銀次、受験票を手に持って立っている。

青　緊張するな。
銀次　大丈夫だってー！　リラックスリラックス。すぐ見つけ出してやるからなあ。待ってろ俺の受験番号！　5689！
青　4359、4359……。
銀次　おい青！　素数なんだからなんか反応しろよ！
青　え？　ああごめんごめん。4359、4359……。
銀次　ったくもう。

青、銀次、しばらく番号を探す。

青、棒立ちになる。

銀次　あった！　俺の5689！　よっしゃ！　青！　合格した！
青　……。
銀次　青？
青　俺、帰るわ。

青、舞台上へ。

銀次　あ……。ごめん。

4／5　クロスフェード　部屋の照明。
銀次、上花道出入り口から上手袖へ。

青、勉強している。

茜　（声のみ）青ー。お母さんがクッキー焼いてくれたよー。青の好きなやつー。
青　……。
茜　（声のみ）青ー？　入っていいー？
青　……。
茜　（声のみ）もう、入るよ。

茜、上手緞帳ライン・第一袖幕の間から舞台上へ。

青　うわ、姉ちゃん。
茜　うわって何。ていうかあんた、まだ勉強してんの？　もう、受験終わったんだから、ゆっくりすればいいじゃん。
青　……うん。
茜　あれ、まだ他の学校受けるんだっけ？　滑り止めもう受かったんだよね？
青　……うん。
茜　じゃあちょっとくらい、ゆっくりしようよ。
青　分かんないよ。
茜　ん？
青　（立ち上がって）分かんないよ！　なあ、なんで俺まだ勉強してんの？　もう落ちたのに。終わったのに。いつまで、頑張ってんの？　ていうか、ここまで頑張る必要あったのかよ！　なんで、なんで落ちたんだよ！　こんなに頑張ったのに！　なんで、あいつが受かって、俺が落ちるんだよ……。
茜　青。
青　ああもう！　こんなこと言ってんのも情けねえよ！　ただ、ただ俺が駄目だっただけなのにさ。銀次は凄いやつなんだ。やんなくてもできるくらいの、天才なんだ。そんなこと、初めから分かってたはずなのに、なんで同じところなんか目指したんだろう。でも俺だって行きたかったんだよ。
茜　……うん。
青　なあ姉ちゃん、……凡人って、夢見ちゃだめなのかな。
茜　そんなことないよ。
青　姉ちゃんには分かんないよ！
茜　わ。

茜がぶつかった拍子に、タンスの上にあったフィギュアが落下し部品が外れる。

青　俺のフィギュア！
茜　ごっめん！　あ、腕、折れちゃってる。ああ、ごめん。すぐ、すぐ新しいの買うね。
青　いらないよ。これ俺が小学生の頃から、飾ってたやつだし、もう売ってないと思う。
茜　じゃあ、似たやつ。似たやつ探すよ。
青　だから、ないんだって！　代わりなんて存在しないんだ。代えられないんだよ、どうしても。壊れたって分かってても、それしかないから。

銀次、上手緞帳ライン・第一袖幕の間から舞台上へ。

銀次　青！
茜　銀ちゃん。
青　銀次、お前何しにきたんだよ。バカにしに来たのか？　冷やかしに、来たのか？
銀次　そんなわけないだろ。青。いいかよく聞け？　お前はさ、俺なんかより何倍も、何十倍も何百倍も、凄いやつなんだよ。

青　は？　何言ってんだよ。そんな思ってもないこと言うんじゃねえよ。
銀次　思ってる！　いつも思ってる！　だって俺、お前みたいに必死に努力できたことないよ？　青はすごいんだよ。やるって決めたらちゃんとやりきるだろ。まっすぐ向き合うだろ。それって、凄いことなんだよ？　お前、ほんとすげえよ。
青　そんな、
銀次　だから、お前は凡人じゃないって俺は思う。もしお前が自分のことを特別だと思っていなかったとしてもな。人生1回なわけだしさ、何をやってみてもいいんだよ、青。
青　銀次……。

間。

茜　青はこれから、どうしたい？
青　俺、俺は……。俺、もう1回受けたい。浪人して、また死ぬほど頑張って、次は絶対、合格したい。……ダサくないかな？
茜　ダサいわけないでしょ。最高にかっこいいよ。
青　そしてまた、銀次と一緒に勉強したい。今度は大学で。
銀次　うん。1年後だな。
青　（はにかんで）1は素数じゃねえよ……。

5／7　クロスフェード　ブルー暗転。

6場面

紗幕、下ろす。

テーブルの向きを変える。箱椅子（タンス）とラジオ・フィギュアを上手第二袖幕・第一引割幕の間から上手袖へ。

テーブルクロスを下手緞帳ライン・第一袖幕の間から舞台上へ行ってかける。

青、銀次、下手緞帳ライン・第一袖幕の間から下手袖へ。

桃菜、テーブルクロスをかけたらそのまま舞台上にいる。

桃菜の父、母、上手第一袖幕・第二袖幕の間から舞台上へ。

7／8　クロスフェード　実家の照明。

テーブルを挟んで上手側に桃菜、下手側に桃菜の両親が座っている。

桃菜　お父さん、お母さん。今日は大事な話があって帰ってきました。
母　何よー。改まって。
桃菜　その、私、私ね……。
父　なんでも言ってみなさい。
桃菜　私、音楽がやりたい。
母　音楽？
桃菜　もちろん、簡単に出した、考えじゃない。2人に心配かけたくない気持ちとか、自分の才能への不安とか、たくさんあった。だから1回、就職する道を選んだし、私もそれでいいと思ってた。でもね、それでも音楽がやりたくなっちゃった。
父　桃菜。
桃菜　夢を諦めかけてる人を目の当たりにしたとき、それって勿体ないって思ったの。でも私だって自分の夢から、好きなことから、目を背けてた。成功するかとか、楽しくやれるかとか、そんなの全然分からない。安定した仕事じゃないし、先のことも分からないよ。でもね、……今の私が1番大好きで、やりたいことなんだ。だからお願いします。許してください。
父　……断固反対。
桃菜　え。
母　お父さん。
父　って、そんなわけないだろー。桃菜が決めたことなんだから、お父さんとお母さんは、応援するしかないよ。なあ母さん。
母　うん。それに桃菜が曲を作るのが大好きなこと、お母さんずっと分かってたから。ああこの子は音楽の道に進むんだなって思ってたところに、音響さんになるって言われて、内心ビックリしたのよ。
桃菜　そうだったの？
母　そうよー。こんなに悩ませちゃうくらいなら、高校生の時に、音楽やったらって、言っておいたら良かったね。
桃菜　お母さん……。ありがとう。（泣き出す）ほんとにごめん、ごめんね。
父　謝ることは1つもないだろう。
桃菜　でも、ここまで育ててもらったのに、こんな我儘……。ほんとに、ごめんね。
父　こ、これは余談だがなあ、お父さんとお母さんは、フェスで出会ったんだぞ。だから、音楽大好き夫婦なんだ。だから、娘が音楽やりたいって言うなんて、嬉しいに決まってるだろう～。はっはっはっは。

茜、下花道出入口から下花道へ。

母　桃菜。我儘くらいがちょうどいいんだよ。
桃菜　……うん。ありがとう。お母さん、大好き。
父　あれ？　ねえお父さんは？　お父さんは大好き？
桃菜・母　（笑い合う）

7場面

7／4　クロスフェード　上花道を照らす照明。

桃菜、上手第一袖幕・第二袖幕の間から上手袖へ。

テーブルを下手第一袖幕・第二袖幕の間から下手袖へ。折り畳み椅子を一つは下手緞帳ライン・第一袖幕の間から舞台上へ、一つは上手緞帳ライン・第一袖幕の間から舞台上へ、もう一つは上手第一袖幕・第二袖幕の間から舞台上へ。

面接官1・2、椅子を置いたらそのまま舞台上にいる。

茜、上手花道で足を伸ばし座っている。テレビのリモコンを持っている。

＃M10　テレビの音。

茜　（笑っている）ふふ。あはは。あははは！（リモコンでテレビを消す動き）あーあ。うん。やっぱり好きだー!!!よし、行くぞ。（立ち上がる）

4／8　クロスフェード　面接の照明。

茜、下手花道から舞台下手に向かって、勢い良く歩く。

面接官2　お名前を教えてください。

茜　はい。林田茜です。

面接官2　林田さん、どうぞおかけください。

茜　はい、失礼します。

面接官1　林田さん、あなたが思う自分の長所と短所を教えてください。

茜　はい。長所は足が速いこと。短所は寝起きの機嫌が悪いことです。

面接官1　な、なるほど……。（面接官2に向かって）小学生？

面接官2　いえ、20歳のはずです。

面接官1　そ、そう。（咳払い）（茜に向かって）では、林田さん、弊社・ＣＨＴＶを志望した理由を教えてください。

茜　はい！　まず、私はテレビ番組が大好きです。でも近頃、テレビはオワコンだとか、言われることがあると思います。実際、もう面白くしようとしているのかよくわからない番組も、増えてきた気がしています。私はやっぱり、それが嫌なんです。もちろん、時代が刻々と変わっていくことは分かっています。

藍、紗幕沿いを歩き舞台上へ。

茜　エンターテイメントの世界では、この先、何が廃れて、何が面白がられるのかなんて、見当もつきません。だから、えっと、うーん。今の私にできることは、

面接官2　ちょっと、すみません。質問と回答が少しずつずれていっています。

面接官1　かまいませんよ。続けてください。

茜　はい！（立ち上がる）

面接官2　なぜ立つ⁉

茜　衝動です！（咳払い）つまり、先が見えなくて、不安がどこかしこにあって、自由も何もなく感じるようなこの時代で、私たちができることは、

間。

茜　変わらないものを大切に抱きしめながら、今を生き抜くことだけなんです！

＃M11　「パール」（BiSH）。

紗幕、上げる。第一袖幕、開く。

藍、踊り始める。

青、下手第一袖幕・第二袖幕の間から舞台上へ。

銀次、下手第一袖幕・第二袖幕の間から舞台上へ。

桃菜、上手第二袖幕・第一引割幕の間から舞台上へ。

茜、上手第一袖幕・第二袖幕の間から舞台上へ。

＃M11「パール」音量下げる。

茜　それでは本番5秒前！　4、3、2、1、（動きのみ）
どうぞ。（動きのみ）

＃M11「パール」音量上げる。

緞帳下がる。

＃M11「パール」フェードアウト。

——幕——

Precious Memories

船橋悠菜・鈴木菜々紗

登場人物

萌々《もも》
蘭《らん》
紫苑《しおん》
百合《りり》
楓《かえで》
椋《りょう》
店員

1ベル。（3分前）
影マイク「まもなく、上演です。ロビーのみなさまはお席にお戻りください。上演に先立ちまして、お願いを申し上げます。携帯電話は電源をお切りください。録画・録音・写真撮影はどなたさまもご遠慮ください。」
本ベル。（直前）
★は回想シーン。（過去シーン）
――幕――
音響F・I。（強い風の音響（寒い感じ））
照明F・I　フロント（白）。

シーン①

舞台上手から4人ピンスポ。
4人は冬の服装。
音響F・O。

蘭　うわぁ寒っ。
萌々　本当だ。結構冷える。
紫苑　1月だからね。
百合　うん。……もう1年か。
萌々　……あの日もこんな雪の降ってる日だったんだよね。
全員下向く。
蘭　……ていうか　みんなでこうやって会うの、久しぶりだよね！
萌々　中学卒業してバラバラだったからね。みんな元気にしてた？
紫苑　お陰様で。
萌々　紫苑はめっちゃ頭いい学校行ったんだっけ？
紫苑　まぁ、一応。
蘭　すごいよねぇ。私なんか勉強してるともう眠くて眠くて。
百合　そういう蘭ちゃんもスポーツ強い学校行って大会とかでもガンガン賞取ってるんでしょ？　新聞にも載っちゃうなんてすごいよ。
蘭　いやいやぁそれほどでも？　ていうか新聞見てくれたの？
萌々　私も見たよ。あの蘭のこっちが恥ずかしくなるようなドヤ顔。
蘭　ちょっとそれ、どーゆー意味？
萌々　あぁー、褒め言葉。褒め言葉。もう蘭ちゃんすんごい可愛かった!!
蘭　まぁそれならいいだろう。
百合　ふふふ、なんか思い出すねこの感じ。昔もよくこうやって他愛のない話で盛り上がってたよね。5人で。
紫苑　そうだね、……本当ならあの子も推薦で決まってた学校行くはずだったのに。
萌々　……あのさ、久しぶりにあそこ、行かない？

百合　いーねー！　それ。
蘭　私もそうしたい！
紫苑　うん。

照明Ｆ・Ｏ。
４人、舞台下手にはけながら。

紫苑　そういえば、萌々は学校どう？
蘭　それな！　理系の学校いくって聞いた時びっくりした。

暗転。

シーン②

ここまではコートでここから脱ぐ。
４人、舞台下手から登場。（服装が冬から夏に変わっている）
店員、下手にいる。
音響Ｃ・Ｉ。（ドア開閉音）

蘭　わー、懐かしぃ!!
百合　全然変わってないね。このカフェ。
萌々　あ、この机のここ、みんなで落書きした跡じゃない？
紫苑　あ、本当だ。
蘭　あの時さ、
店員　（遮って）いらっしゃい皆。今日は楓ちゃんの……？
百合　はい。
店員　そう、もう1年経つのね。……ゆっくりしていってね。

店員、下手へはける。
椋、上手から登場。

椋　ねぇ、
百合　は、はい？
椋　あなたたちもしかして楓の友達？
４人　え……？
萌々　楓のこと知ってるの？
椋　もちろん。なんたって私はあの子の〝唯一〟の理解者だったんだから。
蘭　そうだったんだ。楓にそんな友達がいるなんて知らなかった。
紫苑　まぁ、友達多かったからね。

椋、席に座ろうとする。

萌々　あ、そこ……。
椋　え？
萌々　あっ。ううん。なんでもない。私たち、小学校からの友達でね、よく一緒に遊んだりしてて。
蘭　私と萌々は小学校の幼馴染で、このカフェも３人でみつけたんだよ。
百合 私と紫苑ちゃんは中学校からで、なかなか学校に馴染めなかった私たちを楓ちゃんが救ってくれたんだ。
紫苑 あなたは？ えっと、
椋 椋。ムクノキって書いて椋。
百合 椋さんは楓ちゃんとはどこで？
椋 私ね、楓のこと、なんでも知ってる。多分、あなたたちよりも。
百合 あの、そういうことじゃなくて……。
椋 楓にはいろんなことを聞いたんだ。あなたたちのこととか？
萌々 私たちのこと？
椋 うん。
蘭 どんなこと話してたの？
椋 ふふふ。じゃあ、問題です！ 楓は、私にどんなことを話してくれたでしょう！
紫苑 え、何急に。
椋 いいから早く！
百合 えぇ？ 私たち5人で1つ？
椋 （真顔で）あの4人は嘘つきだらけ。
紫苑 ちょっと、何言ってんの。
萌々 どういうこと？
百合 ……。
椋 嘘嘘。不正解。みんな怖いよ。（笑う）正解は……「5人でいるあの空間がいつまでも私の居場所だ」って。
蘭 居場所……楓らしい。
萌々 その居場所は楓自身が作ったものだけどね。
椋 え？
萌々 多分、楓がいなきゃ私はここにいなかったよ。私、小さい頃体が弱くてね。あんまり学校に行けてなくて……登校できるようになった頃にはそれぞれ仲良いグループみたいなのができてたから、あー私ずっとひとりぼっちなんだって思ってた。だけど楓はそんなの気にせず話しかけてくれてほんとに救われた。あの子がいなきゃ私ぼっちで蘭とも話してない。
椋 そんなことないと思うけどな。
萌々 なんで？
椋 萌々は周りがちゃんと見える子だって。蘭と友達になれたのも、萌々が蘭のことを気にしてくれてたからなんだってよ。
萌々 楓……あのさ、椋。楓が亡くなる前、何か聞いてない？

音響F・I。

椋 え？
蘭 ちょっと萌々、やめなよ。
萌々 でも！ それだけ話してるって事は悩みとかだって聞いてたかもじゃん！
蘭 それは私もそうだけど、
萌々 私、やっぱりあの噂無視できない。
椋 噂って？

萌々　……楓が亡くなってから今も言われてることなんだけど、

音響C・O。

萌々にスポット、その他照明C・O。

萌々　「楓は、事故じゃなくて自殺だったんじゃないか。」

シーン③

照明C・I。

萌々　本当にただの噂だから事実かは分からないんだけど……。

紫苑　1年経った今でも言われてて、今日の一周忌でもその話題出てて。

百合　やめよ、こんな話。

蘭　せっかく久しぶりにみんなで会えたんだから……。

萌々　……そうだよね。みんなごめん。忘れて。

百合　あぁ、ほら、空気重い！　なんか話そ！

椋　……楓は……普段みんなから見てどんな子だったのか聞きたい。

百合　いいね！　その話！

紫苑　楓は、とにかく優しくて、どんな人からも好かれる、主人公みたいな子で正義感の塊だったかな。

蘭　その上顔も整ってるからもうＴＨＥ完璧人間、って感じだったよね。

萌々　でも、思い立ったらすぐ行動！　みたいなところあるからいつも振り回されてさ。

蘭　分かる。（笑う）1年生の頃、みんなから恐れられてた先輩に注意しに行くって言った時はどうしよかと思ったよ。

百合　あったね。そんなこと。

蘭・椋、下手へはける。

暗転。

シーン④★

楓、舞台上。

蘭以外、イスに座る。

店員、下手にいる。（店員セリフ終わったら隙を見て下手へはける）

蘭、下手から登場。

音響C・I。（ドア開閉音）

照明音響同時にC・I。アッパーホリゾント赤よりのオレンジ。

蘭　こんにちはー。

店員　いらっしゃい！　みんなもうきてるわよ。

蘭　ありがとうございまぁす！
楓　あぁ、もう！　ほんっとにむかつく。
萌々　ねぇ、もういいって。
楓　なんで？？　普通にあり得なくない？
蘭　どうしたの？
紫苑　あぁ、やっほ。
百合　例の先輩たちのことで……。
紫苑　さっきからずっとこの調子。
楓　だって!!　あの人たち、珍しく図書館に来てると思ったら、信じられないくらい騒ぎ始めてさ？
蘭　それで？　もしかして……。
楓　(不貞腐れながら)　どうしたでしょうか。
蘭　注意しに行ったりしてないよね？
紫苑　ご命答。
蘭　ちょっと、やばくない？　それ。
百合　なんかそれだけじゃないらしくて……。
萌々　先輩たち注意されたことに怒っちゃって、一緒にいた私の荷物奪って中身全部出されたんだよね。
百合　それに怒った楓ちゃんが拾えって言ったんだけど、笑いながら帰ったみたいで……。
萌々　私は気にしてないし、もういいって何度も言ったんだけど、楓ったら先輩たち殴りにいく勢いで怒ってたからここに連れてきました……。
楓　なんでもういいのかが理解できない！　あいつら、萌々がバックにつけてたキーホルダー、落ちて壊れたのに何にも言わなかったんだよ？？

萌々　だから、それはきっとわざとじゃないだろうし、
楓　千歩譲ってそうだとしても、拾ったり、申し訳ない顔とかするでしょ!!
蘭　確かに。
楓　あのキーホルダー、私と萌々が小学校の時初めて買ったお揃いのキーホルダーだったのに……。
萌々　それは本当にごめん。
楓　だから、なんで萌々が謝んのって！　この注意何回目？
紫苑　はい、楓も何回この話すんの。すでに5回目。
蘭　エンドレス話だったのか……。
百合　あぁー、ココア冷めちゃった。
楓　決めた。私、あの人たちに対抗する。
紫苑　あー、ハイハイ。って、は？？
萌々　ちょっと何言ってんの？？
楓　よく考えればおかしな話なんだよ。なんでみんな何にも言わない訳？　嫌なことされてんのに。
百合　それは……やっぱり怖いからじゃ。
楓　そこがおかしいんだよ。あれだよ、「百人寄れば文殊の知恵」「赤信号みんなで渡れば怖くない」ってやつ。
紫苑　百人じゃなくて3人だし、2つとも意味が違うから。
楓　まぁ、誤差誤差。とにかく、決めましたからね！　私、絶対あいつら大人しくさせる！
蘭　あぁーもう知らないよ？
紫苑　私絶対関わんないからね。

店員、下手から登場。

店員　はい、蘭ちゃんいつもの。

蘭　ありがとうございます！

店員、下手へはける。

暗転。

楓、はける。

シーン⑤

椋、舞台上。

明転。

萌々　あの後まさか本当に大人しくさせちゃうとはね。

百合　学校全体巻き込んで。

蘭　ていうか、関わんないからとか言っといて、紫苑も結局生徒会に相談したり協力してくれてたよね？

紫苑　蘭、うるさい。

蘭　もー、ツンデレだなー。

萌々　さ、蘭ちゃん。紫苑に大激怒を喰らう前にお座り。

一同笑う。

椋　みんな恨んでないの？

萌々　え？

椋　だって、巻き込まれた訳だし、危険と隣り合わせだったんだよね？

蘭　うーん、不安ではあったけど、恨んではないかな。

百合　なんでだろうね。

紫苑　巻き込まれても、お節介すぎても、結局救われてたのは私たちの方だったから、じゃない。

萌々　喧嘩して嫌いになることはあったけど、恨むことはなかったし。

椋　そっか。

紫苑　出会った頃は、楓のこと大っ嫌いで心の奥で自己満野郎、とか思ってたんだよね。でも、

蘭　そのお節介さに救われた。同意見。

萌々　紫苑と仲良くなる時は流石に驚いたな。

百合　文化祭の係が同じになったんだっけ？

紫苑　そう。作業するからってここに来させられて。

暗転。

椋・紫苑、はける。

シーン⑥★

店員、下手にいる。（セリフが終わったら隙を見て下手へはける）

音響C・I。（ドア開閉音）

照明音響と同時にC・I。アッパーホリゾントうすピンク。

楓・紫苑、下手から登場。

店員　楓ちゃん、こんにちは。今日は新しいお友達？
楓　こんにちは！　そう、新しい友達！
紫苑　は？　ちょっと、違うし……。
楓　（無視して）私たち、文化祭の係一緒になって、ここで作業したいんですけど、いいですか？
店員　えぇ。勿論。
萌々　あ、楓。あれ、文化祭の係じゃなかったんだっけ？
楓　それが〜、先生に大量に仕事押し付けられてさぁー。終わりそうにないから、手伝ってくんない？
紫苑　は⁈　何勝手に決めてんの？　手伝ってもらわなくても、終わるわよ。なのになんでみんなでやらないといけないのよ。
楓　えぇーなんで？　みんなでやった方が楽しいじゃん。
紫苑　もういい。私１人でやる。
楓　もーー！　せっかく気遣ってストレートには言わないでおいてあげたのに。……。（咳払い）紫苑、私たちと友達になろう？
紫苑　は？　嫌にきまってんでしょ？
楓　なんでよ？　楽しいよ？　友達はいっぱいの方が？？
紫苑　いい加減にして！　お節介なんだよ、なんであんたたちと仲良くしないといけない訳？　そもそも私は友達なんか欲しくない！　必要ない！　もう関わんないでよ自己満や……。
楓　見つけたぁぁぁぁ。
紫苑　は？
萌々　ちょっと楓、そろそろやめた方が……。
楓　見つけたよ！　紫苑が私たちと仲良くなる理由！
紫苑　……なに。
楓　問題！　それはなんでしょうか！　ヒントは、名前。
百合　わかった！　植物だ。
楓　さすが百合。
紫苑　どうゆうこと？
百合　私たちの名前はね、〝百合〟って書いて百合。
蘭　蘭！
萌々　萌々……。
楓　それに、紫苑と楓。
蘭　なるほどぉ。それで植物。
萌々　〝萌々〟ってどこにも植物なくない？
楓　ピーチの桃、ってこと！　伝わる？
紫苑　なんか……強引。
楓　まぁ、ちっちゃいことは気にしない！　それにさ、友達はいいよ。薄っぺらい友達は違うけど、少なくともここにいるみんなは私のヒーローだし、いざとなれば私が守るから。
百合　楓ちゃん……。
楓　へへっ。今、かっこよかった？
萌々　うん。

蘭　じゃあさ、とりあえず今日はここで仲良くしよ。ほら、飲み物も来るみたいだし。

店員、下手から登場。

店員　コーヒーです。
紫苑　あ、ありがとうございます……。
店員　いいえ。

店員、下手へはける。
暗転。
楓、はける。

シーン⑦

椋、舞台上にいる。
明転。

紫苑　懐かしいな。
萌々　本当に。
紫苑　私さ、楓たちと出会う前、親友だと思ってた子に盛大に裏切られて、クラスで孤立したことあって。そのせいで友達って存在も、誰かを信じるってこともどうしようもなく怖くなってた。だから、そんなものもう要らないって思ってたのに、

萌々　楓がその気持ち、こじ開けてきたわけだ。
紫苑　そう。しかも名前なんてめちゃくちゃな理由つけて。
百合　そういえば、椋っていう名前も植物だね。
蘭　確かに。
椋　良かった？
紫苑　え？
椋　楓と友達になって。楓、紫苑がそんな事思ってたなんて知らなかっただろうし、もっと傷ついたとか……〝後悔〟してない？
紫苑　してない。するわけない。楓と友達になったから、何も期待しない、誰とも関わらない、誰も信じられない私を変えることができた。楓と友達になれたから私は今ここにいるの。後悔した事は今までもこれからも1度もない。
蘭　なぁんか、楓は私たちのこと、自分のヒーローとか言ってたけどさ、自分が1番ヒーローみたいだよね。
萌々　わかる。（笑う）
百合　ヒーロー……。
紫苑　どうしたの？
百合　どうしよう。みんな。私。どうしよう。楓ちゃんに。私のせい……。
萌々　百合。落ち着いて。大丈夫だから。
百合　ごめんなさい。あの噂、もしかしたら本当かもしれない。
椋　なんで？
百合　私に幼馴染がいる話はしたよね……？

全員　うん。

百合　顔も良くて、優しくて、人気者の楓ちゃんのこと、もともとその幼馴染の子は多分嫌いだったんだよね。学年上がってその幼馴染と同じクラスになって、その幼馴染のグループの子たちが楓ちゃんに嫌がらせするようになっちゃって。違うクラスだったみんなは気づかなかったけど……。

蘭　嘘。そんなことになってたの……？

百合　私が止めればよかったのに、怖くて出来なかった。

百合以外、はける。

シーン⑧★

音響C・I。照明C・H。（ドア開閉音）

楓、舞台上。

音響F・I。

照明C・H。音響と同時にアッパーホリゾント水色。スポット（楓と百合に）。

百合　楓ちゃん……あのさ！

楓　何も言わなくていいよ。分かってるから。

百合　あの子たちね、

楓　幼馴染なんでしょ？　真ん中のボスみたいな子。

百合　ごめん……私のせい……止めないと……。

楓　百合のせいじゃないよ。言わなくていいって。言ったら今度百合が標的になっちゃうかもじゃん。

百合　でも……！

楓　私が守るって言ったでしょ？

百合　ごめんね……ごめんね……。

楓　ほら、もうみんな来ちゃうから笑顔！

音響F・O。

楓スポット切、照明C・H。

楓、はける。

シーン⑨

百合、椋、萌々、蘭、紫苑、舞台上にいる。

照明C・H。

百合　楓ちゃん、私のこと少しも責めなかった……結局、それが私と楓ちゃんが会った最後。

椋　そんなに気にしてないんじゃないかな。

萌々　なんで？

椋　いや、なんていうか、楓の性格的に？　嫌がらせに耐えられなくなったとかじゃなくて、どっちかというと百合のこと守れて嬉しいの方が勝ってた気がする。

百合　そんなの……分かんないでしょ。あなたは楓ちゃんじゃないんだから。

椋　それは……。
蘭　ねぇ、椋。
椋　何？
蘭　楓は私たちのこと、ほかになにか言ってなかったの。
椋　どうして？
蘭　いや、別に……ちょっと気になって。ないなら別にいいんだ。
紫苑　ちゃんと聞いときなよ。気になるんでしょ。
蘭　でも……。
紫苑　楓が裏で何を思って、何を言ってたのかなんて楓じゃない私たちには分かんないんだから。
蘭　そうだけど……。
紫苑　はぁ、もういい。私が聞く。
蘭　待って！
紫苑　楓が亡くなる前日……。

照明C・H。

シーン⑩★

楓、舞台上。
音響C・I。（ドア開閉音）
照明音響と同時C・I。アッパーホリゾント、紫地明り。
蘭、下手から登場。

蘭　あ、楓。
楓　やっほ蘭。

沈黙。
紫苑、上手から登場。

楓　そういえば、こないだ先輩との試合で負けちゃったんだって？
蘭　あーうん。
楓　珍しいよね。蘭が負けるなんて。

音響F・I。

蘭　いやぁ、実はさ、あの試合同輩の子たちと協力して先輩たちのこと勝たせたんだよね。（笑う）
楓　え。
蘭　もともとちょっとめんどくさい先輩で、後輩なんかに負けたら怒り狂いそうだからって。
楓　何やってんの？？　それって本気でやれば勝てたんでしょ？？
蘭　そうなんだけど。ほら、同輩に言われてさ、断れなくて。
楓　信じられない。蘭はそれでいいの？
蘭　嫌だよ。スポーツにおいてそんなことしたくなかった。なかったけど……。
楓　じゃあ、なんで言わなかったの？　蘭がいえばそんなの無くなったはずじゃん。

蘭　（小声で）私は、楓じゃないから。
楓　え？
蘭　なんでもない。もう、この話終わろ。
楓　今からでも言いに行こう？　私もついて行くから。
蘭　終わろって。
楓　これからの蘭のためにもさ。（蘭へ近づく）

音響Ｃ・Ｏ。

蘭　もうやめてって！　何にも知らない楓になんでそこまで言われなきゃいけないの⁉　お節介すぎる！　楓のそういう所、本当嫌い！　楓の自己満足のために私を利用しないでよ。その正義感が周りを傷つけてることに早く気づきなよ。
楓　ごめん。
蘭　みんながみんな楓みたいに頭も良くて顔も良くて、人気者なわけじゃないの。私みたいな人間は誰かに合わせて平穏に生きて行くしかないの。決まってんだよ。楓といると自分が醜く見えて辛い……。
楓　……ごめん。
蘭　謝んないでよ。謝られると余計辛くなるから。
楓　ごめん。（言ってしまってハッとする）
蘭　帰る。

蘭、下手へはける。
楓、うつむく。

地明りＦ・Ｏ。
楓、はける。

シーン⑪

５人、舞台上。
照明Ｃ・Ｈ。
音響Ｆ・Ｉ。

萌々　なんで……そんなこと……。
蘭　自分が間違ってるのも全部分かってて、でもそれをいざ言葉にされると頭にきちゃって。楓が嫌がらせ受けてたなんて考えてもなくて。楓、やっぱり……私あの時帰らなきゃよかった……ねぇ、椋？　楓は私のことなんて言ってた？

音響Ｆ・Ｏ。

椋　それは、私よりも紫苑の方が知ってるんじゃない？
紫苑　そんな、こと知るわけ、ないじゃない。
百合　そういえばなんで紫苑ちゃん、蘭ちゃんがこんなことになってたこと知ってたの？
紫苑　えっと……それは……。
蘭　もしかして……聞いてたの？
紫苑　……うん。

照明C・H。アッパーホリゾント紫。
紫苑以外、はける。

シーン⑫★

楓、舞台上にいる。
明転。
同時に地明り。音響C・I。（ドア開閉音）

楓・紫苑 蘭！

紫苑、下手から中央へ。

楓 あ、紫苑。聞い……てた？
紫苑 （うなずく）
楓 そっか。あ、これみんなには言わないでね。
紫苑 いいの？
楓 何が？
紫苑 いろいろ？
楓 よくはないよね……。
紫苑 そりゃね。
楓 実はさ、私クラスの子から嫌がらせ受けてるみたいでさ。
紫苑 え。
楓 それだけならいいの。友達でもない人に何されてもへーき。

音響F・I。

楓 でもさぁ。
紫苑 ……。
楓 やっぱ、親友は響くねぇ。久しぶりにこの感じ味わってる。伝わる？
紫苑 多少。
楓 えへへ。多少かぁ。
紫苑 うん。
楓 問題。私これからどうするでしょう。
紫苑 さぁ。
楓 もっと考えてよ。
紫苑 ……いなくなったりしないよね。
楓 それはないかな。まだやりたいことあるんだ。
紫苑 そっか。
楓 辛かったかぁ。
紫苑 みたいだね。
楓 申し訳ないことしたな。
紫苑 蘭のこと恨んでないの？
楓 それはない。だって蘭だもん。それにやっぱり大好きだしな。
紫苑 ふーん。
楓 流石に傷つきはしたけどね。

紫苑 うん。
楓 今日は帰るね。
紫苑 うん。じゃあ。

楓、下手へはける。
音響F・O。
地明りF・O。

シーン⑬

5人、舞台上。
店員、下手にいる。
照明C・H。
明転。

蘭 楓、あんなに傷付けたのに恨んでなかったの……。
紫苑 うん。
萌々 それで？ 紫苑、そのまま帰したの？
紫苑 ……。（うなずく）
萌々 なんで？ 紫苑なら助けられたかもしんないのに……。
紫苑 分かってるよ！ でも、それこそ私は楓じゃない。ヒーローみたいに強くない。
椋 （明るく）でも、楓はただ何もしないでいいからそばにいてほしかったんじゃないかな。

紫苑 ……。
萌々 ……楓、そんなにいろいろ抱えてたんだ……。
百合 やっぱり、自殺、なのかな。
椋 違うよ。楓は自殺じゃない。
蘭 だーかーらー、椋は楓じゃないんだからそんなこと分かんないでしょ！
椋 分かるんだよ！
蘭 なんで!?
椋 それは……。
萌々 楓は自殺じゃない。
蘭 萌々まで……。
萌々 本当なんだよ。楓が亡くなる日、電話あって。「絶対会おうね」って。楓、絶対って言った約束は何があっても守ってたから、自殺は違う。と思ってた……。

暗転。

シーン⑭★

楓、下手、萌々、上手から出てくる。その他ハケる。
楓にスポット。楓泣いていた。
音響C・I。（電話の着信音）
萌々、電話に出る。
萌々にスポット。

萌々　もしもし？　楓？
楓　あ、萌々？（明るく）
萌々　うん。
楓　あのさ、急で悪いんだけど、これから会える？
萌々　えっと……ごめん。
楓　あ、そっか……。

2人沈黙。

萌々　ねぇ、楓？　ありがとう。
楓　え？

音響F・I。

萌々　私さ、楓みたいになりたいんだ。だからね、ちゃんと親に話してくる。……進路のこと、理数科がある高校に行きたいって。
楓　……。
萌々　こんな風に考えられるようになったのは楓のおかげだよ。自分のことは自分で話さないとね。楓に頼ってばっかじゃだめだから。
楓　……うん。頑張れ、萌々。
萌々　ありがとう。楓は？　どうしたの？
楓　ううん。いいの。こっちこそありがとう。
萌々　？　どういうこと？
楓　（遮って）萌々、今度遊ぼうね！　私、話したいこと、いっぱいあるんだ。
萌々　うん？　約束！
楓　絶対だよ！

楓・萌々、電話切る。
音響F・O。
ピンスポF・O。

シーン⑮

明転。
キャスト動き出す。

紫苑　え。
蘭　それならなんで自殺説なんか……。
萌々　自殺説が立った時、もしかしたらあの電話は楓からのSOSだったんじゃないか、私、それを自分のことで断ってしまったのかも知れないって。そう思って。……自分のせいで楓が亡くなったなんて事、信じたくなくて、ずっと黙ってた。本当にごめんなさい。
椋　それも違うよ。みんな違う。萌々の電話で楓は勇気をもらったんだから……みんなと話す勇気。そのために
……あの日私はここにきたんだから、
百合　え。
蘭　それ本当？

萌々　カフェの近くで事故に遭ってたのって、カフェに来てたからなの？

店員　あれ？　みんな知らなかったの？　事故に遭う前、ここに楓ちゃん来てたのよ。

萌々　え？

店員　みんなの話してたからてっきり知ってるものだと……。

照明Ｆ・Ｏ。（ゆらゆら）

紫苑　ちょっと待って。さっき椋、私って……。

椋は紫苑が話している間に席を立ち、お店を出ていく。
暗転。
全員はける。

シーン⑯★

店員、下手にいる。
明転。アッパーホリゾント黄色（クリーム）。
音響Ｃ・Ｉ。（ドア開閉音）
楓、下手から登場。（電話切りながら）

楓　うん、いつまでも萌々に頼ってばっかじゃダメだ。ちゃんと自分でみんなと話さなきゃ。

楓、上手に移動。

楓　こんにちはぁ。

店員　いらっしゃい。

楓　今日は買い物に来たんですよ。

店員　あら、そうなの？

楓　はい。自分のことは、自分で話さないと。頼ってばかりじゃダメだから。

店員　え？

音響Ｆ・Ｉ。

楓　ふふっ。あぁ、あった。これこれ。昔おそろのキーホルダー持ってたんですけど、ちょっと壊れちゃって。

店員　５個？

楓　はい！　私と萌々、蘭に紫苑に百合。

店員　なるほど。

楓　最近、ちょっといろいろあって……。

店員　そうなの？

楓　はい。でもこの５人とはバラバラになっちゃいけないんです。みんなのこと大好きだから。大切な私の居場所なんですよ。あ、これ、アイリスの花ですよね。

店員　えぇ。

楓　私、この花大好きで。いいですよね、花言葉。

店員　希望。素敵な花。でも、楓ちゃんの花言葉も素敵よ。

楓　大切な思い出。私、もし、今死んじゃったら、きっとみんなのいるここに戻ってきます。それでいろんな思い出みんなと話したいなぁ。
店員　楽しそう。

音響大きくなる。

楓　その時は、名前も顔も変えて、みんなを驚かせるんです。名前は、「椋」。ムクノキの椋。
店員　椋木の花言葉は「素直」「穏やか」。
楓　それに、病害虫にも強くて丈夫。私の理想系なんです。
店員　もう叶えてるじゃない。
楓　（小声で）それは……ちょっと違うんですよね。まぁでもここに帰って来れるかは分かんないですけど。（笑う）
店員　楓ちゃん。アイリスにはね、友情、信じる心って意味があって、そういう関係の人たちって不思議な力で何度だって巡り合うと思うの。
楓　そっかぁー。アイリス、もっと好きになりました！そうだ。これ。みんなでまた来るので、渡してもらえますか？
店員　もちろん。
楓　ありがとうございます！　それじゃ。
店員　気をつけてね。
楓　はい！

楓、下手へ走ってはける。

音響Ｆ・Ｏ。

暗転。

音響Ｃ・Ｉ。（事故の音響）

シーン⑰

萌々・蘭・紫苑・百合・店員、舞台上にいる。

明転。

店員　それがこれ。ごめんなさいね。みんな知ってると思ってたから、聞かれるまで待ってた方がいいかと……。
萌々　アイリス。
百合　椋さんは楓ちゃんだったんだね。だからいろんなこと伝えようとしてくれたんだ。
蘭　さすが楓だなぁ。見事に気づかなかった。
百合　でも、ちょっと似てたかもね。
蘭　え？
萌々　何でもかんでもクイズにするとことか。（笑う）
紫苑　ほんとお節介で、いつだってどこにいたって、私たちのヒーローなとこ。
蘭　確かに！

一同笑う。

蘭、手紙を見つける。

蘭　？　あれなんだろう。

紫苑、手紙を拾う。

紫苑　手紙？
萌々　え、なにそれ。
蘭　開けてみよ！

紫苑、封筒を開ける。

紫苑　はい。萌々。

音響Ｆ・Ｉ。（感動系）

萌々　うん、

４人立ち位置につく。萌々（下手）↓椋（上手）↓楓（下手）。

萌々　『萌々、蘭、紫苑、百合へ
やっほ。みんなびっくりしてくれた？　驚いてくれてたら嬉しい……。（照）久しぶりだね！　あんなお別れになってごめん。私もあんな最期になるなんて思ってなかった。これから話したいことだってやりたいことだってたくさんあったのに…………もう１年か。私のこと覚えてるかな。（笑）あのね、みんなにお願いがある。みんなで過ごした、大切な思い出、忘れないでほしい。この４人が一緒ならね、私それぞれどんな辛いことがあっても大丈夫だと思うんだ。みんなは私にとってのヒーローだから！　これからもずっと一緒だよ。
楓より』

音響Ｆ・Ｏ。

百合　……せっかく来てくれたのに申し訳ないことしちゃったな。
萌々　もしかしてさ、普段皆忙しくてバラバラだからこそ今日来てくれたんじゃないかな。
蘭　そうだね。
百合　来年も会えるかな。
紫苑　会えるんじゃない？　楓はあたしたちのこと大好きなんだから。
萌々　ふふふ。きっと今も見てくれてる。私たちのこと守ってくれてる。

萌々、客席の方を向く。黄色上だけか下だけか照明＋スポット。

萌々　楓ー！　私、楓に出会えて、本当に幸せだった。たくさんいろんなものもらったし、私、楓につり合う友達になれたかな？　楓の抱えてたこと、気づけなくて本当にごめんね！　でも、楓のお陰で前に進めたんだよ？
私、今幸せだよ？

百合、客席の方を向く。

百合　楓ちゃんが嫌がらせされてる時、何にもできなくてごめん！　無力で、何にもできなくて、このままじゃダメだって分かってたのに……でも、楓ちゃんはこんな私のこと、守ってくれて……。楓ちゃんは私にいろいろなことを教えてくれた。私にとって最高のヒーローだよ！

蘭と紫苑、頷いて客席の方を向く。

蘭　あの時私、自分が悪いって分かってた。けど！　楓が羨ましかった。だから、あの時はあんなこと言ってごめん！　ただ、楓に嫉妬してただけだった。それでも楓は居場所を空けておいてくれてた。私、あの時より強くなったから。嫌なことは言えるようになったよ！
紫苑　私も！　私もあの時、楓を１人にさせたこと、後悔してる。楓なら１人でも大丈夫だと思った自分が馬鹿だった。けど、楓は最初からこんな私を友達って言ってくれて……あの日、私のこと、ここに連れてきてくれてありがとう。楓は、萌々や百合だけじゃない！　みんなのヒーローだよ！

全員沈黙。

蘭　来年はみんなで直接謝ろ。
萌々　そうだね。私たちの大切な思い出、みんなで話すか。
百合　楓ちゃん、変わってなかったなー。
紫苑　みんなをすぐ巻き込むところ。
百合　そう！　それ。（笑う）
萌々　あのさ、来年もみんなでこの５人で集まろうね。
蘭　もちろん！
百合　うん！
紫苑　そうだね。約束。

全員前に出てくる。顔を見合わす。

紫苑　……ねぇ。写真、撮らない？
蘭　お？　なになに？　珍しいじゃん。
紫苑　うるさい。もういい。
萌々　いいじゃん。撮ろう？？
百合　そうだよ！　店員さーん！

店員下手から出てくる。
音響Ｆ・Ｉ。

蘭　ねぇ、せっかくならあっちで撮ろうよ。

蘭、上手へはける。

百合　うん！

　百合、上手へはける。

紫苑　ちょっと！　仕方ないなぁ……。

　紫苑・店員、上手へはける。

萌々　ふふふ。

　萌々、アイリスのキーホルダーをしばらく見つめて、上手にはける。

萌々　待ってよー！

　はけ始めるのと同時に幕。

――幕――

照明Ｆ・Ｏ。

音響Ｆ・Ｏ。

終

消しゴム

伊中演劇部＋植村啓市

登場人物

演劇部3年生
白井　男子部員
大黒　男子部員
京香　部長
いずみ　副部長
凛　副部長
愛菜　石油王
翔子　大道具
柑

演劇部2年生
川内
ロミオ
吉河　ライオン
南美
楓

演劇部1年生たち
生徒たち

伊勢原市立伊勢原中学校演劇部、2022年7月28日、初演。

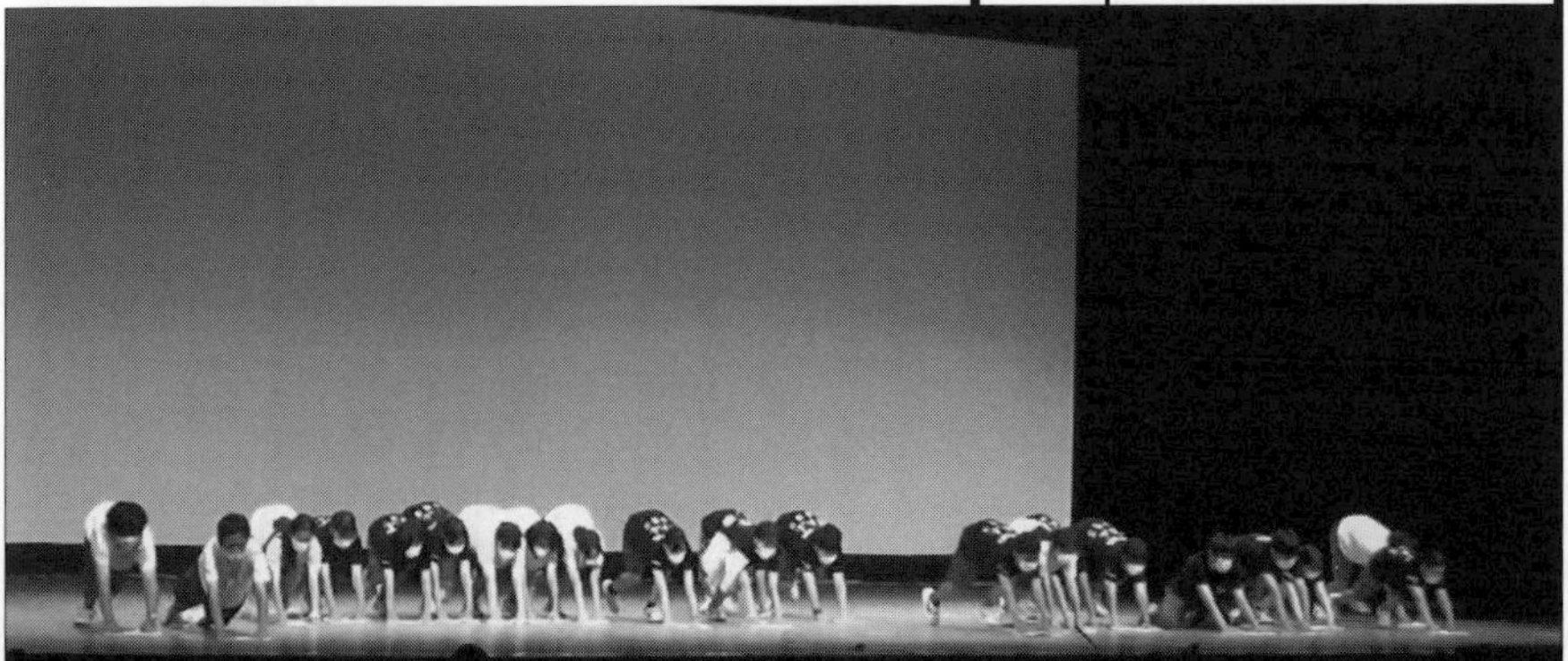

1　すれ違ったふたり

中学校の演劇部室。発表会本番1週間後の放課後。ソーラン節の音楽とともに開幕。部員たちが全員でソーラン節を踊っている。京香が怒りの形相で走りこんでくる。音楽が止まると同時に踊りも止まる。

京香　ちょっと！　掃除中でしょ！　ちゃんと掃除しろ！
全員　はーい。

と、不満げに、ほうき、チリトリ、雑巾などを手にとり、部員たちは掃除を始める。

京香　ったく！　すぐ掃除サボるんだから！
凜　まあまあ、そんなに怒らないで。
京香　ちゃんと掃除しようっていつも呼びかけてきたじゃん私。
凜　難しいもんだね実際。
京香　てか、凜もやってたでしょ！　ソーラン！
凜　えへ！
京香　えへじゃない！
いずみ　まぁまぁ。そこまで怒らなくても。
京香　こないだの発表会が終わって、みんな急にたるんでる！
いずみ　まーね。次の文化祭発表まで時間あるしね。
京香　でも私たちは明日で引退だよ？　こんな状態で終われないでしょ。
凜　確かに。
いずみ　やっぱ今日ミーティングかな。
京香　てかさ、なんでソーランなの？
いずみ　なんか流行ってるよね。
凜　いつの間にかね。
いずみ　部のブーム。
凜　部ブーム⁉

凜といずみ笑う。

京香　とにかく！　掃除の時間はちゃんと掃除するの！
凜　はいはい、わかったよ。

などとやりとりしながら3人は掃除にもどる。部員たちはおしゃべりしながら掃除をつづける。雑巾がけの途中で大黒が派手に転ぶ。

大黒　痛っ！（床を触って）濡れてる……。ちょっと！　誰！　水拭きしてる人いるでしょ！　部室はからぶきすることになってるじゃん。水拭きしてるの誰⁉　川内？
川内　ちゃんとからぶきっすよ。

と、自分の雑巾を差し出す川内。大黒はそれを確認したところで雑巾がけをしている白井に気がつき、一瞬声をかけようとするがやめる。その後、あやしい動きをする1年生を見つける。

大黒　あやしい。お前か。お前か。お前が水拭き犯人か。

逃げ去る生徒を追いかける大黒。

京香　こら！　大黒！　遊ぶな、掃除しろ！（再びソーランをする人を見つけて）そこ！　ソーラン禁止！

ソーランをしていた生徒たちを追いかけて走り去る京香。残った人たちの掃除は続く。白井、愛菜、いずみが掃除しているところに翔子がやってくる。

翔子　お疲れー。
白井　おっす。
いずみ　遅いよ。
翔子　ごめんごめん、補習長引いちゃった。漢字めっちゃ苦手で。
愛菜　はは。ワイも。
白井　簡単じゃん漢字なんて。
翔子　テスト何点だった？
白井　92。
いずみ　へー。
翔子　数学は？
白井　95点。
翔子　くっそー。秀才めー。
愛菜　ワイ数学も嫌い。計算無理。
いずみ　わたしは教えてる人が無理。
翔子　えー、担任じゃん。
いずみ　無理なもんは無理。

4人笑う。

翔子　（白井の周囲を確認して）ねぇ、最近なんかあった？
白井　ん？　何？
翔子　いや、なんか最近一緒にいなくない？
白井　誰と？
翔子　大黒。
白井　そう？
いずみ　うん。前はいーっつも、ずーっとべったりだった。
愛菜　最近はすごくそっけない。
白井　……そう？　そんなことないと思うけど。
翔子　いやいや、ありまくりでしょ。
白井　ないよ。
いずみ　お前ら付き合ってんのかーってくらい一緒にいたじゃん。
翔子　そうそう。
愛菜　けど発表会終わってから何かそっけない。
白井　そうか？
愛菜　そうだよ。
翔子　何かあったの？
愛菜　教えろよ。

白井　別になんもねーよ。
愛菜　教えてよー。
白井　だからなんもないって。
翔子　教えてよぉぉぉぉ。
白井　うるせーなぁ。
いずみ　別れちゃったの？
白井　付き合ってねーわ！
愛菜　じゃあなんで？
白井　うるせ！

間。

翔子　私たちでよければ相談乗るよ？
白井　（小声で）別になんもねーし。
いずみ　ほら、言っちゃいなよ。
愛菜　そうそう、ため込むのはよくない。
いずみ　言って楽になっちゃいなよ。ほら。
愛菜　ほら。
翔子　ほら！
白井　（聞こえない声で）……。
3人　（大きな声で）え？
翔子　（大きな声で）なんて言ったの？
全員　（大声で）消しゴム！

音楽。

2　旅館到着、合宿初日

1場の2週間前（発表会の1週間前）。とある旅館の前。バスの扉が閉まる音とクラクション、発車のエンジン音。演劇部員が旅行用のかばんやリュックサックを持ち、楽しそうに話をしながらやってくる。

1年生　先生はどこなんすか。
京香　話聞いてた？　先に旅館行ってるって。すぐ練習はじめられるように機材の準備するって言ってたじゃん。
1年生　というか、なんで合宿するんですか。
京香　ホント今年の1年、話聞いてないよね。発表会本番に向けて完成度を上げるために泊まり込みで練習するの！
凜　絶対楽しいよ、合宿。
京香　はーい。みんな着いたよ。

部員たちは口々に「古っ」「なんかぼろくない？」など。愛菜、いずみ、翔子が走ってやってくる。

京香　みんないるねー？　はーい、じゃあ今日からお世話になる旅館の方に挨拶します。気をつけ。お願いしまーす。
全員　お願いしまーす。
京香　いよいよ宿泊強化合宿がはじまります。3年生は最後の発表会に向けての合宿です。集中して練習しましょう。各自、部屋に荷物を置きにいってください。

全員　はーい。

部員たちは旅館へ入る。そこへ白井が急ぎ足でやってきて振り返る。

白井　早くー。

大黒がやってくる。

大黒　はぁはぁ。みんなは？

白井　わからん。

大黒　やばくない？

白井　お前が便所いきたいとか言うからじゃん。

大黒　しょうがないでしょウンコしたくなっちゃったんだから。

白井　で、旅館はどこ。

大黒　探してくる！

白井　えっ。

と、大黒は上手にダッシュしてはける。追おうとして上手に行きかける白井、にすれ違って下手に走り抜ける大黒。

白井　ちょっと！

追おうとして下手に行きかける白井。に走ってすれ違って中央で止まる大黒。

大黒　はぁはぁはぁ。

白井　落ち着けって。

大黒　水

白井　えっ？

大黒　飲み物ちょうだい。それ。

白井　これさっき俺が買ったやつ。

大黒　（食い気味で）いいから。

白井　いや、よくないし。

白井からペットボトル（新品、水、冷えている）を奪い取り、開封して一気に飲みだす大黒。

大黒　（お風呂上りの牛乳のように）ぷはーっ。走った後は冷たい水に限る！

白井　お、おう……。

大黒　（目の前に旅館に気づき）あ、旅館ここじゃん。いこーぜ。

と言ってペットボトルを白井に返し、すたすたと旅館に入ってしまう大黒。白井はだいぶ減ってしまったペットボトルをかかげ、まじまじと見つめて、

白井　おいクロ、まてよー

走り去る白井。

（部長） 先生スイッチどこですか……え、やだ入ってた？（気を取り直し）あー、えー、伊中演劇部の皆さんは、荷物を置いたら宴会場へ集まってください。

部員たちがストレッチをしながら出てくる。

京香 はーい、じゃあ発声やります。スタッカート行きます。
全員 はーい。
京香 せーのー。
全員 あ、え、い、う、え、お、あ、お……。

大黒と白井が走って入り、練習に加わる。全員ひとしきり発声練習をして、終わる。

京香 では最初の場面からやりたいと思うので位置についてください。
全員 はーい。

愛菜は中央に立つ。その他の人は上下にわかれて座る。

京香 じゃあキューかけます。
全員 はーい。
京香 せーのー。
全員 いーち、キュー！
［愛菜］ ないなーこっちにもないなー。
［凜］ あ、愛菜、どうしたのうろうろして。
［愛菜］ あぁ、凜ちゃん、おはよ。あたい今、金なくてさ。
［凜］ お金。

劇中劇のオープニング曲がいきなりかかり消える。

［愛菜］ 金持ちになる方法はないかな。
［凜］ 金持ちかー。例えば石油王？
［愛菜］ 石油王！ いいね！ それ！ どうやったらなれるかな？
［凜］ 石油を取れば石油王になれるんじゃない？
［愛菜］ そうか！ 石油を取ればいんだね。じゃあ、石油取りに行ってくる！

すぐ近くで、手で石油をすくい取るしぐさをする愛菜。

［愛菜］ 見てみてー凜ちゃん、めっちゃ石油取れた。
［凜］ すごいね、愛菜。
［愛菜］ これ売ったら石油王になれるかな。
［凜］ なれるよ、きっと。
［愛菜］ よし、石油王に俺はなる！

京香　はい、ストップ！　じゃあ今のシーンで何か意見ある人いますか。
楓　はい。舞台をもっと広く使うといいと思います。すぐ横じゃなくて、上手の奥側まで行って石油を取るといいと思います。

実際その場所に行き、石油を取る仕草をしてみる愛菜。

翔子　はい。やっぱり石油はこれ（手ですくう仕草）じゃ取れないと思って。本番近くになって変えるのもどうかと思うけど、石油を取るくだり無くしてもいいと思います。
愛菜　あぁ。
京香　他にある人ー。
南美　「石油王に俺はなる」は、決め台詞なので、やっぱりしっかり前を向いて、顔を上げて、大きな声と動きで言うのがいいと思います。
部長　はい他ー。
1年生　音響のタイミングが気になりました。
部長　（客席の音響ブースにいる担当に向かって）田中ちゃーん、音響いける？……おっけー。次よろしくねー。じゃあもう1度同じシーンやります。音響きっかけでスタートしましょう。

劇中劇オープニング曲。

[愛菜]　あぁ、ないよなぁ……。
[凜]　愛菜、どうしたの。
[愛菜]　あ、凜ちゃん。あたい今お金なくてさ。
[凜]　お金。
[愛菜]　だから金持ちを探して結婚しようと思ったけど、こんな田舎に金持ちはいない。
[凜]　うん。
[愛菜]　だから、あたい石油王になろっかなーって思って。
[凜]　おぉ。
[愛菜]　石油王になるにはどうすればいいかな。
[凜]　石油をとればいいんじゃないかな。
[愛菜]　そっか石油を取ればいいんだ。ようし、石油王に俺はなる！

舞台中央で手を高々とあげ決めポーズ。（ワンピースのルフィのように）

[愛菜]　じゃあ、行ってくるわ。
[凜]　行ってらっしゃーい愛菜!!（とジャンプで見送る）
京香　はい。すごくよくなったね？

全員うなずく。

京香　じゃあ今日の練習はこれくらいにして、各自部屋に戻りましょう。

全員　はーい。

部員たち去る。

白井　クロ、旅館探検しようぜ。
大黒　いいね！　他の人も誘おう。
白井　えっ。
大黒　何？
白井　いや、えーっと、
京香　え、何なに？
大黒　今から旅館探検しよって。一緒にいく？
白井　えっ。
京香　いくいく！
川内　俺もいきたい！
白井　え！
翔子　わたしたちも！（いずみも一緒にいる）
白井　ええ！
京香　どうしたの。
白井　……いや、別に。
京香　じゃあ旅館探検にしゅっぱーつ！
白井以外　おー！

6人で旅館探検に出発する。

3　旅館探検

骨董品の並ぶ廊下を通る。骨董品に走り寄る白井。

大黒　にしてもかなりぼろいよねこの旅館。
白井　やばいものとかでてきそう。
翔子　ちょっとやめてよー。私こわいのダメなんだから。
京香　てか勝手に探検したら先生に怒られないかな。
いずみ　（楽しそうに）だいじょうぶだよ。

白井　これいくらくらいするのかな。
大黒　大した事ないいんじゃない？　ほこりだらけだし。

と、骨董品に触る大黒。

白井　おい、さわるなよ。
大黒　だいじょうぶだよ。

と、骨董品を倒しそうになる。

白井・川内　やべ！
5人　ちょっと大黒！
大黒　ごめんごめん。
川内　まぁ壊しちゃっても、うちには大道具のプロがいますから。
翔子　私？　いや、本物なおすのはさすがに無理。
川内　またまた〜。

照明変化。

京香　え？

大黒　何か声がした？

白井　しゃべった？（と、骨董品を見る）

翔子　いやーーーーーー！（と、走り出す）

翔子につづき全員走って逃げる。

6人　はあはあ。（「こわかった」など）

大黒　なんかうす暗くなってきたね。

川内　ますます出そう。

翔子　ちょっと〜。

大黒　ぐえっ蜘蛛の巣だ。

川内　わ、クモ！　でけー！　きも！

翔子　やだー。

川内　きも！　くも、きも！

翔子　やだもー。

京香　あ、扉だ。

大黒　部屋かな？

白井　何の部屋だろ。

大黒　入っちゃう？

京香　えーまずいでしょそれは。

川内　いいじゃんいいじゃん。

京香　あのさ、ずっと気になってるんだけど、敬語は？

川内　あ、すいません。

大黒がぎいっと扉をあける。何かの機械音がする。

白井　おー開いた。

京香　くら。

大黒　真っ暗だね。

翔子　やだーー。

川内　びびんなって。

白井　入る？

京香　行ってみよ。

翔子　えーやだ！

川内　じゃあ待ってな。

翔子　やーだ〜。

白井　だだっこかよ。

川内　ほら、いくぞ。（と、手を引っ張る）

翔子　やだーー。

川内　げ。まじでまっくらじゃん、なにもみえない。

大黒　これ扉しめない方が／いいんじゃない。

ぎいっと扉のしまる音。照明変化。

翔子　いやーーー！

川内　これまじ見えねぇわ。

大黒　ちょっと怖い。

白井　電気のスイッチ探そう、スイッチ。

京香　どこどこ。
翔子　ちょっと、誰か来て！　私動けないんだけど！
いずみ　動いてないの？　じゃあ扉開けてよ。これじゃ見えなすぎる。
白井　無理。私もう動けない。
翔子　使えねー。
川内　スイッチ探しましょ。みんなスイッチ！
白井　いたっ。誰、引っ張ったの。
川内　あ、すいませんオレです。
白井　なんで引っ張るかなー。
川内　いやスイッチ探してて。
白井　お前スイッチって、たぶん壁にあるやつだぞ。
川内　あ、そっちか。
いずみ　ウケる。
京香　あ、あった！　これかも！

ボタンを押す音のあと、何かの機械音が止まる。

川内　えーっと、明かりはついてません。
京香　うるさいわね、わかってるよ。
川内　しかも何かが止まった感があります。
京香　いちいち報告しないでよ。わかってるわよ。

間。

いずみ　静かだね。

翔子　ちょっと、誰か話してよ！　怖い！
川内　大黒先輩、何か話してください。
大黒　闇という漢字はですね、
白井　どした？
大黒　門構えの中に、
白井　そっちのカンジか。
大黒　「音」という文字が入っているわけですね。これ、音が門に囲われていまして、音が閉じ込められているのです。つまり、音がとじこめられて、闇では音がしない。無音。闇にはそもそも音が無い。

間。

翔子　静かにならないで！　怖い！
白井　にしても全然目が慣れないな。
京香　ちょっと！　どこ触ってんのよ！
いずみ　あ、ごめん、ごめん私。
川内　痛っ！　ちょっと誰ですか。
大黒　あ、ごめん、僕です。
いずみ　あ、これかな？　壁にスイッチっぽいものがある。
翔子　押してーーー！

パチッという音がして明かりがつく。京香には白井、いずみが連なっている。川内は大黒を抱っこしている。凝視する白井。翔子は扉近くで座っている。

間。

川内　出ましょう。
翔子　腰抜けた。
京香　めっちゃ暗闇だったね。
川内　ほんとに。
京香　部屋もどろっか。

など言いながら、ドアを出るのを女子たちにゆずる川内。白井は川内をにらみつけている。

大黒　合宿初日、僕たちは劇場でも経験したことのない本当の暗闇をはじめて経験しました。
全員　二日目！

部員たちが出てくる。

4　合宿二日目

京香　では二日目は、筋トレからはじめようと思います。
部員　えー。
京香　はいはーい。舞台上で輝くためには筋力も必要でしょ。ここのところやってなかったし。私が見てるからこの機会に筋力をしっかりつけましょう。
1年生　部長はやらないんですか。
京香　やり方間違ってる人がいたら確認する必要があるでしょ。劇づくりと同じ。

ぶつぶつ文句を言う部員たち。

京香　はいはい、やるよ！　じゃあバービーバービーね。
楓　バービーって何ですか。
1年生　やり方知りませーん。
南美　部長、見本見せてください。
京香　え。バービーも知らないの？

部長はセンターに行き見本を見せる。

全員　お～。
ロミオ　すいません、よく見えなかったのでもう1回やってください。

部長がもう1度センターで見本を見せる。

1年生　早くてわからないです。ゆっくりやってください。

部長がゆっくりやる。

白井　よくわからない／ので……。
京香　（食い気味で）わざと言ってるでしょ！　はぁはぁ。はーい、やりまーす。いーち、にー。

京香　(ちゃんとやっていないロミオを見つけて)今適当にやってたよね。はいプラス3回!
ロミオ　えーそんなの聞いてない。
京香　言ってないもん。はい、いーち!
ロミオ　えー。
京香　いーち!　にー。さーん。
京香　はい、じゃあ全員で続きやるよー。
1年生　これ何回やるんですかー。
京香　20回。
全員　えーー。
京香　はーい、文句言わない、いーち!
全員　いやいや、いま3回目。
京香　あ、そうだっけー?
1年生　部長、なんか怒ってません?
京香　え?　いや、ぜーんぜん。さーん。

手を抜いてるロミオに近づきながら。

京香　よーん。

ちゃんとバービーをやるロミオ。倒れこむ川内。

凜　川内、大丈夫?
川内　(大きな声)や、ちょっと待ってもう無理。
京香　元気そうじゃん。この後は雑巾がけが待ってるからね。

全員　ええ〜〜。

部員たちは口々に文句を言う。

京香　普段から言ってるでしょ、私たちの演技を支えてくれるのはこの空間。掃除にはじまり、掃除に終わる、これ演劇部の常識。ハイやりまーす。みんなぞうきんを持って1列になってくださーい。
全員　えー。

文句を言いながらも雑巾を持ち、1列に並ぶ部員たち。京香の近くに来る凜といずみ。

凜　もしかしてあの作戦実行するの?
京香　当たり前でしょ。
いずみ　成功するかな、ちょっと不安。
京香　絶対成功させる!

京香、凜、いずみも列に並ぶ。

京香　はいじゃー行くよ。向こうまで競争ね!　よーい、ピッ!(ホイッスル)
全員　おりゃー!

と、思わず雑巾がけ競争に白熱してしまう部員たち。途中で大黒がこける。白井はそれに気がつき助けにいく。部員たちはゴールすると「勝った」「次は負けない」「もう1回勝負」などと盛り上がりながら元の位置へもどる。大黒は白井の肩をかり、雑巾を持ったまま上手へ。

凜　皆まんまとのせられてるね。

京香　雑巾競争作戦、大成功！

いずみ　単純。

凜　この調子ならしっかり掃除できる！

いずみ　苦労して考えた甲斐があったね。

京香　はーい。じゃ2回戦いきまーす。

大黒　あ、ごめん僕見てる。

凜　なんで。

大黒　足打っちゃった。

雑巾の列に並ぶ凜と京香。

いずみ　白井も？

白井　うん、付き合い。

いずみ　「付き添い」？

白井　あ、そうそう、付き添い。

訝しげな表情をしながら雑巾の列に並ぶいずみ。

京香　じゃあ次ビリだった人はバービー20回ね。

全員　えー！

京香　はーい！　文句言わない！　いくよ。よーい、ピッ！

部員たちはホイッスルをきっかけに外郎売《ういろううり》をはじめる。

全員　いえーい。

ノリノリで楽しくラップ外郎売をする部員たち。「ただいまはていはついたして石油王となりまする」に替え、終了。場面は劇中劇の練習で、動物園となる。様々な動物たちがいる。メス同士で毛づくろいをするオランウータンやオス同士でじゃれ合うサルの姿もある。大黒はゾウの鼻を演じている。動物園のお客さんもいる。

【愛菜】　ただいまー。

【凜】　え、この動物園愛菜ちゃんの家なの!?

【愛菜】　あ、いや、小さい頃から通い過ぎてて、実家みたくなっちゃって。

【凜】　そんなことってある？

愛菜に話しかける動物たち。「元気？」「お腹すいた」「むかつく客がいた」など。愛菜は様々な言葉に答えて会話をしている。

【凜】　愛菜ちゃんって動物の言葉がわかるの？

【愛菜】　なんとなくね。

【凜】　すごい！

【愛菜】　そうかな。

［凜］　そうだよ！　もうすでに動物たちの王さまじゃん。
［愛菜］　いやいや、王さまは別にいるから。
［凜］　そうなの？
［愛菜］　紹介するね。こちら、百獣の王、ライオンさんでーす。
［吉河］　どうもー。
［愛菜］　こちら演劇部副部長の凜ちゃんです。
［凜］　ど、どうも……。
［吉河］　いつも、愛菜ちゃんがお世話になっております。愛菜ちゃん気分屋だから相手するの大変でしょう。
［凜］　話しかけられてるっぽいけど、ガオガオ鳴いてて何言ってるかさっぱりわからん。
［吉河］　何か私にお聞きになりたいことはありませんか。
［凜］　え？　愛菜ちゃん訳して。
［愛菜］　何か質問はありますか？　だって。
［凜］　質問？　えーと、愛菜ちゃんは今、石油王になりたがっているんですけど王様になるために何かアドバイスをもらえませんか。
［愛菜］　だって。
［吉河］　アドバイスですかー。難しいですね。
［凜］　こっちの言葉は理解できるんだ……。
［吉河］　やっぱり王たる者、信頼されることが大事ですね。学校の先生や政治家たちと同じですよ。
［愛菜］　信頼感が大事だって。
［吉河］　私が動物たちからどれだけ信頼されているかご覧になりますか？　がらがらがら。（と口で言いながら、檻を自ら開ける）
［凜］　え、出て大丈夫なの⁇
［吉河］　オランウータンさん、こんにちはー。サルちゃんこんにちはー。キリンさんこんにちはー。ゾウさんこんにちはー。

と、動物たちに近づき手を振るが、無視をされたり怖がられたりする。

［吉河］　ガオ♥（と凜に向かってかわいくポーズする。ねーの意味）
［凜］　めっちゃ無視されてたけど。
［吉河］　石油王になるために、愛菜ちゃんをこれからもサポートしてあげてくださいね、凜ちゃん！
［凜］　なんて？
［愛菜］　また遊びに来てね、だって。
京香　はーい、ご苦労様でした。（おおげさに）今のシーンこれまでの練習の中で1番よかった！　ですよね？　先生！

全員で客席の方を向き、先生の言葉を聞いている様子のあと、歓声と拍手。（劇が順調に完成している）

京香　はーいじゃあみんな聞いててください。今日の練習は本番に向けて大きなはずみになりました。明日は合宿最終日、いよいよ最終リハーサルです。明日にそなえて、今日はゆっくり休みましょう。楽しいのはわかりますが、決して夜更かししないように！　コンディションを整えましょう。
みんな　はい！

部員たちは去る。

白井　クロ！　今日は「2人で」探検いこーぜ。
大黒　好きだねぇ、白井君。
白井　……うん。…………好き……。
大黒　でも今日は行きません。
白井　え。
大黒　ゆっくり温泉につかりたいので。
白井　あぁ。
大黒　足打っちゃったし温泉で癒したい。
白井　うん。
大黒　ゾウさん疲れちゃった。
白井　えぇ！
大黒　ゾウの鼻、けっこう大変なんだよ。腕がもう筋肉痛。
白井　なんだ腕か。
大黒　ん？
白井　あ、じゃあ俺も一緒に風呂いく。

「パオーン」などとじゃれ合いながら去る2人。

5　二日目の夜

旅館の部屋に部員たちが戻ってくる。舞台中央に、京香、凜、翔子、いずみ、楓、南美が座っている。

凜　ごはんおいしかったね。
京香　ぼっろい旅館で心配したけど、料理はうまい。
翔子　お風呂は温泉。
いずみ　そして宴会場が広い。
京香　あー、でも明日で合宿終わりかー。
凜　切ない。
京香　切ないね。
翔子　3年間いろいろあったなー。
いずみ　先生も言うけどさ、私らって優秀な代だったよね？
凜　自分で言っちゃう？
翔子　おだててるだけでしょ。
京香　そうそう。
凜　のせるのうまいからね、先生。
京香　凜いつものせられて喜んでるからね。
凜　それはキョウちゃんもでしょ。
京香　えー、私なんか怒られてばっかだよ。
凜　そーお？　先生キョウちゃんのこと超お気に入りだと思うけど。
翔子　そそ。「中学生でこんなに演出センスのあるヤツはめったにおらん！」ってよく言ってるじゃん。

京香　んー。演劇自体はね、すごく楽しいけど。私なんかが部長でほんとによかったのかなってのは今だに思うときあるよ。みんな掃除してくれないし。

凜　そうなんだ。

翔子　えぇ、キョウちゃんが部長だったからここまで来れたんじゃん。

京香　うーん。私もともと人と協力するの苦手だし。「怒ってるの？」ってすぐ言われちゃうしね。

いずみ　んー、てか、そんなこと言うんなら私が部長やったけどな。

全員　え。

間。

いずみ　あー、部長って、部長しか経験できないんだから、嘆くんじゃなくて、なんだろう、感謝？　した方がいいんじゃないかな？

京香　うん……確かに。

凜　てか、私キョウちゃんの部長好きだよ。

翔子　うんうん。

いずみ　好きと言えばさ、やっぱさ、白井と大黒って付き合ってんのかなぁ。

京香　えーそれネタでしょ。

凜　ねぇ。

いずみ　大黒の方はそうでもないけど、白井の方はまんざらでもないと思うな。

凜　そう？

いずみ　だっていつも目で追ってるもん。

京香　えー？

いずみ　ほんとほんと。

翔子　よく見てるね。

いずみ　そう、めっちゃ見てるの！

翔子　違う。いずみが、白井のことよく見てるねって。

いずみ　え。

間。

翔子　なんでそんなに白井のこと見てるの。

いずみ　えーと、気づくでしょ、普通に。

翔子　いや気づかないよ、白井のことをよく見てなきゃ。

いずみ　気づくよ、演劇やってる人なら。

凜　なーんで演劇の話にするかな。

京香　逃げたね。

翔子　逃げた逃げた。

いずみ　てかさ、1組の倉門と3組の巽が付き合ってるってホント？

京香　はい、話題変える作戦。

凜　つか、いずみちゃん恋愛話好きだよね。恋愛王。（笑）

いずみ　えー凜だってするでしょ恋愛トーク。

凜　私は別に興味ないかな。今は演劇ひとすじ。

いずみ　そういう人がドはまりするんだよそのうち。

京香　ねぇ、高校でも演劇続ける？
いずみ　んーわかんない。
凜　え、続けないの？　私は続けるよ絶対。
いずみ　なんか向いてないかもなーって。
翔子　私も。
凜　あんなに演技うまいのに？
いずみ　そう？
京香　まぁ違うことをやってみるのもいいよね。
翔子　わたしらまだ若いから。
全員　ははは。

楓と南美が布団を持ってくる。

南美　先輩、もう布団敷いちゃいます？
凜　えー、まだ10時だよ。
いずみ　後でいいでしょ。まだまだ夜は長いんだし。
京香　私ら若いからね。（笑）
楓　じゃあこれだけにしときますね。（2、3組布団を敷く）

川内、吉河、ロミオが入ってくる。

川内　お疲れース。
吉河　こんばんわー。
ロミオ　お邪魔しまーす。（と、正座で座る）
京香　おー。近うよれ、ちこうよれ。
翔子　でた、殿様。
京香　何ようじゃ。
川内　は、殿、お食事の用意ができてございます。
京香　ふむ。今日の馳走は何じゃ。
川内　本日のメインディッシュは玄米の佃煮と、きゅうりのから揚げミトコンドリア風～地中海の風に吹かれて～にございます。
凜　ミトコンドリア風。
いずみ　ウケる。それっぽい。
京香　玄米の佃煮ってなによ、佃煮知ってんの？
川内　知らね。
京香　敬語！
川内　知りませーん。
いずみ　仲いいよね、ほんと。
吉河　ふわぁ～。（とあくびをする）
京香　川内お風呂入った？
川内　まだ入ってないっす。
凜　ここの温泉11時までって言ってたよ。そろそろいけば？
川内　めんどい。
京香　さっさと行ってきなさいよ。
川内　じゃー今日はもう入らない。
京香　不潔！
凜　女子の部屋に来る人の発言じゃない。
川内　はい男女差別ー。女子が清潔、男子が不潔と決まってるわけではありまーへん。（と、寝っ転がる）
京香　腹立つー。

翔子　ちょっと、お風呂入ってないのに布団に寝っ転がらないでよ。
吉河　ふあ〜〜。あの、俺もちょっと眠たくなったので横になってもいいですか。
京香　あんたまで何言ってんの。つか何しにきたのよ。部屋もどりなさいよ。
吉河　大丈夫です。俺はもうお風呂入ったんで。
凜　いや、そういう問題じゃ……。

布団に寝転がる吉河。

京香　あんたは。眠くないの。
ロミオ　はい全然。配信で慣れてるんで。
凜　この部屋に何しにきたの。
ロミオ　楽しい会話をしにきました。

長い間。

翔子　何かしゃべりなさいよ。
ロミオ　何をしゃべればいいですか。（にこにこと）
京香　知らないよ。そんなこと自分で考えなさいよ。

間。

吉河　ぐおーぐおー。（いびき）
いずみ　はやっ。

凜　あーあ、のど乾いた。ジュース飲もっと。

冷蔵庫を開けてジュースを飲もうとするが、ジュースが凍ってて飲めない。

凜　（飲もうとして）あれ？（冷凍庫に入れたことに気がついて大爆笑する）
いずみ　え、なになに、恐いんだけど。
凜　あのね、さっきね、ジュース冷やそうとしたんだけどね……。（笑ってしまって話ができない）

みんなつられて笑顔になってしまう。

翔子　なになになに。
凜　冷蔵庫だと思ったら、冷凍庫で、ジュース凍っちゃってたの。

みんなで爆笑する。

京香　ウケる。
川内　腹痛い。
翔子　あー、久しぶりに大笑いした。
凜　今飲みたかったのになー。
いずみ　何のジュース？
凜　にんじん。
翔子　えー、にんじん？

凛　おいしいよ？　限定販売だったから試しに飲んでみたらはまっちゃって。
川内　にんじんジュースて、うさぎかよ！
凛　は？
吉河　（がばっと起きて立ち上がり）ウサギ？　食う！　ウサギ！　好物！

叫んだ吉河はそのままバたりと再び眠りに落ちる。

いずみ　ね、寝言？

全員で爆笑。

京香　あれ夢の中でもライオンやってたね、絶対。腹いたい。（笑）
いずみ　確かに。
翔子　演劇部の鑑だ。
凛　はー笑った。笑ったら余計のど乾いちゃった。
京香　川内飲み物買ってきて。
川内　え？　俺っすか。
京香　うん。得意でしょ。
川内　ジュース買うのが？んなわけないじゃん。
京香　まぁなんでもいいから買ってきてよ。
川内　いやっすよ。

と、京香と川内のいつもの口喧嘩がはじまる。（アドリブで派手に口喧嘩する）翔子は少し恐くなって身をかくす。
そこへ白井と大黒がやってくる。

大黒　お疲れー。
白井　ちーす。
大黒　遊びに来ましたー。
翔子　この部屋大人気だね！
京香　あー！
いずみ　びっくりしたー。
京香　そうだった！
いずみ　なになに。
京香　すっかり忘れてた。部室で見つけたんだ。

京香、鞄からぬいぐるみのサイコロを取り出す。

京香　じゃーん。
白井　ぼっろ。
翔子　何これ。
京香　サイコロ。
凛　サイコロ？
京香　出た目のテーマでトークするの。
翔子・凛　面白そう！
京香　でしょでしょ！　やろ！

みんな中央に集まってくる。

いずみ　誰からいく？
ロミオ　ここはやはり部長／から。
京香　じゃあ、はい。（とロミオに渡す）
ロミオ　えー。
京香　バービーおまけしたでしょ？
ロミオ　してない。
京香　（にっこり微笑んで）はい。

ロミオ、しぶしぶサイコロを受け取り、ふる。目がでる前に京香がサイコロの目を変えて恋の話の目を見せる。

京香　はい、恋の話〜。
全員　（拍手）いえーい。
ロミオ　えーズル！
凜　楽しくお話しに来たんでしょ。
いずみ　楽しく恋の話をしましょう。
ロミオ　（しぶしぶはじめる）えーっと、僕は女子とすっごい長い時間通話したことがあります。
全員　ほー。
白井　何時間くらい？
ロミオ　48時間くらい。
大黒　うっそー。
ロミオ　ほんとですよ、何なら1回もミュートしてない。
翔子　えー。
いずみ　で、その子とはどうなったの。
ロミオ　……触れないで。

いずみ　えー。ここからが恋の話じゃん。
凜　まぁまぁ、夜はまだ長いから。
京香　はい、じゃあ次は大黒いこう。
大黒　僕？
京香　はい。（と手渡す）

大黒がサイコロをふる。目がでる前に女子が再びサイコロの目を変えて恋の話の目にする。

京香　はい、恋バナ。
全員　いえーい。
大黒　恋バナ？　なんもないよ。
いずみ　好きな人はいる？
大黒　…………いる。

驚いて大黒をじっと見つめる白井。

全員　おー。
翔子　誰だれ？
大黒　それはちょっと。
京香　ヒントヒント。
大黒　えー。
白井　ヒ、ヒントくらいいいじゃん。
いずみ　演劇部？
大黒　……あぁ、まぁね。
全員　おぉ〜〜。

間。

白井　（いきなり大きな声で）じゃ、じゃあ次のサイコロいこうか。
全員　「えー」「ここからじゃん」（などという）
白井　ま、まぁ夜は長いから……。

愛菜と柑と1年生2人がやってくる。

愛菜　あれみんないるじゃん。
1年生　こんばんはー。
白井　いいところに来た。はい。（とサイコロを渡す）
愛菜　何これ。
京香　部室で見つけたやつ持ってきたの。ふってみて。

ためらいなくすぐサイコロを振る愛菜。誰か（できれば男子がいい）が恋バナの目を出す。

愛菜　えー恋の話ー？　普段石油のことしか考えてないからなー。
凜　愛菜ちゃんの恋バナ聞きたい。
愛菜　別に今好きな人いないからなー。
翔子　えーいないの。
愛菜　そういやさ、みんな消しゴムのやつやったことある？
全員　消しゴム？
愛菜　消しゴムに好きな人の名前書いてさ、使い続けてその人の名前がなくなったら恋が成就するってやつ。
川内　なつい！　あるある！
京香　急に食いついてきたな。
川内　小学校のときやった。
翔子　わたしもやったなー。
愛菜　でも結局使い切れないんだよね。
翔子　そうそう。
京香　川内は誰の名前書いたの。
川内　言うわけないし。
いずみ　わたしは大黒が誰の名前書いたのか気になる。
大黒　僕？　書いたことないよ。そういうの今初めて聞いた。
京香　てかさ、みんな今好きな人いるの？　好きな人いるひとー？

大黒を含めた何人かが手をあげる。遅れて、白井がゆっくり手をあげる。

全員　お～。
凜　しょうちゃんは誰が好きなの？
翔子　わたし？　佐藤くん。
全員　おー。
いずみ　どんなとこが好き？
翔子　顔。

全員 お、おー。(微妙な反応)
京香 じゃあさ、じゃあ／さ、

「おじゃましまーす」などと1年生が大勢入ってくる。

大黒 1年どした？
1年生 遊びにきましたー。
白井 ちょっと、人多すぎじゃね。
川内 これじゃ恋バナもむじーな。
京香 そうだ！ せっかくだからオープンマイクやらない？
凜 お～いいね、それ。
京香 こんなこともあろうかと。(鞄からマイクを取り出しながら) 部室から持ってきたんだー。
川内 なんで持ってんだよ。
京香 敬語！
川内 何でも持ってきますね、先輩は！
いずみ 白井、そこの箱馬取って。
白井 へーい。
京香 じゃあ、オープンマイクをはじめまーす。
全員 いえーい。(拍手)
京香 発言する人はこの箱馬の上に立ってベルを鳴らしたら後で話してください。話し終わったらもう1度鳴らしてください。
南美 部長、テーマは何にしますか。
京香 うーん。恋バナ、はちょっと難しいよね。じゃあ……「将来の夢」にしよう！ みんな将来の夢を熱く語ってください。

全員でオープンマイクをはじめる。発言者は舞台中央の箱馬にのり、マイク(に似せたベル付きの棒)を持って語る。発言が終わりベルを鳴らしたら周りで聞いていた部員たちが拍手をする。部員たちは次のような自分の将来の夢を語る。

1年生 僕の将来の夢は日テレのアナウンサーになることです。小さい頃からテレビに出ることが夢だったんですけど、いろんな番組を見ているうちにアナウンサーになりたいと思うようになりました。全国どこでも見てもらえるように日テレに入りたいです。
柑 将来何になりたいかなって考えたときに、医療従事者になりたいなって思ってて、それでいろいろ考えて、もともと薬学に興味があったので薬剤師とか、あと今は医療機器を扱う臨床工学技士というのにも興味があります。どちらにせよ命をあずかる仕事なので高校に入ってからもいっぱい勉強して将来の夢を叶えたいなって思います。
1年生 僕はユーチューバーになりたいです。ユーチューバーになって、毎日楽しく、わちゃわちゃな日常を送れたらって思ってます。
愛菜 わいは将来石油王になろうかなと思っています！っていうのは冗談で、本当は保育士になりたいなって思っています。小さい子と遊んだり面倒を見たりすることが好きなので、将来は小さい子を笑顔にできる素敵な保育士さんになりたいです。
大黒　僕の将来の夢はビックな男になることです！　やっぱね、男として生まれた以上ね、男のでっかい夢に向かって突っ走っていくのがね、男のロマンっていうもんなんですよ。僕はそのロマンを追求していきたいです。まぁ今は具体的に何かあるわけじゃないんですけどね、今日からね、そのでっかい夢を目指して、未開の地に向かって、レッツゴー！

大黒が渋る白井にマイクを渡す。

白井　……俺の将来の夢は……特に、ありません……。……幸せに暮らせたらいいな、と思います……。

照明変化。

6　最終日、リハーサル

白井、大黒、京香、凜、愛菜、いずみ、翔子の7人がいる。

大黒　結局その夜は、朝までみんなで大盛り上がりだった。
京香　翌日、合宿最終日、リハーサルが行われた。
凜　リハーサルは、大失敗に終わった。
愛菜　声が全然出ていなかった。
いずみ　テンポも間も最悪だった。
翔子　みんなすごく眠かったからだ。
7人　でも！
白井　リハーサルは失敗だったけど、合宿はすごく楽しかった。
大黒　とにかく、とにかく楽しかった！
白井　こうしてオレたちは合宿を終えた。
いずみ　私は演劇部に入ってよかった。それはウソじゃない。
翔子　私はこの部が大好きだ。
凜　本当はまだ引退したくない。
愛菜　まだ舞台に立っていたい。
京香　もっと劇をつくっていたい。
白井　もっともっと一緒にいたい！
大黒　でも時間は過ぎてしまう。
7人　それなら！
京香　私たちは前に進むしかない。最後の発表を最高の発表にしよう。
京香　１週間後！
全員　発表会本番！

7　発表会本番直前

発表会本番直前の舞台袖。緊張してる様子の部員たち。気合を入れたり、意識を集中したり、準備をしたりしている。

京香 本番5分前です。全員集合してください。

舞台中央に部員たちが集まる。

京香 いよいよ本番です。3年生にとっては最後の発表です。今まで練習してきて、本当に楽しかったけれど、それぞれに不安や悩みもあったと思います。何より、前回のリハーサルが大失敗だったので、緊張してる人も多いと思うんですけど、でも今日は本当に最後なので、みんなで力を合わせて絶対成功させましょう。じゃあ、トイトイやります。

京香 みんなで頑張って、最高の発表にしよう！　せーの！

全員 トイトイトイ！

みんな口々に気合を入れながら上手に去る。白井と大黒の2人は残る。

白井 いよいよだな。

大黒 緊張してる？

白井 少し。

大黒 あのさ。

白井 ん？

大黒 ありがと。

白井 ……何が？

大黒 白井と一緒にやれてよかったな、って。

間。

白井 オレも。お前がいなかったら、ここまで続けられなかった。

大黒 楽しかったな。

白井 な。

大黒 ラストもがんばろう。

白井 うん。楽しもう。

大黒 うん。

開演ブザー。

アナウンス プログラム7番。伊勢原市立伊勢原中学校演劇部作「石油王」。

白井 クロ、たたいて。気合い入れるから。

大黒 おっけ。

白井の背中を両手でたたき気合いを注入する大黒。笑顔でグーパンチする2人。

大黒 よし、いこう！

白井　うん！

2人は走って上手へ去る。劇中劇のオープニング曲。暗転。
「石油王」のオープニングが聞こえてくる。

8 消しゴム

発表会3日後の教室。国語の漢字テスト前の休み時間。生徒それぞれに会話をしたりテスト勉強したりしている。流行りだしたソーラン節をする姿も見える。次のような会話が同時に進行する。

生徒　漢字テスト勉強した？
生徒　げ、次テストだっけ？
生徒　俺ノー勉。
生徒　発表会でそれどころじゃなかった。
生徒　よし、あきらめよう。
生徒　あきらめるなよ。（笑）
生徒　ねぇこの前の演劇部見に行った？
生徒　演劇部の発表会？
生徒　行ってない。
生徒　なんか面白かったらしいよ。
生徒　ワンピースのパロディ？　だったんでしょ。
生徒　石油王に俺はなる！って。
生徒　くさ。
生徒　いやでもけっこうよかったって。
生徒　うちの演部気合い入ってるもんね。

1年生たちが廊下を通る。

1年生　発表会楽しかったねー。
1年生　ホント楽しかった！
1年生　あ、石油王先輩だ。せんぱ～い！（と手を振る）

教室内から1年生に手を振り返す愛菜。近くから吉河が1年生に手を振ると1年生は微妙な気持ちになり去ってしまう。吉河にツッコミをいれる愛菜。

白井　クロ、勉強した？
大黒　今やってるとこ。
白井　俺もやろ。

勉強をはじめた白井は字を書き間違い、筆箱から消しゴムを取り出す。自分の消しゴムを見つめて、思いつめた表情になり、その消しゴムを筆箱にしまう。振り向いて後ろの席の大黒に再び話しかける。

白井　クロ、消しゴム貸して。

自分の筆箱から消しゴムを取り出して白井に渡す大黒。白井は受け取った消しゴムのカバーをはずす。消しゴムをじっと見つめる。白井、空を見る。

間。

白井は前を向き、泣きそうな表情。机の上で大黒の消しゴムを使いはじめる。消しゴムを使う。力いっぱい使いまくる。涙をぬぐうしぐさ。だいぶ使った後に小さくなった大黒の消しゴムをカバーに戻す。白井は後ろの席の大黒に消しゴムを突き出す。大黒の顔を見ることができない。

白井　ありがとう。

漢字テストの勉強をしていた大黒は、白井にありがとうと言われてはじめて消しゴムを突き出されていることに気づき、顔を上げる。

大黒　うん。

大黒は白井から自分の消しゴムを受け取り、それがすごくたくさん使われて小さくなっていることに気がつく。

大黒　ちょっと、なんかめっちゃ減ってない？

白井　あ、うん…………ごめん。

大黒は自分の机のノートを見て、勉強を再開しながら、

大黒　（顔を上げずに）も〜、そういうとこ！　借りた消しゴムをこんなにたくさん使う？　ふつう。

間。

大黒　そんなだから彼女できないんだよ。

白井　…………ごめん……。

うなだれる白井。ソーラン節を楽しんでいた生徒たちが何か面白いことがあったようで笑い声をあげる。チャイムの音。

京香　起立、気をつけ、礼。

生徒たち　お願いします。

空中をぼんやり見つめたままの白井を残して。

——幕——

＊使用曲

「ラップ外郎売」　作曲:高坂明生

「ウィーアー！」　作詞:藤林聖子・作曲:田中公平

「ソーラン節」　北海道民謡

星は胸に宿る

板垣珠美

登場人物

涼音《さやか》　中1。
和美　中1、文芸部員。
母　涼音の母、国際的なヴァイオリニスト。今はドイツを中心に活動。
医師　涼音のかかりつけ。
紅葉　中2、文芸部。
来未　中2、テニス部。
楓　中2、文芸部。
朱音　中2、文芸部。
永久子　中1、合唱部。

初演日時

２０２２年6月４日
神奈川県県央地区春の交流会、県央地区大会

初演校

厚木市立睦合中学校

プロローグ そして　心は砕けた

ショパンの「英雄ポロネーズ」で幕が上がり、ゆっくりと前明かりが入る。
中割幕の前、上手に医師と母。やや下手に、後ろ向きに立つ涼音。
音が小さくなる中での会話。

医師　涼音さんは筋力が十分でない中、無理をしてピアノのレッスンに取り組み、結果としてかなりのダメージを持ってしまいました。
母　ええ、あの子が無理をしていることは知っていました。でもあの子にとってはピアノがすべてだったんです。私、あの子を止められなかった。母親失格です。
医師　お母さん、ご自分を責めてはいけません。前にやはりひどい腱鞘炎になった時に、お嬢さんには警告をしていたんです。無理をすれば、本当にピアノを弾くことができなくなりますよって。
母　これから、ずっと？
医師　それはなんとも。これから治療や療養でどのようになるかは、涼音さん次第だと思います。
母　かわいそうな涼音。あんなに頑張っていたのに。
医師　お嬢さんはお母さんが大好きなんですね。
母　え？
医師　お嬢さんにとって何よりつらいのは、お母さんと一緒に演奏できないことだそうです。
母　そんな。
医師　お母さん、これから先、お嬢さんの心の支えになってあげてください。
母　……はい。

医師と母は涼音を気にしながら、上手に退場。
涼音、その後姿を見送って包帯を巻いた手を掲げ、前を向いて。

涼音　(手に向かって) お前、ほんとに根性なしね。たかが1日8時間のレッスンでいかれちゃうなんて。おまけに何？　ピアノの前に座ると震えちゃって、今やバイエルもろくに弾けないなんて。笑っちゃうくらい情けないったらないわ。(手を抱くようにして) ……うそ。本当に情けないのは、涼音、あなた。コンクールでトップをとるための練習なのに、それで大事な手を痛めるなんて。

ゆっくりと中割幕が開く。

第一場　文芸部は　誰でもウェルカム

むつみ中、文芸部の部室。
そこへ、和美が入ってくる。

和美　先に来てたんだ。探しちゃった。教室にも、合唱部にもいなかったし、職員室まで行っちゃったよ。
涼音　和美……。ごめん。合唱部、行ったんだ。……なんか言ってた？
和美　まあね。涼音が手を痛めてるから、治るまで文芸部で過ごすからって言った。そしたら、永久子なんて涼音をとっていかないでねだって。早く戻ってきてほしそうだったよ。
涼音　だって、伴奏のピアノ、弾けないのに？
和美　合唱部でしょ。ピアノがメインじゃないんだから。
涼音　わかってる。……でも、今は音楽がダメなの。
和美　うん。ああ、で、立花先生が。
涼音　立花先生？
和美　うん、文芸部の顧問だからさ、涼音が仮入部みたいにここに入るのは構わないけど、まずはちゃんと話をしましょうって。職員室に来てって。
涼音　……う……ん。
和美　（涼音を見て）はいはい。一緒に行くから、そんな顔しないで。
涼音　ありがと……。立花先生、私が入ること、よく思ってないよね……？　先輩方も……。
和美　なわけないでしょ。なんたって、今年の1年部員は私だけの部活だよ。もう、いつでも新入部員はウェルカムだよ。さ、行こ。
涼音　……うん。

2人、立ち上がって職員室へと出ていく。
そこへ、紅葉が入れ違いに入ってくる。棚から原稿用紙をとり、カバンから書きかけの用紙を出して、作品を書き始める。
来未が、軽い足取りで入ってくる。

来未　ねえ、ねえ。あの子は？
紅葉　？　何？　いきなり。あの子って？っていうか、来未、あなた部活はいいの？　ここ、文芸部でテニス部じゃないんだけど。
来未　わかってるよ、そんなこと。ね、あのバイオリニストの娘、ほら森野涼音。合唱部やめて文芸部に入るんでしょ。
紅葉　そうなの？
来未　もう、どれだけ情報が遅いのよ！　巷の話題なんですけど、森野涼音、ピアノをペンに変えるのかって。
紅葉　噂でしょ。特に聞いてないけど。
来未　反応薄。

そこへ、涼音と和美が戻ってくる。

和美　紅葉先輩！　ちょうど良かった。（来未に気づく）
来未　（何か言おうとする紅葉を遮って）こんにちは、あたし2年の風見来未って言います。あなた、森野涼音さんでしょ。
涼音　（困ったように和美を見る）

和美　（涼音をかばうように）何か、ご用ですか？
来未　ああ、たいしたことじゃないの。ちょっとお願いがあって。
涼音　お願い？
来未　実はあたしの大事な友達が来週誕生日なの。で、その友達が、実は涼音さんのお母様の大ファンで。
紅葉　来未、ここはそういう話をする場じゃないでしょ。
来未　何よ。難しいこと言ってるわけじゃないでしょ。このCDに、バイオリニスト森野響子のサインをお願いって。
和美　先輩。涼音はここでは森野響子の娘としてではなく、単なる森野涼音個人としているので、そういうお願いは……。
紅葉　そうよ。サインが欲しければ、コンサートに行って、お願いすれば。
来未　できるならそうしてます。でもさ、ここの所森野響子は海外の活動が多くてこっちでコンサートないんだもの。
和美　呼び捨て……。
来未　あ、ごめん。有名人なのでつい。でも、帰国してるってことは聞いたので。
紅葉　ホントに情報速いわね。
来未　まね。ね、お願い。
和美　でも、迷惑なんです。そんなの引き受けてたら、涼音が困ります。
涼音　（和美を制して）……お友達の誕生日？
来未　そうなの。姫乃って知らない？　今度生徒会長に立候補する。
紅葉　立候補、するんだ。
来未　まあね。姫乃がやらなくて誰がやるのよって感じでしょ。（涼音に）その姫乃が森野響子さんの大ファンなの。あたしも一緒に何回かコンサートも行ったんだ。で、その姫乃の誕生日に、このCDにサインを書いてもらってプレゼントしたらきっと。すごく喜ぶだろうなって……。
涼音　大事なお友達なんですね。
来未　すっごく。
涼音　わかりました。今回だけということなら。
和美　涼音！
涼音　いいの、和美。お母さん、私の頼みなら、サインくらい書いてくれるから。
紅葉　断っていいんだよ、そんな頼み。
涼音　いいんです。（CDを受け取って）預かりますね。サインしてもらったら、文芸部の先輩に預けます。
来未　ありがと！　ホント、感謝する。森野さんがいい人で良かった。文芸部の誰かさんたちと違ってね。
紅葉　一言多い！
来未　はいはい。じゃあ、あたし部活に戻るわ。じゃあね。

来未、ルンルンで出ていく。それを見送るように楓と朱音が入ってくる。

楓　今の来未？　何しに……。（涼音に気づいて）おお？

朱音　ええと、もしかして……先生が言ってた、森野さん？

和美　先輩！　さっき、先生に許可をもらいました。もう秋ですけど、涼音が仮入部します。

朱音　涼音さんね。よろしく。あたしは南雲朱音。こっちは。

楓　部長でぇす。陽田楓、よろしく。

紅葉　あたしは雨宮紅葉。（つぶやくように）そうか。来未の情報、確かだったんだ。

楓　本、好き？

涼音　ああ、はい。

楓　ＯＫ。入部条件はクリアだね。あ、でも……。

朱音　うん、前の部活は？　退部したの？

涼音　（うつむいて）……まだ……。

和音　先輩！　涼音、今、ピアノ弾けないんです。

楓　え？

涼音　和美、大丈夫。自分で言うから。私、合唱部は伴奏をする約束で入って、その代わり、合唱活動を少し免除してもらっていたんです。でも、今、腕痛めていて、（ブラウスの袖をまくると包帯が巻かれている）ピアノ弾けなくなって、その上、ピアノの前に座ると気持ち悪くなって……。

和美　そうなんです。で、気持ちが落ち着いて合唱部に戻るまで、文芸部に仮入部していいって、許可もらって。

朱音　そうか。つらかったね。

涼音　え？

朱音　ピアノ、嫌いなわけじゃないんでしょ。

涼音　もちろん。

朱音　嫌いじゃないのに弾けないなんて、つらいよね。

紅葉　いいんじゃないの。文芸部はだれでもウェルカムだし、この学校は全員部活入部が約束だからここで良ければ、合唱部に戻りたいと思うまでいれば？　ね。

楓　うん。あ、でも、今文化祭に向けて作品集を作ってるんだ。仮入部でも、何か書いてくれないかな。詩でも作文でも。

紅葉　楓ったら。大人の作文は随筆っていうんだって教わったでしょ。

朱音　本の感想でもいいの。そこにある作者の思いとか、登場人物の性格の掘り下げとか。

涼音　なんか難しそう。

和美　あたしたちは真実探しをしてるんだ。

涼音　真実探し？

和美　そう、事実の奥にある真実。表に見えていることとは違う、その奥にある本当。作家の真実だったり登場人物の真実だったり、自分の真実だったり。

涼音　自分の……真実……。

朱音　そう、みんな見える行動がすべてその人の思いの本当とは限らないでしょう。

楓　うんうん。やったことにしまったと思ったり、そんなつもりじゃなかったのに、って思ったり。

紅葉　それ、楓のことだね。

楓　まあね。すごい作品を出してってことじゃなくて、そんなことを見つめてみると面白いよって感じで。

涼音　……はい。

部員たちは、それぞれの活動を始める。

第二場　行動と心は違う

ゆっくりと中割幕が閉まり、涼音は腕を抱きしめるように前へ出てくる。

涼音　自分の真実……。私はずっとピアノしかやってこなかった。バイオリニストのお母さん、オペラ歌手のお父さん、小さいころから、周りには音があふれていたから、それが当たり前だったから……。

母が下手より登場。気づいて、母に寄る涼音。

母　涼ちゃん。ピアノの先生がすごく褒めてた。音がね、名前の通り涼やかでのびやかですごく素敵になってきたって。

涼音　本当？　うれしい！　早くお母さんと一緒に演奏できるようになりたいって思って頑張ったんだよ。

母　あら、一緒の演奏はしてるでしょ。

涼音　違うの。内輪のファミリーコンサートや、イベントでちょっと1曲なんてのじゃなくて、ちゃんとしたコンサート。早く実力が認められて、お母さんとコンサートを開けるようになりたいの。

母　そうなったら素敵ね。

涼音　ああ、お母さんとのコンサート、２人の演奏をバックにしたお父さんの歌声。夢なの、ほんとに。

母　素敵な夢ね。ああ、お母さんは今日からまたドイツに行ってしまうけど……。

涼音　はいはい、心配しなくて大丈夫。お留守番は慣れてます。家にはお弟子さんたちもいるし、安心して行ってきて。帰ってきたら、もっとピアノがうまくなっていて驚くからね。

母　それは楽しみ。じゃあ、行ってきます。

母は下手へ退場。元気よく手を振り見送る涼音。

涼音　（母を見送った後、ちょっと寂しげに手を見て）嘘つきな涼音。留守番なんて慣れてるわけじゃないのに。

医師　（上手から出てきて）腕が痛いのは腱鞘炎だね。使いすぎて炎症を起こしてるんだよ。しばらく練習は我慢して、腕を休めてあげるといいね。

涼音　（医師を振り返り）休むって練習を⁉　そんなことできない！　1日ピアノに触らないと、どれだけ力が落ちるのか先生はわかってない！　コンクールがあるんです！

医師　わかるよ。わかるけど、長い目で見たら、今無理をしないことが大事。ピアニストを目指すなら、腕をいたわることも大事なんだって。そうだよ、今は中学生としての生活を楽しんだら？

涼音　……わかりました。

医師、涼音の肩を軽くたたき、「大丈夫」という風に涼音を見つめ、ゆっくり退場。

涼音、見送りながら。

涼音　わかりました、なんて笑っちゃう。あんなに一生懸命練習してきたのはコンクールで賞をとるため。そして、賞をとって、お母さんと一緒にプレイヤーとして対等に舞台に立つため。中学生としての生活を楽しむって何？ピアノのために、みんな捨ててきたのに。

医師　（声だけで）練習、やめなかったんだね。1日に8時間もピアノに向かうなんて無茶もいいとこ。腱鞘炎、かなり悪化している。もちろんコンクールはあきらめて。未来が大切なら、今は我慢して、腕を休めよう。

涼音　（腕に）裏切者！　根性なし！　涼音のバカ！（ゆっくりと）ピアノが弾けないだけでなく、ピアノの前に座ると気持ちが悪くなって指が震えるようになった。演奏どころじゃない。

医師　（声だけで）しばらく、ピアノに触れないようにしたほうがいいかもね。でも、ピアノを演奏するときに必要なのは、技術だけじゃないでしょ。より良い演奏のために、何ができるか考えてみるのも1つだと思うよ。

涼音　（涼音、頭を振って）……そこで気づいた。私、お母さんに追いつくために、ピアノを弾くことだけをやっているって。気づけば友達もろくにいなくて……。……私の真実？　私、……ピアノが好き？

第三場

中割幕が開く。文芸部部室。

部屋の中にいるのは、和美と涼音。

和美は。涼音の気持ち盛り立てようとして、明るい声で話している。

和美　ここ。ここに原稿用紙があるの。自由に使っていいからね。それからこれ。毎年、文化祭に出している文芸部の文集。あのね、歴代の先輩たちの作品が載っているんだけど、おすすめはこれ。

涼音　おすすめ？

和美　うん。涼音も読んでみて。同じ中学生とは思えないくらい、感動する作品があるから。あたしは、去年卒業した清香先輩の作品が好き。優しくって、考えさせられる一言があって、もうね、超ファンなんだ。（冊子を抱いて）先輩、大好きでぇーす。

涼音　和美、よくしゃべるね。

和美　あ、ごめん。うるさかった？

涼音　ううん、違うの。和美とは保育園から一緒だったのに、和美の声をちゃんと聴いたの、久しぶりで。今聞きながら、和美ってそういうこと思うんだとか、ここでの活動が本当に好きなんだなとか改めて気づいて……。
和美　まあ、小学校から涼音はピアノに夢中だったからね。
涼音　夢中か。私は、ピアノしかやってこなかったから、気づいたら友達もいないし。
和美　おっと？　あたしは？　友達じゃないって？
涼音　ああ、ごめん。和美には感謝しかない。でも、和美が私を気にかけてくれるほどに、私、和美に何もできていないよね。友達って言ってもらえるのが申し訳ない……。
和美　怒るよ！　涼音。友達って損得で付き合うものじゃないでしょ。涼音に何かしてもらいたくて友達やってるわけじゃないから。それにね。
涼音　？
和美　涼音は覚えていないかもしれないけど、あたしは涼音にすっごく感謝しているの。
涼音　？　何？
和美　保育園の時のクリスマス会、覚えてる？
涼音　クリスマス……会？
和美　うん。みんなで歌を歌いましょってことになった時、あたしうまく歌えなくて、練習になると泣いてたの。
涼音　なんか思い出した。でも、和美は歌じゃなくて楽器じゃなかった？
和美　そう。いつまでも歌わないから、合奏の方に入れられたんだけど、それだって得意じゃなくて。あたしの担当、ピアノだったんだ。
涼音　ピアノ……。
和美　そう、トイピアノ。おもちゃの鍵盤も少ないピアノ。曲はきらきら星。でもさ、今までピアノなんてろくに弾いたこともなかったのにいきなり弾けないよね。
涼音　そうだね。
和美　そこに現れたのが、救いの女神涼音！　人差し指１本でたどたどしく弾くきらきら星に連弾のように伴奏を合わせてくれて、弱弱しく光っていた星が、本当にキラキラ輝く星になったような気持ちになって、ワクワクして、すっごくうれしくて、クリスマス会がとても楽しみになって、ああ、音楽っていいなって思ったんだ。
涼音　そう、だったんだ。
和美　でも、クリスマス会当日は、和美はお母さんと一緒にドイツに行ってて、一緒に演奏できなくてがっかり。
涼音　そうだ。お母さんがドイツの楽団に招かれて、家族でドイツに行ったんだ。だからあまり覚えていなかったのかも。
和美　でもね。先生が、「すてきなきらきら星、きっと涼音ちゃんの上にもお星さまが輝いて、あなたのピアノの音を届けてくれてるよ。」って。
涼音　メルヘン。
和美　ま、ね。でも、それがきっかけで、音楽が好きになったし、みんなと一緒にやることもできるようになった。だから、涼音には、めちゃくちゃ感謝している。
涼音　そっか、そんなことがあったんだ。
和美　……怒らないで聞いてね。
涼音　ん？

和美　あたしは、こうなってまた涼音と話ができるようになったのはうれしいの。でも、涼音のピアノの音が好きだったから、それが聞けないのは残念。だからさ、今はちょっとしたお休みって考えて、またピアノに向かえるようになるまで、一緒にいさせてくれるといいなって……。
涼音　いさせてなんて、こっちこそ一緒にいてくれてありがとうって思っている。
和美　お休みだから、いつもならできないこともいろいろやろう。
涼音　いつもならできないことって？
和美　ええと、コロナだからまだ「カラオケ」はできないし……、遊びに行くって言ってもね。とりあえず。
涼音　とりあえず？
和美　本を読もう！　あと、先輩たちの作品も！
涼音　ホントにとりあえずだね。了解。私も、ちょっと腹くくらないとね。

ノックの音。２人振り向くと永久子がいる。

和美　永久子、何？　どうしたの？
永久子　森野……さん……に。
涼音　私？
永久子　（おずおずと楽譜を出す）先輩から……。
和美　何？　永久子、楽譜？　合唱部の先輩たち、今の涼音のことわかっていて、これ、届けろって？
永久子　あの、別に森野さんを追い詰めるつもりはなくて、これ、今度の文化祭用に合唱曲だからって。
涼音　私、（腕をまくり、包帯を見せて）弾けないと思う。
永久子　うん。伴奏は、上級生の中から誰かがやるから大丈夫。でも、楽譜だけでも渡しておこうって。
涼音　わかった。ありがと。（楽譜を受け取る）
永久子　文芸部……に入るんですか？
和美　仮入部だけどね。
永久子　仮入部……ですか。
和美　ねえ、何で丁寧語？　同級でしょ。ためでいいんじゃないの？
永久子　え？　だって森野さん一家はみんな有名な音楽家で、森野さん自身も、小学校の時からいろいろなピアノコンクールで入賞している有名人で……。
和美　だから？　ここにいるのはただの森野涼音。中学校１年の女の子。
永久子　……先輩たちが、森野さんは特別なのって……。そう言われるとなんだか距離がある感じで……。
涼音　別に特別じゃないけど……。でも、結構、コンクールやお母さんの所へ行ったりして休みも多いから、距離を感じるの、仕方ないかもね。（あきらめたような笑いを和美に向ける）
和美　何言ってんの。そうだ！　いつもならできないこと！
涼音・永久子　？　え？
和美　友達を作る！　そうだよ、これっきゃないでしょ。友達を増やそう、涼音！
涼音　ああ、うん。
和美　となれば、まずは永久子から。
永久子　え？
和美　今日から、丁寧語なし。涼音と友達ということで。（きょとんとしている永久子と涼音の手を取って、重ねて）はい、握手！
永久子　ええと……？
和美　まずは、よろしくでしょ。
涼音　よろしく、永久子さん。
和美　違うでしょ。永久子。永久子でいいよね？
永久子　ああ、もちろん。
和美　永久子も言って、ほら、よろしくって。
永久子　よろしく、ええと……涼音？
和美　オーケー、オーケー。よおし、涼音、この機会に、学校中の人と友達になろう！
涼音　すごい野望。
和美　野望だもん、大きいほうがいいでしょ。よおし、（手を出す）ほら、手を重ねて！　涼音も永久子も。（２人、ぎこちなく手を重ねる）よおし、友達１００人作るぞ！おう!!

暗転。

第四場

文芸部部室。
朱音、紅葉、楓が作品を読みあっている。

朱音　今年の1年生、いいね。
楓　うん。森野さんもどうかなって思ったけど、いいのが書けてるよね。
楓　和美の「星は胸に宿る」もいいよね。
朱音　題名もいい感じ。ちょっと、くるよね。
楓　エモいってやつだね。
紅葉　エモい？
楓　（ちょっと得意げに）心に響く、心が動くって感じ。
朱音　ね、これ、真実探しの話だよね。
紅葉　そうだね。和美なりに涼音の真実を探そうとしている感じ。
楓　うんうん。そうだよね。

そこへ来未が走りこんでくる。

来未　文芸部！　そんなのんびりしていて!!
楓　は？　何？
来未　１年生がもめてる。
朱音　１年が？
来未　森野涼音がつるし上げられてる！　助けに行かなくていいの!?
紅葉　助けにって。

楓　とにかく様子を見てくる。紅葉、ここにいて。朱音、一緒に来て。来未は案内して。
来未　オッケ。こっち。
楓　朱音、行くよ。
朱音　うん。

来未、楓、朱音、教室棟へかけていく。心配そうに見守る紅葉。
席に戻って、編集途中の原稿を見る。

紅葉　「私が今までなりたいと望んでいた者になれないとわかった時に、私の心で何かが割れる音がした。まっすぐに前を見ていた心の中の私は、どこかへ隠れてしまった。表の私は笑ってたけど、頑張って頑張って輝いていた心の中の星は、今はその光を消してしまった。」この涼音の文は、涼音自身のことを書いているのよね。涼音、もうピアノは弾けないのかな……。

泣いている和美と涼音を連れて、楓と朱音が戻ってくる。

紅葉　あ……れ？　何で和美が泣いてるの？
楓　うん、来未が涼音がって言ってたでしょ。自分たちもそのつもりで行ったら……。（朱音に）ね。
朱音　そう。ことの発端は、確かにそうだったらしいんだけど。
楓　自分たちが行った時には、和美対一部女子になっていて、先生が来て納めてくれたんだけど。
涼音　（和美に）ごめんね。私をかばって、かえってクラスの子たちとぶつかっちゃって。
紅葉　ああ、つるし上げを食った涼音を和美がかばって、やりあっちゃったわけ？
朱音　先生が状況を分かっていて、相手のグループを最初に叱ってくれたの。でも、和美もちょっとヒートアップしちゃって。落ち着いたらお説教かな。泣き止んだら職員室へ行かせますって、こっちへ連れてきちゃった。
涼音　すみません。私のせいで。
紅葉　クラスでうまくいってないの？
和美　（泣きながら）みんなは涼音のことわかってないから、合唱コンクールの伴奏をできないって言う涼音に、聞こえよがしに「気取ってる」とか「学校の合唱伴奏なんて、たるくて出来ないんだよね」とか、今日なんか「ここに通うより、さっさとどっかの私立に転校すれば」なんて。
紅葉　ひどいね。それ、いじめじゃない。
涼音　仕方ないです。今までピアノの練習優先で、ろくにクラスのことやってこなかったし、最初は伴奏するからって約束してたけど、今は手が利かないだけじゃなく、ピアノの前に座ると体が震えて……。音楽の授業も保健室に行って受けていないことも多くて……。
朱音　それさ、ちゃんと話した？
涼音　え？
朱音　知らないとね、人は表のことで判断するから、自分たちの伴奏をしない涼音しか見えないんだと思うよ。
楓　あるよね、それ。伝えないのに、わかってって言われても、相手も困るよね。
和美　あたし……、仕方ないでしょとか、何がわかるのとか言って、涼音のこと、何も話してない……。
紅葉　それは仕方ないよ。涼音のことを和美が勝手に言うことはできないでしょ。（涼音に）ねえ？
涼音　私……伝えてなかった……。
紅葉　伝え方は考えなくちゃいけないけど、伝えることでぶつかることは避けられたかもねってこと。
和美　いいんだよ、涼音。涼音にとってもつらいことなら、無理しなくても。
涼音　でも……。
和美　？
涼音　和美、泣いてるでしょ。それ、私のせいだよね。
和美　違うよ。あの子たちに腹が立って口惜しかっただけ。涼音が気にしなくてもいい！
朱音　（和美の頭をなでて）よしよし。気持ちは分かったって。

永久子が入り口から覗く。

永久子　あの、すみません。
楓　はい。何？
永久子　涼音や和美にも話を聞きたいって先生が。もう泣き止んでいるよねって。
朱音　（2人に）大丈夫？
涼音　私は……。和美は？
和美　ちょっと落ち着いた。大丈夫。
永久子　あの……。
紅葉　はい？
永久子　あの子たち、本当は涼音と友達になってうれしかったんです。
楓　え？
永久子　あの子たちもあたしみたいに、ちょっと涼音と距離感じてたから、このところ名前で呼び合えるようになってうれしかったんです。だから、自分たちの合唱の伴奏をしてくれることも喜びだったんです。最初のころ、そう言ってました。
和美　ホント？
永久子　ホント。期待が大きかった分、伴奏してもらえなくなったことが残念だったんだと思う。
楓　ま、あるよね、そういうこと。
永久子　あたし、せっかく涼音がクラスに馴染んできたのに、それこそ、ここで転校なんてやだって……。
涼音　ありがと。（先輩たちに）先生に話をしてきます。
和美　あ、あたしも。あたしも行く。あたしも、あの子たちの言葉だけに反応して、思ってたことわかってなかったかも。
楓　なんか耳が痛い。
涼音　え？
朱音　楓先輩にもね、言葉に反応して、後で後悔するようなこと言ったりやったりという……。

楓　朱音！　人の黒歴史バラスなって。

涼音　とにかく、行ってきます。和美、行こう。

和美　うん。（ドアを出るときに）永久子、ありがと。

暗転。

第五場

中割幕閉まる。

ゆっくりと涼音がセンターへ向かって歩いてくる。

涼音　（腕を見ながら）私のいる意味ってなんだろ。ピアノの弾けない自分なんかに居場所なんかないよね。

「きらきら星」が聞こえる。

涼音　やめて、やめて、やめて。私はクリスマス会のことなんて、ろくに覚えていない！　和美を助けた覚えもない!!

声が聞こえる。

母　かわいそうな涼音。あんなに頑張っていたのに。

医師　弾けない、ということはないでしょうが、ピアニストとしては……。

涼音　弾けないということと一緒でしょ！

左右のスピーカーから、悪口と言えない程度の悪口が聞こえてくる。

悪口　ねえ、涼音ってさ、何でこんな田舎の学校に通ってるんだろ。

悪口　だよね。そのうちピアノの専科のある学校へ、転校するんじゃない。

悪口　あああ、伴奏してもらえば、将来自慢話になったのに。

悪口　ホント。涼音の価値ってそこだよね。

涼音　私は弾くつもりだった！　和美に言われただけじゃない、ほんとにみんなと友達にもなりたかった。１人だった時に、和美が話しかけてくれて、どれほどうれしかったか。

和美　（声だけで）クリスマス会当日は、和美はお母さんと一緒にドイツに行ってて、一緒に演奏できなくてがっかり。

永久子　（声だけで）……先輩たちが、森野さんは特別なのって……。同じクラスでも、あまり話したことなくて、なんだか距離がある感じで……。

涼音　お母さんとつながるためのピアノ。でもそれが私を１人にして、今はそのピアノさえ……。

耳を抑え、うずくまる涼音。
中割幕がゆっくりと開く。
和美と永久子が入ってくる。

和美　あああ、もう説教長い。
永久子　でも、先生は和美のことも涼音のことも心配しているのがわかったし。
和美　問題はさ、心配の先にあると思うんだよね。
永久子　先？
和美　そう。明日お互いにごめんといって、それだけで涼音がクラスのみんなにちゃんと受け入れてもらえるのかなって。
永久子　それって、やっぱりきちんと話さないとだめってこと？　合唱部は、先生から話が合ったけど、クラスでも、そんな風に？
和美　うーん。そうだろうけど、涼音、まいっちゃうんじゃないかなって。
永久子　そうだね。
和美　（涼音に気づく）涼音。どうしたの？　具合悪いの？
涼音　私が悪いんだよね。
和美　え？
涼音　お医者さんにも言われてたのに、無理な練習をして
和美　涼音？
涼音　ピアノを口実に、学校もいい加減だった。ピアノが弾けない私なんて、お母さんもみんなもいらないよね。
和美　涼音、しっかりして！
涼音　気づけば、ひとりぼっちで。
和美　何言ってるの？　私たちがいたでしょ。
涼音　ううん、ううん。ピアノが弾けない自分なんて、ここにいる意味なんかない。

涼音、フラフラと立って、筆箱からペンを出す。

和美　涼音？　何？
涼音　いっそ、こんな手、ずっと使えなくなればいい!!

涼音、大きく振りかぶって、ペンを自分の手に突き立てようとする。

和美　だめぇーー!!
永久子　涼音!!!

涼音の手に突き刺さる瞬間、和美が受け止めるが、ペンは和美の手を傷つける。

永久子　和美！　手が!!
涼音　（我に返って）和美？　和美、和美、やだ！　和美!!!!

暗転。

エピローグ 星は胸に宿る

文芸部の部室。2年生3人が冊子やカードを読んでいる。

楓 文化祭、今年も文芸部の人気はいま1つだったね。
紅葉 まあ、でも、けっこうみんな冊子、読んでくれてた感じだったけど。それより、カード見て。
楓 感想カード、書いてくれてありがたいね。
紅葉 やっぱ人気なのが、和美の作品だったね。
楓 「星は
紅葉 胸に宿る」

こへ、朱音がカードを読みながら入ってくる。

朱音 ねえ、見て、これ。
紅葉 え？
朱音 この感想カード、和美と涼音への手紙みたい。
楓 (覗き込みながら)どれどれ？「作品の中で、「星は胸に宿る」に考えさせられました。自分の理想が胸にあるのに、空の星のように、曇りで光が見えなかったり、近くにあるように見えて、実は遠くで手が届かなかったりして、そのジレンマに悩む筆者の思いは自分のことのようで、心に刺さりました。」
紅葉 今回の和美の作品、読んだ人の心に届いたってことじゃないの？
朱音 小さな学校だし、いろいろと噂になったから。あの事、みんな知ってるよね。
楓 ああ、ペンでグサッと事件。
紅葉 楓、表現にデリカシーなさすぎ。だいたい、傷はかすり傷だったでしょ。
朱音 和美もさ、涼音の真実探し、したんじゃないのかな。
紅葉 そう、だね、きっと。涼音も涼音自身の真実探しをしてるしね。
楓 真実探しか。表に見えた事実の奥にある、その人の思い。
朱音 あの時は、あることないこと噂になって。
楓 まあ、どこにも来未みたいのがいるってことだよね。
朱音 でも、来未、今回は何も言わなかったよね。っていうか、すごく涼音のこと心配してた。
紅葉 うん。実は来未も森野響子のファンだったみたい。来未、涼音の家のサロンでやったファミリーコンサートに行って以来、クラシックファンになったらしい。
楓 えーーー、来未がクラシック？ イメージない。
朱音 このカードの続き、「星が見えないのは、そこにないからではないのに、雲の向こうを知ろうとしなかった自分が恥ずかしいです。ここに書かれている星を持つ人に謝りたい。私も、あなたの星を信じています。ごめんなさい」これ、学年も名前もないけど、1年生のだれかじゃない？

そこへ和美が涼音の手を引くようにして入ってくる。

和美　こんにちは！
楓　こんにちは。涼音、やっと来たね。
涼音　長いことお休みしてすみませんでした。
朱音　気にすることないって。お母さんについて、しばらくドイツに行ってたんだって？　おかえり。
紅葉　おかえり。
涼音　は……い。
楓　ちがうな。
涼音　え？
楓　お帰りって言ったら、ただいまでしょ。ね、涼音。お・か・え・り。
涼音　た……だい……ま。
和美　ほらね、大丈夫だったでしょ。（先輩たちに）涼音ったら、先輩たちに迷惑かけた、怒られるってなかなか部活に来ようとしなかったから、今日は引っ張ってきました。
朱音　（冊子を差し出し）見た？　文化祭に出した作品集。
涼音　あ、はい。……いいえ。
楓　見てみて。
涼音　……はい。
朱音　今回はさ、感想カードを見る限り、和美の作品が１番人気かな。
楓　ああ、先輩として悔しい！
紅葉　何言ってんの。楓は「時代劇に見る町人の暮らし」っていうレポートだもの。コアなマニアにしか受けないって。
楓　社会科の先生には超人気だったんだけどな。
朱音　（涼音に）読んでみるといいよ。きっと、涼音について思うところを書いた随筆だから。
涼音　は……い。（ゆっくりと冊子を開き読む）
楓　（和美に）あの作品てさ、ラブレターだよね。
和美　な、何、言ってんですか。
朱音　愛にあふれてたもんね。
和美　朱音先輩まで！　あれは別に。

先輩たちが和美をからかって、和気あいあいとした雰囲気を作っている。

涼音　（読みおわった冊子を抱いて）ごめんね。和美。
和美　え？
涼音　自分で勝手に傷ついた顔して、和美がそばにいてくれているのに、気づかない顔して、なのに……。
紅葉　「大切な友人がいる。」
和美　読むんですか⁉
紅葉　「心に輝く星を持った友人だ。その星のきらめきは、輝いて、私の上に降り注ぎ、私を幸せにしてくれる。」
和美　（読むのを止めようとするのを、楓が押さえる）
朱音　最後のところがいいんだよね。
楓　覚えちゃったよ。「星は、曇りの日もあれば雨の日もあり、いつだって輝きを見せられるわけではない。」
紅葉　「でも、星は高みを目指したいという思いを受けて輝く。」
朱音　「その輝きは、はるかな遠くから、大気の向こうから私の上へと降り注ぐ。」

紅葉 「知らないうちに誰かの上に降り注ぎ、幸せをゆっくりと頭上に降らせる。」

朱音 「きっと、星は胸に宿る。今は弱い光でも、やがて一等星の輝きとなって輝くだろう。」

涼音 「私はそれを疑わない。」……和美、大切な友人って。

和美 やだもう、これじゃまるで告白じゃないですか。

楓 だから、ラブレターでしょ。

涼音 ううん、私でなくていいの。私、友達がいないなんて言ってごめん。でも、友達をこんな風に思える和美が自分の友人であることがうれしい。

ドアに、来未と永久子が立っている。

永久子 あのぅ……。

和美 (救われたように)永久子！　どうしたの？　何か用事？

永久子 (来未を見ながら)あの……、そこで会ったら、先輩がどうしても一緒にって。

楓 先輩？　あれ、来未。

来未 いや、この子がなんか様子をのぞいてたんで。

永久子 先輩！　いや、違うの。ちょっとクラスでも話しかけられていなかったから心配で、

来未 というわけで、付き添いで……ね。

紅葉 それ、何？(来未の手のCDを指す)

来未 あ、いや、これはその……。あ、森野さん、お母さんのサインありがと。まだちゃんとお礼言ってなかったなって思って。

涼音 それ……。

来未 あ、あ、そう。あの友達がお母さんのファンっていうのは嘘じゃないの。プレゼントもすごく喜んでくれて。ホント、ありがと。でも……。

楓 まだるっこしい！　来未、何が言いたいの？

来未 あ、あのね、で、実はあたし、森野さんのファンで。

涼音 え？

来未 これ、ファミリーコンサートで売っていた私家版のCD。この中のきらきら星変奏曲、あたしの1番好きな曲で、これって森野さんが演奏してるでしょ。で、今お願いするのはなんかなとは思ったんだけど、やっぱり、あなたのサインが欲しくて。

和美 涼音、すごい。まだプロにもなっていないのにファンがいるなんて！

涼音 あたしの……サイン？

楓 来未！　図々しいと思うよ！

来未 いや、私だって、そう思うけど。

楓 でも、なんとなくナイスかも。ほら、「知らないうちに誰かの上に降り注ぎ、幸せをゆっくりと頭上に降らせる。」

和美 そうだよ。いいじゃん。サインしてあげれば。

永久子 先輩、ずるいです。自分ばっかり。

涼音 永久子？

永久子 私、涼音にもう1度、ピアノを弾いてほしくて。小

学校の時から、合唱というと伴奏をしていた涼音のピアノの音が実は大好きで、だから、ここでも合唱部に入ったの。これ。（楽譜を差し出す）
涼音　これは？
永久子　私たちが欲しいのは、一緒に音楽を楽しんで、一緒に歌う涼音なの。有名なピアニストやコンクールでトップをとる涼音じゃなくて。だから、これ、クリスマス会の合唱曲の楽譜。
涼音　（和美を見て）クリスマス会……。
和美　今度は一緒に参加できるね、きっと。
楓　（和美に）あんたは文芸部だから。
涼音　星は胸に宿る……。（みんなに）私、ドイツでもう1度手を見てもらったんです。
紅葉　ドイツで。
涼音　はい。まだ成長期なので、これからのことは何とも言えない。でも、無理をしなければまたピアノは弾けるって……。
和美　よかった！
来未　ヤッホー！　よかった‼
涼音　まだ、伴奏ができるほどに腕も気持ちも整っていないけど、永久子、もう少し待ってくれる？
永久子　もちろん！　よかった、ここに来て。
涼音　私、自分の真実と向き合って気づいたんです。やっぱりピアノが好き、弾きたい。そして、そばに友達がいたこと、その友達が好きってことも。
楓　おお、和美、両想いじゃん。
涼音　私、文芸部に来てよかったです。自分と向き合うことができた。和美、ここへ誘ってくれてありがと。永久子、合唱部の先輩にもちゃんと話に行く。クラスのみなにも、きちんと話す。そして来年は伴奏、頑張るから。
朱音　星が輝きだしたね。
紅葉　うん。
来未　あの、あたしのサインは……？
涼音　え、あの、私、サインとかしたことなくて。
和美　名前、名前を書けばいいんだから。
涼音　でも、私、字、へたくそで。
来未　もうなんでもいいよ、書いてくれれば。

涼音を囲んで、ワイワイと。それをほほえましそうに見ている2年生たち。

——幕——

彼女の嘘とレモン

渡辺明男

登場人物

夕子　３組女子。ほとんど学校に来ることがない、いわゆる不登校児。苗字は藤原。

フジオ　３組女子。漫画家志望。

のぞみ　３組女子。フジコの友達。

桃谷　教育実習生の先生。童顔の大学生。

河北　３組女子。生徒会文化委員。

ちー　１組女子。生徒会放送委員。本名は千原。

春日　２組男子。生徒会書記委員。

若林　４組男子。生徒会副会長。

あつし　３組男子。ユーチューバー志望。

ＪＯＹ　３組男子。ヤンキーに憧れる、普通の男子。

初演日

２０２０年10月24日

初演校

北九州市立広徳中学校

放課後の教室。
フジオが机に向かって、一心不乱に漫画を描いている。顔がめちゃくちゃ机に近い。
そこへ、バッグを下げた夕子が入ってくる。

夕子 （教室を見回し）おー、ひさしぶりやなぁ……。全然おぼえてない。

フジオは原稿に向かってぶつぶつとなにか言っている。

フジオ う〜ん、こいつがなかなか思い通りにならんなぁ……。

夕子、自分の机を探す。

夕子 ……どこやろ。

夕子、フジオに気づく。

夕子 あれ？　フジオやん。

フジオ、無視して漫画を描き続けている。

フジオ （原稿に向かって）よしよし。それでいいんだよー。いいぞ。

夕子 漫画描きよん？　（のぞいて）相変わらずうまい。上手。「坊主が上手に屏風にジョーズの絵を描いた」って知っとる？　あれ？　ジョーズやったっけ？　えーっと、坊主が上手に……。

フジオ だああ！　うるさい！

フジオ、顔を上げる。

フジオ あっ！
夕子 フジオひさしぶり！
フジオ あんた……。
夕子 へへ。あのさ、わたしの机ってさ、どこやろか？
フジオ なんで……。
夕子 いやあ、ちょっと顔を出してみたっていうか……。
フジオ （怒る）いまさらノコノコ……。
夕子 ごめんごめん。
フジオ あれだけわたしが誘って来なかったのに。いまさらなんで……。
夕子 だからまあ、それは気分っていうか……。
フジオ はあ⁉
夕子 いや、いまのは間違い。
フジオ てめえ……。

フジオ、深呼吸をする。

フジオ いや、いいや。あんたのことは気にしないことにしたんだった。知らない知らない。

フジオ、再び漫画を描き始める。

夕子　で、あたしの机は……。
フジオ　ない。
夕子　えっ？　いや、「ない」ってことはないでしょいくらなんでも。一応このクラスなんだからさ。一日しか来てないけど。
フジオ　ごめん。いま、描きよるんよ、漫画。集中してるから。
夕子　……。
フジオ　クライマックスやけん。

フジオ、無言で漫画を描く。
夕子、少しふくれた顔をして、適当な机にバッグを置く。
のぞみがハンカチで手を拭きながら教室に入って来る。

のぞみ　すっきりしたー。ねえねえ、トイレの前で生徒会がウロウロしよったんやけど、なんかあったん？　知っとる？

フジオ、無視して漫画を描いている。

のぞみ　ねえって。……はい無視ー。（夕子に）感じ悪くね？
夕子　悪いっすね。
のぞみ　なんか締め切りが近いとか言って。ウケるよね。
夕子　ウケるっすね。
のぞみ　いやだって、ひとりでこんな放課後に漫画描くふつー？　ゴリゴリに描いてて笑うでしょこんなの。で、誰？
夕子　あ……わたし？
のぞみ　（フジオと夕子を交互に指差し）フジオの？（ともだち？）
夕子　あ、うん。
フジオ　（漫画を描きながら）静かに。
のぞみ　いや、おかしいでしょ。ここはあんたのスタジオじゃないんだから。（夕子に）ねえ？「3年3組フジオスタジオ」っち。そんなんおかしいやろ。
夕子　はは。
のぞみ　「静かに」だって。ゴルフの打つときじゃないんだから。（夕子に）ねえ？
夕子　あ、ごめん。ゴルフ、知らんくて。
のぞみ　プロのゴルフって、観客おるやん？　打つとき「静かに」って札が上がるんよ。
夕子　へー。
のぞみ　知らんけど。
夕子　知らんのかい。
フジオ　静かにせえって！　いまクライマックスなんだから！
のぞみ　あ、じゃあキスシーン？
フジオ　そう！

のぞみ　（にやける）うへへー。（口を拭う）やべえ、よだれ出た。
夕子　（笑う）めっちゃ面白いね。
のぞみ　よう言われるわ。でも、うちの家族でわたしが一番無口やけね、マジで。うちのじいちゃんとか無限にしゃべるけ。
夕子　あの……
のぞみ　じいちゃんこの前、チキンラーメンのひよこの絵あるやん、袋の。
夕子　あ、うん。
のぞみ　そのひよこにずっとしゃべりかけよったけね。ヤバいやろ。ん、何？
夕子　あ……。あなたの名前って……。
のぞみ　ああ。……っていうか、あんたは？
夕子　あ……藤原……夕子。
のぞみ　何組なん？
夕子　いや、ここ。３組。
のぞみ　は？

のぞみ、何かを思い出す。

のぞみ　……あ。
夕子　そう。
のぞみ　ひきこもりの……？
夕子　うん。ひきこもりの。
のぞみ　あ、ああ、ごめん。そーいうんじゃなくて。
夕子　全然。（大丈夫）
のぞみ　たしか、最初の日だけいたよね。そっか……来たんだ。よかったじゃん。わたし、林のぞみ。

夕子、笑顔。

夕子　うん。
のぞみ　……ん？　待って。なんで放課後？

夕子、何かを言いかけたところに、生徒会の面々（河北・ちー・春日・若林）が教室に入って来る。若林だけ腕組みして偉そうにしている。

河北　（夕子たちに向かって）あんたたち、桃谷先生は？
のぞみ　へ？　職員室じゃない？
河北　（食い気味に）職員室にいなかったから聞いている。
のぞみ　こわ。
春日　まあまあ河北さん。
ちー　クールに行こ☆
河北　（フジオに向かって）あなた、教室で漫画描くのやめなさい。
フジオ　（原稿に向かったまま）クライマックス！
河北　は⁉
春日　まあまあ河北さん。
ちー　クールに行こ☆
のぞみ　あんたらさっきトイレウロウロしてたよね。キモイんだけど。
春日　キモくないキモくない。
ちー　クールに行こ☆
河北　そのことで先生に用があるのよ。っていうか、あんたたちトイレまともに掃除してないでしょ？
のぞみ　知らんがな。うちら担当じゃないし。
河北　連帯責任ってご存知？
のぞみ　ご存知だったらなんなんのさ。
春日　まあまあまあ2人共。
ちー　クールに……。
若林　（食い気味に）ストップ！　待ってくれ。
春日　おっと副会長。
ちー　ストップします。
若林　連帯責任は重要だ。生徒会でもさんざん言っているはずだよ。春日書記委員？
春日　そうでした。春日失敗。
若林　（ちーに向かって）千原放送委員？
ちー　うす。クールになり過ぎてました。ちー反省。
若林　（のぞみに向かって）今週はどういう一週間なのか、知ってるかな？　林のぞみ君。
のぞみ　え、なんだっけ。憲法記念日？
河北　何言ってんの⁉
夕子　（笑う）
春日　（小声で河北に）まあまあ。
ちー　（小声で河北に）超クール。
のぞみ　わかんないでしょふつー。
若林　クリーンアップ週間だよ。学校中をピッカピッカにするのさ！
のぞみ　あー。
河北　あーって。
若林　より一層、清掃に力を入れなきゃいけないこの一週間に、トイレ掃除をさぼるこの体たらく。ちょっとこれはありえないね？
春日　この時期のトイレはバチバチにきれいにしなきゃ。
ちー　クリーンクリーン！
若林　桃谷先生にも、そこのところをいま一度認識してもらわないと。
河北　その通りです。
春日　その通ーし。
ちー　うぃ。
若林　桃谷先生を見かけたら、生徒会副会長の若林がそう言っていたと伝えてもらえると嬉しい。以上。

若林、教室を出ていく。

河北、教室を出ていく。

河北　（のぞみたちに向かって）ちゃんとしてもらわないと、このクラスの代表として生徒会にいるワ・タ・シが、恥をかくんだから。ちゃんとしてよね！
のぞみ　ウザすぎでしょ。

春日　やばいよね……。
ちー　正直しんどいよ、うちらも。
のぞみ　あ、そういう感じなんだ。
春日　いや、そりゃそうでしょ。
ちー　マジでやってると思われたら、かなんな。内申書のためでんがな。
のぞみ　オッケーオッケー。そういうことね。
春日　じゃあ、そういうことで。
ちー　桃谷先生によろしく。
のぞみ　はーい。

春日とちー、教室を出ていく。

のぞみ　あー、つかれた。
夕子　……あれ、担任の先生って、桃谷って名前だっけ？
のぞみ　ああ、教育実習の先生。
夕子　だよね。なんか違う名前だった気がして。
のぞみ　担任の先生いま入院してるから。
夕子　えっ。
のぞみ　だから大変なんよ、うちのクラス。ピーちゃんも変わってるからさー。
夕子　うわー。……ん？　ピーちゃん？
のぞみ　桃谷だから、桃のピーチ。ピーちゃん。
夕子　ああ。あだ名。
のぞみ　お嬢様っていうか、おっとりしてるからさ。なんかみんな振り回されるのよね。まあ、あたしは好きなんだけどさ。
夕子　へえ。そうなんだ。じゃあ、わたしもピーちゃんに会ってから帰ろうかな。
のぞみ　もう帰るの？……って、そりゃそうか、放課後だもんね。あんた明日から来るわけ？
夕子　いんや、最後にちょっと来てみたかっただけ。
のぞみ　最後に？
夕子　うん。わたし、引っ越すから。

フジオの筆が止まる。

フジオ　……。
のぞみ　……あ、そなんだ。朝から来ればよかったのに。
夕子　いやあ、なんか恥ずかしいし。誰もわたしのこと覚えてないだろうし。案の定、机もなかったし。
のぞみ　んー？　机はあるでしょ。そこ。(夕子の机を指す)
夕子　え、いや、だって……。

夕子、フジオを見る。フジオ、目を合わそうとしない。

フジオ　……。
のぞみ　みんな邪魔そうだったけど。
夕子　……だよね。申し訳ねえ。
のぞみ　あ、いやそうじゃなくて、いちいち運ばなきゃいけないじゃん？　掃除のときとか。
夕子　わかってるわかってる。ごめんね。もう、いなくなるから。
のぞみ　うわ、せつな。急に切ないこと言わんでよ。
夕子　え、あ、そうかな。ごめん。
のぞみ　（少し考えて）うん、ああー、そっかそっか、だからか。
夕子　ん？
のぞみ　フジオがさあ……。

フジオが原稿から顔を上げ、大きな声を出す。

フジオ　いいって！
のぞみ　……びっくりしたー。なに？
フジオ　言わんでいい。
のぞみ　え？　いいじゃんべつに。あんたら友達なんでしょ？
フジオ　違うわ。

フジオ、再び漫画を描きだす。

のぞみ　（夕子に）ケンカしてんの？
夕子　……ううん。
のぞみ　（フジオに）じゃあ、なに怒ってんの？
フジオ　怒ってねえし。
のぞみ　いや、
フジオ　怒ってない！
のぞみ　（夕子に）めっちゃキレられたんですけど。説明してくんない？
夕子　あー、なんていうか……。
のぞみ　いいよ。聞くよ。
夕子　ま、わたしが悪いんだよね。学校とか来ないし。ひきこもってたから。
のぞみ　（フジオに）ひきこもってただけで、そんなキレる？
フジオ　……。
夕子　でも、最後にフジオに会えてよかった。じゃね。
のぞみ　は？　もう行くの？
夕子　うん。
のぞみ　あっさりすぎない？
夕子　そう？
のぞみ　いや、もうちょっとなんていうか、涙の別れというか……。っていうか、本当に最後？
夕子　うん。
のぞみ　（フジオに）ねえ、あんたもいいわけ？　これで。
フジオ　……いい。
のぞみ　おいー。
夕子　はは。……じゃね、フジオ。えと、のぞみちゃん？バイバイ。
のぞみ　あ……。

夕子、あっさりと教室を出ていく。

のぞみ　いや、うそでしょ。たしかに今日で2回ぐらいしか会ってないけどさ……しかも1回目は全然覚えてないし。でも、あっさりすぎるわ。ってか、あんたひどくない？

フジオ　あいつさ、人の気持ちとかわかんないタイプだから。言っても無駄だから。

のぞみ　にしてもだよ。……きらいなの？　あの子のこと。

フジオ　好きに決まってんじゃん。

のぞみ　ちゃんと言ったほうがいいよ、それ。

フジオ　だから言っても通じないんだよ。「わたしも好きー」で終わりだよ。

のぞみ　いいじゃんそれで。

フジオ　やだ！

のぞみ　なんじゃいそれ。

フジオ　こっちはなんかこう、もっと熱いものを求めてるわけ。海より深い友情というかさ。でもあのザマよ。ものすごいあっさり味なんよ。コンソメみたいに。

のぞみ　たしかにあっさり味やった。じゃあ、もう一回連れてくるわ。

フジオ　いいって！

のぞみ　あたしがいやなんだよ。

フジオ　……。

のぞみ　もうちょっと話したいから。それだけ。……いいでしょ？

フジオ　……。

のぞみ　じゃあ、連れてくるから。なに言うか考えときよ。最後かもしれんのやけ。

フジオ　……緊張するわ。

のぞみ　ふふ。

のぞみが教室を出て行こうとしたら、桃谷とあつしとＪＯＹが入ってくる。

桃谷　大丈夫かな。先生、ユーチューブとかわかんないから。見るのは好きだけど。なにするの？　美容系ユーチューバー？（のぞみに気づいて）あ、林さん。さようなら。

のぞみ　あ、いや、まだ……。

桃谷　先生、ユーチューブに誘われちゃった。どうしよ～。（嬉しそう）

あつし　ピーちゃん先生。まだテストだから。この動画上げるかどうかわかんないから。な、ＪＯＹ。

ＪＯＹ、みんなと少し距離を置き、カッコつけている。

ＪＯＹ　どうでもいいけど、やるなら早くしようぜ。今日中に動画、アップしたいし。

ＪＯＹ、髪をかき上げる。

のぞみ　うわ。（ださっ）

ＪＯＹ　え？

のぞみ　いや、なんでも。じゃ。

のぞみ、教室を出ていく。

桃谷　（フジオに筆を何本か渡す）はい、藤尾さん。美術部の子に言ったら何本か貸してくれた～。

フジオ　あ、すみません……。本当に持ってきてもらっちゃって……。

桃谷　ううん、いいのいいの。藤尾さんの夢、がっつり応援してるから、わたし。フレー、フレー、フ・ジ・オ！　ふふふふ！

フジオ　……あ、ありがとうございます……。

フジオ、恥ずかしそうに漫画の続きを描き始める。

桃谷　（あつしとＪＯＹに向かって）ねえ、藤尾さんって漫画家目指してるのよ？　すごいよねえ。

あつし　そうなんだ。あ、じゃあさ、俺らの動画にイラスト描いてよ。

フジオ　えっ……。

あつし　あと、アカウントのアイコン。俺とＪＯＹの。

フジオ　えと……あの……。

ＪＯＹ　いいけど、1個だけ注文な。俺のアイコンさあ、サングラスかけてる俺にしてくれよ。（髪をかき上げる）

あつし　おーいいね！

フジオ　ダサい……。

あつし　ん？　何？

フジオ　あいや、別に……。

桃谷　いいじゃんいいじゃん。盛り上がってきたねー。ふふふ。

あつし　じゃあ、ピーちゃん先生。ちょっとカメラ回すからさ、黒板の前に立ってみてよ。

桃谷　あ、でも、黒板ってちょっと地味じゃない？　夕日を見つめるわたしの横顔から始まるのはどうかしら？　この角度。（眩しそうに夕焼けを見つめる）

あつし　いやそれはいいや。

桃谷　えー、なんで？　絶対この角度がいいって。（眩しそうに夕焼けを見つめる）

あつし　あー……じゃあ、それ撮ったあとに、黒板の前ね。

桃谷　そのあと、わたしが藤尾さんに漫画教えてるとことかは？　どう？

フジオ　え、わたし、映るのはちょっと……！

桃谷　じゃあ、藤尾さんの顔にはモザイクかけるから。

フジオ　いや、それはそれで……。

あつし　あのー、却下で。えーと、とりあえず自然な感じで黒板に書いてもらえます？

桃谷　えー、黒板に書いてたら、わたしの顔映らなくない？

あつし　映らなくていいんすよ！　いつもの風景って感じの絵が欲しいんです。

桃谷　あ、カメラ見ながら書けばいいのか。こうやって顔だけ前に向けて……。（不自然な姿勢）

あつし　不自然だから。ピーちゃん先生。みんなの日常を撮りたいんですよ。みんなのナチュラルな姿。カッコつけてない本音の部分。
桃谷　う〜ん、……わかった。
あつし　よかったっす！（ＪＯＹに向かって）ＪＯＹ、準備して。
ＪＯＹ　（前髪をいじりながら）なんか、髪型おかしくね？
あつし　大丈夫。ばっちし決まってるよ。
桃谷　あーなんかダサいかも。もずくっぽい。
ＪＯＹ　ちょっとトイレ行ってくるわ。（あわてて出ていこうとする）
あつし　進まねえから！　撮影が！　学校閉まるから！

ＪＯＹ、教室を出ていく。

あつし　あーあ……。
桃谷　ヘアスタイル気になるんだねえ。思春期思春期☆
あつし　余計なこと言うからっすよぉ、もうっ！
桃谷　ふふふふ。

河北が教室に入ってくる。

河北　やっと見つけた……。

続いて、春日とちーがＪＯＹを羽交い絞めしたまま教室に入ってくる。

ＪＯＹ　わり。捕まった。
あつし　おい、なにやってんだよお！
河北　（ＪＯＹの髪を触り）整髪料の使用。はい、校則違反。
春日　（ＪＯＹを指さし）だめ、絶対！
ちー　（ＪＯＹを指さし）バッドボーイ！
あつし　いやそれは。あのー毛生え薬なんですよ。ＪＯＹは遺伝的にそういう家系で。
ＪＯＹ　うちにハゲはいねえ。
あつし　おい、見栄張るなよ。お前の親父トゥルトゥルじゃねえか！
河北　及川あつし。あなた、また学校にカメラ持って来てるそうね。
あつし　え、いや、誰がそんなフェイクニュースを……。
河北　ごまかすな！
あつし　これはスマホです！
河北　どちらにしろ違反である！
桃谷　まあまあ、麻衣ちゃん。
河北　麻衣ちゃんって言うな！
桃谷　河北さん。わたしが注意しておくから。ね？
河北　桃谷先生。あなたにも注意があります。
桃谷　えー、こわ〜い。
河北　ぶりっこしない！
桃谷　ちっ。（舌打ち）
フジオ　えっ。（驚く）
河北　今日、うちのクラスはトイレ掃除をしていません。さぼったんです。
桃谷　あらあ。

河北　桃谷先生がやさしいから、みんな甘えてるんです。しっかり指導してもらわないと困ります。
桃谷　先生って、かわいくてやさしい、みたいなとこあるもんね……。
河北　それはわかんないですけど、お願いしますね。わたしが生徒会で肩身が狭くなるので。

春日とちー、顔を見合わせてうんざり顔。

河北　明日の朝の会でビシッと言ってください。それじゃあ。
桃谷　わかった〜。じゃあまた明日ね。麻衣ちゃん。
河北　いえ、いまから生徒会室に来てもらいます。
桃谷　（いやそうな顔）めんどくさ……じゃなくて、先生、藤尾さんの漫画を見なきゃいけないから。
フジオ　ちょっと、わたしを巻き込まないでくださいよ。
桃谷　いいじゃん、助け合い助け合い。
河北　なにが助け合い？

フジオ、ふと教室の時計を見る。

フジオ　ああ！　もうこんな時間！　郵便局が閉まる！

フジオ、慌てて漫画を描き始める。

桃谷　あらら。大変ねえ……。なにか手伝おうか？
フジオ　（原稿に向かいながら）結構です！
河北　先生、聞いてます？　さきほどはうちの副会長がこの教室まで来たんです。今度は先生が出向かないと、筋が通りません。
あつし　めんどくさ……。

河北、あつしをにらみつける。

あつし　……。（下を向く）
河北　桃谷先生！
桃谷　うんうん、わかったわかった。行く行く。じゃあね、藤尾さん頑張って！
フジオ　筆、ありがとうございました！
桃谷　ファイティ〜ン☆

桃谷、教室を出ていく。

河北　フジオ、漫画も本来ダメだから。
フジオ　これは、部活動！
河北　まあ、そういうことにしとくけど。
あつし　なあ、連れて行くって、ＪＯＹも？
河北　当然。
ＪＯＹ　おいあつし。俺は年貢の納め時みてえだ……。
あつし　ＪＯＹ、全然かっこよくねえ。
河北　では行きましょう。
あつし　（困った様子で）マジかよ〜。

ＪＯＹ　フジオ……サングラスの俺、頼んだぜ……。

河北と春日とちー、ＪＯＹを連れて教室を出ていく。

あつし　（フジオを見る）聞いてねえし……。あーあ、撮影がパーだよ。

あつし、夕子が忘れていったバッグに気づく。

あつし　（フジオに）これ、お前の？
フジオ　（必死に漫画を描いている）
あつし　おいって。
フジオ　話しかけないで。
あつし　いや、ここ俺の机なんだけど……。（バッグを見る）「藤原」って書いてある。藤原？　誰だよって。お前の友達？
フジオ　……。
あつし　ま、いいや。あーあ、もう帰ろっかな。

あつし、フジオが漫画を描いているのを見つめる。

フジオ　気になるんだけど。
あつし　え？
フジオ　じっと見られると。
あつし　ああ、ごめん……。

あつし、ずっとフジオを見ている。

フジオ　（顔を上げて）いや、見てるじゃん！
あつし　っていうかさ、
フジオ　なに⁉
あつし　「藤原」って誰だよ。
フジオ　いいだろそんなの！
あつし　気になるやん。
フジオ　うちのクラスの藤原だよ。藤原夕子！
あつし　へ、そんなやついたっけ？
フジオ　不登校のやつだよ！
あつし　あー。顔覚えてないけど、いたなあ。

フジオ、再び漫画を描き始める。

あつし　え、なんでバッグがあるの⁉
フジオ　ねえ、描かせてもらえません？
あつし　来てたっけ？　今日。
フジオ　さっき来たんだよ。
あつし　なんで？
フジオ　知らねえよい！
あつし　知らねえよいって。
フジオ　こっちが聞きてえわ。
あつし　なに、友達なの？
フジオ　一応そうや。もう漫画描いてええか？
あつし　あ、どうぞ。

フジオ　ふー。（時計を見る）郵便局……。

フジオ、再び漫画を描き始める。

あつし　藤原って、かわいいの？
フジオ　（描きながら）無視。
あつし　ま、フジオもかわいいけどな。
フジオ　キモい。
あつし　じゃ、帰るわ。
フジオ　消えろし。
あつし　藤原ねえ……。
フジオ　しつけえ。

あつし、教室から出ていく。が、すぐに声が聞こえてくる。

あつし　（声のみ）え、もしかして藤原？

あつし、夕子、のぞみが教室に戻ってくる。

あつし　（フジオに）藤原いたわー。
フジオ　うるさいって！
のぞみ　おい、連れてきたぞ。
フジオ　頼んでないから、べつに。
のぞみ　いろいろ聞いたよ。幼稚園から一緒なんやねー。
フジオ　関係ないし。（夕子に）っていうか、あんた忘れ物してるから。

夕子　あはは、そうなんよ。
のぞみ　はい、フジオ。言いたいことがあるんでしょ？
フジオ　はあ？？
夕子　え、なに？　ちょっと照れ臭いな……。
フジオ　いやいや、なにもねえし。漫画描かないといけないから。
あつし　もう間に合わないんじゃない？　郵便局。
フジオ　言うなや！　気づいてないふりしとったのに！　あーあ、やる気なくした。もう帰ろ。
のぞみ　フジオってば！
フジオ　なんすか。
夕子　（バッグを開けて）レモン食べる？

夕子、バッグからレモンを取り出し、かじりつく。

あつし　うわ、レモン丸かじりする人初めて見た！
のぞみ　はっははは、ウケる！
夕子　（めちゃくちゃすっぱそうな顔で）うまぁ～。
あつし　嘘つけ！
フジオ　いや、これ本気だから。子どもの時から食べてたから。
のぞみ　すげえ、はっははは！
夕子　あー、最高。はい、フジオ。

夕子、レモンをフジオに渡す。フジオ、無言で受け取る。

フジオ　……。
夕子　おいしいよ。みんなにも、はい。（のぞみにも渡す）
あつし　えっと、俺のは？
夕子　ない。（レモンをかじる）
あつし　……。
フジオ　（夕子に）あのさ、
夕子　ん？
フジオ　なんもかんも、いきなりすぎない？
夕子　うん。メールするつもりやったけど。
フジオ　うそつき。
夕子　ホントだよ！
フジオ　いっつも嘘ばっかり言って！

教室がしんとなる。

のぞみ　あ、夕子ちゃん。フジオはさ、いつ夕子ちゃんが来てもいいようにさ、夕子ちゃんの机をきれいにしてたんだよ。いっつも。
夕子　……そうなんだ。ありがとう。
フジオ　……。
夕子　ごめんね。
フジオ　……うん……。

教室がしんとなる。

のぞみ　あれ？　なんか……。

あつし　空気おも。ははは。（力なく笑う）
夕子　あ、わたしのせいかな。
のぞみ　いや、う〜ん。違うんじゃない？
あつし　うん。なんかあれじゃない？　たぶん気圧のせいじゃない？
夕子　ごめん、フジオ。わたし、本当にフジオには感謝してるから……。
フジオ　うん。
夕子　なんか怒ってるよね？
フジオ　怒るっていうか、いや、夕子がそういう性格っていうのはわかるんだけど。なんだろ……。
夕子　うん。
フジオ　わたしはさ、ずっと夕子が学校来なくてさ、心配だったし。……うん、心配だった。
夕子　ごめん。
フジオ　いや、謝ることじゃないと思う。で、わたしはさ、正直さびしかったし、結局夕子来なかったよね、今日までで。
夕子　始業式には来たけどさっ。
フジオ　来たけどど。
のぞみ　まあまあ。
あつし　冷静に、ね。
フジオ　わたしに何も言ってくれないじゃん。相談とかさ。
夕子　相談？　え、だって、特に言うこともなかった、から……。
のぞみ　あー、その言い方が……。

あつし　ちょっと、あれだなあ、うん、その言い方は。いいんだけど。ちょっと、ね。
夕子　わたし、べつになにも悩んでないし。
フジオ　じゃあさ、なんで学校に来なかったの？

教室がしんとなる。
のぞみとあつし、顔を見合わせる。

のぞみ　……。
あつし　……。

夕子、ニッコリと笑顔になる。

夕子　だって、来たくなかったんだもん。
のぞみ　……えっ？
夕子　気分。
あつし　……うわ。

フジオ、無表情。

フジオ　……あっそ。
のぞみ　あー、でも、さ、
フジオ　心配して損した。
あつし　いや、藤原さんが元気なら、ね。よかったじゃん？
フジオ　もういい。
のぞみ　そんな怒んなくていいじゃん別に。
あつし　だよね。
のぞみ　うん。気が合うね。
あつし　合うね。
夕子　フジオ、わたし何か悪いこと言ったかな？　ごめん、わかんなくて。鈍いっていうか、わたしほんと苦手だから、人の気持ちとか。
フジオ　もういいよ。帰る。

フジオ、帰る準備をし始める。

のぞみ　……。
夕子　ごめんって、フジオ。

フジオ、手のひらで顔を覆う。

あつし　あ、泣いた！
のぞみ　バカ、言うなって！
あつし　ごめん！
夕子　フジオ……。

のぞみが、その場を取り繕おうと必死になる。

のぞみ　ほ、ほら、夕子ちゃんがさあ、ちょっと冷静過ぎるとこがアレなんじゃない？
夕子　え、そうかな。
のぞみ　そうだよ！　フジオは夕子ちゃんと、なんていうか、もっとこう、話し合いたかったたんじゃない？（あつしに）ね？
あつし え？
のぞみ ねってて！
あつし う、うん、そうだよ。夕子ちゃんが悪い！
夕子 え？
のぞみ （あつしに）ちげーだろ！
あつし 違ったた！ あのう、とりあえず藤尾も、泣かないで。笑おう。
フジオ （嗚咽を漏らす）うわあぁ～。
のぞみ （あつしに）ばか！
あつし （小声で）俺にばっかり言うなよ！
夕子 ごめん、フジオ。

フジオ、両手で顔を覆ったまま、泣きながら話し出す。

フジオ わたしさ、ばっかりさ、夕子の心配してさ、夕子はさ、全然さ、わたしのことさ、考えてないしさっ……。
のぞみ さびしかったんだよね？
フジオ さびしかったしさっ、学校ずーっと来なかったり急に来たり、無茶苦茶じゃん！ わたしのことさっ、どうでもいいんじゃん！
のぞみ んなことないって。（夕子に）ね？
夕子 うん。
フジオ う、（ヒック）うそつけっ！
夕子 本当だよ。わたしはわたしで、自分のことで精いっぱいだったからさ。
のぞみ そうそう。誰しも自分のことで精いっぱいなんだよ。（あつしに）な？
あつし んだ！
フジオ ゆ、（ヒック）夕子はぁ、わたしのぉ、（ヒック）ことだけ考えてりゃいいんだよ！
のぞみ そ、そうだよ、ね……ん？
あつし ……あれ？
フジオ 夕子はぁ、わたしの親友でしょ？
夕子 うん。
フジオ だったら、言うこと聞きなさいよぉ！ わたし漫画の主人公も夕子にしてるんだよぉ？
夕子 それは知らんけど。
のぞみ ちょっとフジオ？
フジオ これだけ世話焼いてんだからぁ、逆らってんじゃねえよお！
のぞみ いや、ちょっとそれは……。
フジオ （地団駄を踏みながら）夕子の人生このままじゃめちゃめちゃになるから言ってやってるの！

教室がしんとなる。

あつし あ……。
のぞみ なに？
あつし そういえば今日……。
のぞみ 逃げるな。

あつし　勘弁して……。
のぞみ　情けない顔すんなや！
夕子　フジオ。
フジオ　……なに？
夕子　ハグしよ。
フジオ　……うん。

夕子とフジオ、ハグする。

あつし　よ、よかったよかった。
のぞみ　うん！　何はともあれよかった！

夕子、フジオをハグしたまま、耳元で言う。

夕子　わたしは、あんたの子分じゃねえ。

フジオ、ショックを受け、また泣く。

フジオ　うわあ〜！（泣く）
夕子　うっさい！

夕子、フジオの口にレモンをかます。

フジオ　あがあ〜！

フジオ、手足をばたばたさせて、悶絶する。

フジオ　すっぺっ！　すっぺぇ〜っ！（倒れる）

あっけに取られる、あつしとのぞみ。

夕子　（あつしとのぞみに向かって笑顔で）いつもこうだから。

夕子、バッグを担いで教室から出て行こうとする。
夕子とレモンを咥えたまま悶絶するフジオを交互に見ているのぞみとあつし。
そこへ、桃谷が教室へ入ってくる。

桃谷　ふ〜ん。
あつし　あっ。
のぞみ　ピーちゃん。
桃谷　話には聞いてたけど、あなたが藤原夕子さん？
夕子　あ、はい。

フジオ、口からレモンを外し、桃谷に訴える。

フジオ　先生！　夕子を止めてください！　この子やっと学校に来たんです！　いま逃したら、また引きこもります！
桃谷　（無視して、夕子に）なんか、かっこよかった、いま〜。

フジオ　聞いてます⁉
桃谷　ううん。聞いてない。
フジオ　おい！
桃谷　いいじゃん、学校来なくても。それより、夕子ちゃんかっこいいわ～。ちょっと、話しましょうよう。だめ？
夕子　あ、いえ、はい。
フジオ　先生！
桃谷　わかったわかった。よしよし。いい子いい子。（フジオの頭をなでる）
フジオ　んにゃ、そうじゃなくて！
あつし　あ、先生。ＪＯＹは？
桃谷　ん～？　知らない。帰ったんじゃない？
あつし　ちょっとなんすかそれ！
桃谷　だって面倒だから、生徒会、途中でほっぽり出してきちゃったんだもん。

河北が怒りの形相で教室へ飛び込んでくる。

河北　すぇんせぇい！（先生！）戻ってきてください！
桃谷　なぁに？　もうやだ～。
河北　副会長が泣いてます。
桃谷　だって、生意気なんだもん。
河北　生意気とかそういう問題じゃないでしょう？　わたしたちは生徒会として……。
桃谷　わかったってばもう。
河北　わかってない！
あつし　あの、さ、ＪＯＹは……。
河北　ＪＯＹ？
あつし　戸田譲二。
河北　坊主にしようとしたら暴れたから、拘束した。
あつし　おい、嘘だろ！（出て行こうとする）
のぞみ　あっ、ちょっと待ってよ！
あつし　ユーチューブ～！

あつし、教室を出て行く。

河北　さ、先生も行きましょう。
桃谷　先生は、藤尾さんと夕子ちゃんの問題があるから。
河北　なんですかそれは。喫緊の課題ですか？
桃谷　かっこいい不登校の話。
河北　意味が分かりません。しかし、不登校とは聞き捨てなりません。
桃谷　でしょ？　便所掃除の話より全然いいと思わない？
河北　比べるものではないでしょうが。
桃谷　（無視して夕子に）さ、お話ししよっか。
夕子　いやあ、こういう大勢の人と話すの。わたし苦手で……。
桃谷　あ、そっか。見てたらやりにくいよね。じゃ、わたしたち後ろ向いてるから。

桃谷、河北に後ろを向かせ、自らも後ろを向く。

桃谷　はい。ケンカの続きをどうぞ〜。
のぞみ　できるわけないでしょ！
フジオ　（夕子に）夕子さ、もう引きこもるのやめな？
のぞみ　始まっちゃったよ！
夕子　……だ・か・ら、わたしの自由でしょって。
フジオ　自由？　わがままでしょただの。学校も来れない半人前が、一丁前のことを言うなよって。
夕子　なにそれ？　わたしがだめってこと？
フジオ　誰がどう見てもだめだろーが。
夕子　それ失礼でしょ？　わたしに。
フジオ　あんたがまともになれるように、わたしが一生懸命世話してやってんでしょ？
夕子　マジで余計なお世話だよね、それ。
フジオ　口答えしなくていいんだよ。あんたが1人でなにもできないから……。
夕子　わかったわかった。もういい。いっつもそう。もう帰る。
フジオ　ほら逃げる。
夕子　なんとでも言いな。じゃあね。

桃谷、振り返る。

桃谷　ふんふん。なるほどねえ。すっごい仲いいね、ふたり。
のぞみ　いやいや、見てました？　いまの。
桃谷　後ろ向いてたから見てはない。
夕子　わたし、帰ります。
桃谷　待って待って。わたしが夕子ちゃんの味方するから。もうちょっと粘ろうよ。
のぞみ　はあ？　先生は中立でいてくださいよ。
桃谷　こういう時、大人が中立気取るのが1番ダサいと思うのよ、わたし。
のぞみ　ダサいとかそういうことじゃなくて。普通にダメでしょ！
河北　（桃谷たちに背を向けたまま）先生、わたしもそちらを向いてよろしいですか？
桃谷　だめ。
河北　すぇんすぇい！（先生！）
フジオ　夕子は、本当は学校に来れるんです。でも来ないんです。なぜだと思いますか？
桃谷　（夕子に）どうして？
フジオ　ガキだからです！
夕子　……。

教室がしんとなる。
そこへ、春日とちーに脇を抱えられた若林が入ってくる。
若林、泣きべそをかいている。

河北　あ、副会長……。
ちー　（桃谷に）ぴーちゃん先生。
春日　副会長が謝ってほしいそうです。
若林　（いじけた顔をしながらうなづく）
桃谷　……（若林を指さし）こういうのをガキっていうの

よ。
若林　ガーン！（ショックを受けた顔）
ちー　ホーリーシット！
春日　なんてこと言うんですか、先生！
若林　（胸を押さえて）いたーい、いたーい！　心がいたーい！
河北　なんて情けない……。
若林　情けない？　ああ、情けないさ！　僕はプライドがズタズタになったんだ！　笑うなら笑え！　これが本当の僕さ！
河北　あ……。し、失礼しました……。
若林　さあ、桃谷先生。謝ってください！　ママにもあんなに怒られたことないんです僕は！
フジオ　夕子もわたしに謝ってちょうだい！
若林　さあ！
フジオ　さあ！
のぞみ　なんなんこれ？

夕子、さっそうとフジオの前へ行き、

夕子　フジオ、いままでありがとうね。さよなら。

夕子、教室を出て行こうとする。

フジオ　引っ越しても無駄だから。夏も冬も休みの間は、あんたの家に泊りに行くから。

夕子、歩みを止める。

のぞみ　ストーカーだよそれじゃあ。ちゃんと素直に言えや。
フジオ　なにを。
のぞみ　自分の気持ちを。
フジオ　言ってるでしょいま。
のぞみ　じゃなくて。
若林　なんで君たちは僕を無視する？
河北　副会長、静かに。
若林　ママー！

夕子、再びフジオの前へ。

夕子　後でメールしようと思ったけど、今言うわ。
フジオ　カモン。
夕子　本当に、迷惑。幼稚園の頃からいつもいつもわたしにまとわりついて。
フジオ　はいはい、それで？
夕子　やっと、離れることができるから、心からほっとしてる。
フジオ　強がっちゃって。あんたホント、人づきあい苦手ね。わたしのこと好きなくせに。
夕子　こっちのセリフ。あんた、わたしを心配するふりして、わたしに依存してるのよ。わかる？　い・ぞ・ん。

のぞみ　2人とも落ち着きなよ。
夕子　どう思う、のぞみちゃん。
のぞみ　どう思うったって……。
桃谷　どっちもどっちよね。
のぞみ　うん……あ、いや、じゃなくて。ふたりがこんな感じだったとは思わなかったから。
夕子　わたしが、なんか、ダメ人間みたいに言ってたでしょ？
のぞみ　うん。あ、いや。
夕子　そうやって周りにわたしがいかにダメかっていうのを広めて、やれやれって感じでわたしの世話を焼くのよね。
のぞみ　あ、うん。そんな感じ。
フジオ　おい。
のぞみ　あ、ごめん。
夕子　でも、これではっきりしたよね。
のぞみ　うん。かもしんない。
フジオ　おいおいおい、忘れんなよ。あんたは不登校なんだから、わたしが世話しなきゃどうしようもないっての。
桃谷　また最初に戻ってきたわね。
のぞみ　もういつまでぐるぐるしてるんだか。
河北　藤原さん。あなた学校に来る決心したのね。
夕子　いえ、そういうわけじゃあ。
河北　現に今ここにいるじゃない。
夕子　そうですけど……。
河北　よかった。ずっとあなたのことが気がかりだったのよ。生徒会として。このクラスを代表して。
夕子　はあ……。
河北　副会長。藤原さんが、学校に来ました。ご紹介します。（夕子を指し）藤原さんです。
若林　ああ。そりゃよかった。なんだか申し訳ないね。こんなみっともない姿を見せてしまって。いつもはもっとカッコイイと、もっぱらの評判なんだがね。こういう時もあるさ。人間だもの。
ちー　たしかに。
春日　うぃ。
桃谷　ちょっと待って。藤原さんは、今日たまたま来ただけよね？　まだまだ自由を謳歌するもんね？
夕子　ええ、まあ……。
河北　先生。妙なことを言わないでください。
桃谷　藤原さんみたいな人がいてもいいとわたしは思うけど。人生いろいろ。でしょ？
河北　まあ、そうですが。でもこうして来てるんですから、これからもきっと……。
のぞみ　でも、夕子ちゃん、引っ越すんだよね？
桃谷　そうなの？
のぞみ　ピーちゃん知らないの？
桃谷　知らね。（夕子に）そうなの？
夕子　は、はい……。

フジオ、吹き出す。

のぞみ　嘘？

フジオ　嘘に決まってんじゃん。

のぞみ　は？

フジオ　あははは っ！　あー、あほらしい。みんな真に受けちゃって、夕子の思う壺！

夕子とフジオ以外、きょとんとする。

フジオ　いっつもその手の嘘つくのよ、夕子。かまってほしいから。

のぞみ　はあ⁉

桃谷　え？　え？

のぞみ　（夕子に）嘘なの⁉

夕子　うん。いや、嘘じゃないです！　そういう話は出てる。うちで。

のぞみ　出てるって……決まりじゃないってこと？

夕子　……。あ、わば。

桃谷　あわば？

フジオ　ほうら、みんな騙された！　わかったかい？　夕子はとんでもないんだから！　魔女だよ！　美魔女！

のぞみ　いや、意味わかんないんだけど。

フジオ　だから……知らない？　美しい魔女と書いて美魔女。

のぞみ　その意味じゃなくて。（夕子に）ちょっとマジで？

夕子　ちょっと待って。いま言い訳考えてるから。

のぞみ　言い訳⁉

フジオ　しれーっと嘘ついて。かわいそうだから黙ってやろうかと思ったけど、やめた！　魔女！　あんたは魔女さ！　友達がいない、嘘つき魔女！　ほうきに乗ってビューーンだ！

教室、しんとなる。

のぞみ　……あ、あほくさ……。いままでのやり取りなんだったわけ？（脱力）

フジオ　はーははは！　でしょ？　意味のない嘘をつく。すぐばれる嘘をつく。こいつ最低なんだよ！

のぞみ　いや、あんたらふたりとも最低だから。

フジオ　あたしも⁈

のぞみ　もう疲れた。めっちゃ疲れた。

夕子　あ、あの、違うの。その……嘘じゃなくて、不確定な事実を言っただけだから！（小さい声）不確定な……。

のぞみ　は？

夕子　ご、ごめん……。

のぞみ　まったく。ただの心配損だよ、こっちは。

夕子　（のぞみに手を合わせる）ごめんなさい！

のぞみ　ピーちゃん。どうよこれ。結論言ってよ。

夕子とフジオ、桃谷の顔を見る。

夕子　先生、わたしは、嘘を言ったわけじゃなくて……。

フジオ　先生、わたしはまともですよね？

桃谷　あ、あ、あ、えーっと、そうだ。先生そろそろ職員室行かなきゃ……。
のぞみ　ちょっとピーちゃん。
若林　先生！
桃谷　わ、びっくりした。なに？
若林　僕の心の傷！
桃谷　はいはい。痛いの痛いのとんでけー。（棒読み）
若林　わー。回復したー。（回復）
桃谷　じゃね。
河北　先生。トイレ掃除！
桃谷　（夕子たちを指し）あの子たちがやるから！
のぞみ　はあ!?

桃谷、教室を出て行く。

ちー　では、副会長。
若林　うむ。行こうか。
春日　よかったです。（河北に）な。
河北　あ、はい。（のぞみに）トイレ掃除、忘れないように。
のぞみ　だから、わたしは担当じゃ……っていうか、疲れたから。
河北　あなたが担当の時は？　トイレ掃除、ちゃんとやってる？
のぞみ　……。
河北　嘘をついてるのはあなたも一緒ね？
のぞみ　なにそれ。

若林　まあまあまあ。河北君。人は誰しもいろいろな面があるものさ。僕だってそうさ。いろいろな僕がいる。副会長の僕。教育実習の先生に泣かされる僕。でも僕はどの僕にも誇りを持っているよ。だって全部の僕が僕だからね。
春日　さすがです。
ちー　ちー、感動しました。
のぞみ　わけわかんないし。
河北　とにかくきちんとトイレ掃除をするように。（フジオを指し）そこの漫画家。あんたトイレ担当でしょ？
フジオ　はい。
のぞみ　お前かい！
河北　じゃあよろしく。（若林に）副会長、行きましょう。
若林　河北君も頼もしくなってきたなあ。

生徒会の面々、教室を出て行く。

夕子　……。
フジオ　……。

フジオと夕子、顔を見合わせる。

夕子＆フジオ　（互いを指さし）あ、あんたが悪い！
フジオ　は？　なんで？
夕子　わたしが悪いの？
フジオ　だいたいあんたがわけわかんない嘘つくから。

夕子　あんたがトイレ掃除さぼったんでしょ?
フジオ　わたしは締め切りがあるから。
夕子　わたしはかまってちゃんだもん。
フジオ　……。
夕子　……。
のぞみ　……ぷっ!(思わず吹き出す)あほくさっ!

のぞみ、レモンをかじる。

のぞみ　……!　すっぺっ!……ぷははははっ!

つられて夕子とフジオも笑う。
そこへ、あつしとJOYが入ってくる。

あつし　やれやれ。うまく抜け出せた。
JOY　危ないとこだったぜ。いくらなんでも五厘刈りはねえぜ。
あつし　じゃあ撮影始めるか。
フジオ　はははっ。まだ撮るんだ。
夕子　ふふっ。
あつし　当たり前だろ。って、仲直りしたんだ。よかった。
フジオ　仲直りっていうか。
夕子　うん。ケンカじゃないよねもはや。日常。
のぞみ　なんだってさ。いい迷惑。
あつし　……?　よくわかんねえけどよかった。撮影、協力して。
フジオ　えー。
夕子　いいよ。
JOY　あ、俺、JOY。よろしこ。
夕子　うん、よろしくね。
あつし　じゃあ、とりあえずカメラ回すから。いい?　自然な感じで。
のぞみ　え、
フジオ　ちょっと待ってちょっと待って。
あつし　いや、普通でいいから。いつも通りの姿。日常ね、日常。

夕子と、フジオ、のぞみ、それぞれポーズをとる。

あつし　写真じゃないから!　はい、じゃあ行くよ。よーい、アクション!

夕子、フジオ、のぞみ、客席のほうを向いて横に並ぶ。
夕子、独白。

夕子　わたし、久しぶりに学校に来て、とても楽しかったです。まさかこんな騒ぎになるなんて思ってても見なかったし。嘘までばれて……。いや、嘘っていうか、みなさん、わかってくれますよね?……無理か。正直に言います。わたし、ちょっぴり嘘つきな性格なんです。ごめんなさい!(頭を下げる)

のぞみ、独白。

のぞみ　学校って、やっぱり、すごくいろんな人がいて。時にはうんざりもするけど、いいなあって思える部分もあって。夕子のことはびっくりしたけど、新しい出会いはやっぱり新鮮で、素直にうれしかった。うちのクラスが濃いだけですかね？　いや、違いますよね。どこのクラスだって、きっとそう。みんなとっても面白くて、個性的で、素敵。（夕子、隣でうなずく）

フジオ、独白。

フジオ　夕子に言わせると、クラスのみんな、すごく面白いんだそうです。わたしにはよくわかんないんですけど。なんか自分も含めて、みんなフツーだなあって思ってたけど。夕子はすごく変わってて面白いけど、漫画みたいに、外から見たらみんなそれぞれ面白いのかな？　でも、それって、なんかうれしい。本当にそうだったらいいなあ。

夕子　（フジオとのぞみに）楽しかった。ありがとうね、フジオ。のぞみちゃん。

フジオ&のぞみ　おう！

フジオと夕子とのぞみ。互いにハイタッチ。
手をつないで一礼。
おわり

PERFORMING ARTS!

佐藤至亮

登場人物

進行（大魔王）
勇者
戦士
町人A
町人B
賢者
悪者A・B・C

日本大学藤沢中学校演劇部、2021年７月27日、初演。

冒険物語風の音楽とともに幕が開く。
舞台上が明るくなると、勇者が中央で寝ている。
舞台袖にいる進行役（実は大魔王）がマイクなどで勇者に声をかける。

進行　（重厚な声で）目覚めよ、選ばれし、勇気ある者、その名も勇者よ。
勇者　（起きる）
進行　目覚めたか、勇者よ。
勇者　あ、はい。あなたは誰ですか。
進行　私は空からの声だ・だ・だ……。（エコーのように）お前にはこれから、選ばれし者の仕事をしてもらう。
勇者　選ばれし者の、仕事？
進行　いま世界は、新型コロナウィルスという暗闇におおわれている。その暗闇を吹き飛ばすため、伝説の玉を探しに行ってほしい。（ここら辺のセリフは、その都度、時事ネタで変更してかまわない）
勇者　……えっと、コロナって、伝説の玉でどうにかなるものなんですか？
進行　……空からの声を信じるのだ。
勇者　伝説の玉とかじゃ、ウィルスは倒せなくないですか？
進行　空からの声を信じるのだ。玉からプラズマクラスターみたいなアレが出るのだ。
勇者　それって、探さなくても、今ある場所からもプラズマクラスターみたいなのが出てないんですか？
進行　もう時間がないのだ、50分はあっという間だぞ。これからお前には、即興で演劇をしてもらう。
勇者　即興で、演劇？
進行　勇気ある者、その名も勇者よ。おまえには冒険をして、伝説の玉を探してもらう。
勇者　即興で演劇。大けがをする、大冒険だ！（かっこつけたポーズをする）
戦士　ちょっと待った！

敵が出現するときに流れるような音楽で、敵（戦士）が登場する。

勇者　この音楽は、あきらかに戦いが始まる雰囲気。
戦士　その通りだ、勇者よ。まずは、ここからの50分間がどんな感じなのか、お客さんに分かってもらうことを兼ねて、私と実力試しをしてもらう。
勇者　いきなりハードルが高い言い回しだ！　だが、この50分間の雰囲気を分かってもらえればよいんだな？
進行　最初のゲームは……、「何やってるの？」！　このゲームは、舞台中央で何かの演技をしている相手に、もう1人が「何やってるの？」と質問すると、今やっている演技とは別の行為をしていると言われるので、それを演じる、というゲームです。お題は……@@@です！
※注＝例えば、読書している演者に対して「何やってるの？」と尋ねると、演者は「バレーボールしているの」と

答える。尋ねた側はバレーボールを無言で演じる。再びバレーボールをやっている演者に「何やってるの？」と尋ねると「恋人と喧嘩しているの」と答えるので、尋ねた側は無言で喧嘩する。演者が切り替わるタイミングは、短すぎず長すぎず（無言でやるかは、上演校で判断してかまわない）。

進行　５秒前！　４・３・２・１……。（笛を吹く）

舞台中央のみが明るくなる。（周囲が暗くなる）

笛の音とともに、インプロゲーム①がおこなわれる。

進行　……。（30秒前にベルを鳴らす）やることを２つに増やします……。（10秒前）エンディング！……。（笛を鳴らす）

※注＝やることが２つに増えるというのは「読書しながら、掃除している」など両立ができないものを同時進行することをさす。その演者に「何やってるの？」と尋ねると「車を運転しながら、図書館で本を読んでいるの」などと答えるので、それを演じる。実際は同時と言うより２つの行為を交互に演じることも多い。

笛の音で照明変化、舞台全体が明るくなる。

戦士　さすが、勇者だけあって、なかなかやるな。

勇者　そのセリフは台本に書かれてあったんだろうが、本当に私はなかなかやったのだろうか？

戦士　こういう感じで残りの時間も行くぞ、覚悟しておくんだ。客席のみなさまも、温かい目でご覧ください。言い忘れたが、私は戦う者、その名も戦士。一緒に伝説の玉を手に入れよう。

仲間が増えるような音楽。（効果音）戦士は客席を勇ましいポーズで見ている。

勇者　さあ、一緒に伝説の玉を探しに行こう。

戦士　とはいっても、どこをどう行けばいいんだろう。

明らかに脇役っぽい町人が登場している。

町人Ａ　ここは＠＠＠です。ここは＠＠＠です。（上演する劇場名などを連呼する）

町人Ｂ　武器は装備しなくちゃ意味がないぜ。武器は装備しなくちゃ意味がないぜ。

戦士　このキャラクターたちは、あんまり知っていない感じだな。

賢者が登場して、舞台上に二つ折りにされた紙をばらまいていく。

勇者　あそこに、何か知っていそうな人がいるから、聞いてみよう。

戦士　待つんだ！……なんとなくだけど、あの人と話をするときは、時々、床にまいてある紙を拾って、その紙に書いてあることをそのまま言わなければならない、そんな気がする。

勇者　ふつうに質問しちゃダメなのか？

戦士　ああ、時々は紙を拾うんだ、そんな気がする。あの町の人で試してみよう。……＠＠＠＠。（紙を拾って読む）……。

※注＝紙には、事前にお客さんや部員で適当な単語・短文を書いておく。「冷蔵庫」「ゲームに飽きた」「2人は幸せになりましたとさ」などバラエティに富んだものがよい。紙を拾った者は、その紙に書かれたことをそのまま言わなくてはならず、周囲はそれを否定せずに受け入れながら、物語を進めなくてはならない。

町人A　（戦士が読んだ紙の内容を受けて、何か返答する）

戦士　（それに対して何か言う）

町人B　（さらに何か返答する）

勇者　……なるほど、そういう仕組みか。

戦士　最初の一言も、落ちている紙を拾って、そこに書かれている言葉で始めなければならない、制限時間は2分、そんな気がする。

勇者　すごく具体的な予感だな。わかった、やってみよう。

舞台中央のみが明るくなる。（周囲が暗くなる）町人は退場する。または、ゲームに加わってもよい。

進行　5秒前！　4・3・2・1……。（笛を吹く）

笛の音とともに、インプロゲーム②がおこなわれる。

進行　……。（30秒前にベルを鳴らす）……。（10秒前）エンディング！……。（笛を鳴らす）

笛の音で照明変化、舞台全体が明るくなる。

勇者　そうか、そういうことか。

賢者　つまり、伝説の玉を手に入れるには、大魔王を倒すってことだ。

戦士　今やったゲームとは関係なく、いきなり「大魔王」ってキーワードが出てきたぞ。

賢者　ああ、大魔王は手ごわいぞ。そのためには私も、勇者の仲間になろう。

仲間が増えるような音楽（効果音）。賢者は客席を勇ましいポーズで見ている。

勇者　なんで2人とも、仲間になるとき、得意げな顔で正面を見るんだ。

戦士　これでパーティが3人そろったぞ。

賢者　この調子で、伝説の玉を手に入れよう。

悪者　そこまでだ！

悪者3人（悪者A～C）が登場する。（悪者は3人でなくてもよい）

悪者A　ここから先に行きたいのなら、我々を倒していくんだな。

戦士　くそう、次から次へと！　行くぞ、勇者。（切りかかろうとする）

勇者　待て！

悪者B　……どうした、おじけづいたか。

勇者　ちょっと、……水を飲ませてくれ。（特に何を言ってもよい）

賢者　おお勇者よ、疲れてしまうとは情けない。

悪人C　よかろう、では先に我々のターンだ、その間に、あっちで水を飲むか、ちょっと座ったりするんだな。だが、覚悟するがいい、お前が休んでいる間に、最高のパフォーマンスを見せてやるからな。

戦士　最高のパフォーマンスを見せるって、台本に書かれているのだろうが、自分で言いたくないな。

進行　悪者チームと勇者チーム！　ゲームは……名作1分！　このゲームは、誰もが知っているお話を1分間で演じるゲームです。それでは先行は悪者チーム、お題は「@@@@」です！

※注＝「傘地蔵」「かぐや姫」などの有名なお話を、誰が何の役をやってもよく、途中で演者が変わってもいいので、1分間で「めでたし、めでたし」に持っていくゲーム。有名な映画やジブリ作品でもよい。注意点は、練習をしすぎると「桃太郎」「浦島太郎」など有名な物語をやり尽くしてしまい、本番でやれる物語がなくなったり、演者がゲームをやる新鮮さを失ったりすること。

舞台中央のみが明るくなる。（周囲が暗くなる）

進行　5秒前！　4・3・2・1……。（笛を吹く）

笛の音とともに、インプロゲーム③がおこなわれる。

進行　……。（30秒前にベルを鳴らす）……。（10秒前）エンディング！……。（笛を鳴らす）

笛の音で照明変化、舞台全体が明るくなる。

進行　さあ、次は後攻となる勇者チーム、お題は@@@@です！

舞台中央のみが明るくなる。（周囲が暗くなる）

進行　5秒前！　4・3・2・1……。（笛を吹く）

笛の音とともに、インプロゲーム④がおこなわれる。

進行　……。（30秒前にベルを鳴らす）……。（10秒前）エ

ンディング！……。（笛を鳴らす）

笛の音で照明変化、舞台全体が明るくなる。

進行　さあ、両チームのパフォーマンスが終わりました。それでは、客席にジャッジしてもらいます。「こっちのチームに勝たせないと空気的にダメじゃないか？」という「そんたく」は必要ありません。よろしいでしょうか？　では、悪者チームがよかった方！……勇者チームがよかった方！……勝者は、＠＠チーム！

※注＝素直にジャッジしてもらうと盛り上がる。ちなみに、本校では悪者チームが勝っている。

どちらかの勝利を祝う効果音が流れる。
しかし、舞台上が不気味な照明に切り替わる。

進行　ふっふっふっふっふっ、勇者よ、そこまでだ。
勇者　誰だ？
悪者Ａ　その声は、大魔王様！
勇者　大魔王様？　どこだ、どこにいる？
進行　空の上だ。今からおりていってやる。ファンファンファンファンファンファン……。

※注＝マイクに「ふぁっふぁっふぁっ」と息を吹きかけるとヘリコプターのプロペラっぽい音になる。

戦士　プロペラの音？（空を眺める）
賢者　空の上から？（空を眺める）

進行役が舞台袖からマイクを持って「ファンファンファン……」と言いながら登場する。

進行　ファンファンファン………。（マイクを切る）。世界を救う旅もここまでだ、勇者よ。
勇者　空からの声、おまえが、大魔王だったのか。
進行　その通りだ、勇者よ。
勇者　……大魔王、なのに。（進行役の姿をじろじろ見る）
進行　時間がないのだ、勇者よ。世界が暗闇におおわれている今こそ、世界を征服するチャンスだ。
戦士　世界征服？　そんな恐ろしいことを企んでいるのか？
進行　その通り、そのためにもまずは、魔法の力を使って、この国をガタガタにする。
賢者　魔法の力を使って、この国を、ガタガタに？

舞台中央以外が暗くなる。

進行　そうだ、これから恐ろしい魔法を使って、この国の政治家たちの判断力をにぶらせ、コロナに対する政府の対応を全てグダグダにし、国民の政治に対する期待を失わせてやるのだ。（セリフは時事ネタなら何でもよい）
悪者Ａ　……大魔王、……それはすでに、魔法を使わなくても、実現しています。

舞台が明るくなっていく。

悪者B　政府の対応は、今までもグダグダでした。
進行　そんなはずはない、私が使う魔法は、各家庭に給食で使うような小さな布マスクを2枚届けたり、飲食店にお金を渡すかわりに劇場には補償をいっさい与えずに、人類の宝である文化芸術をないがしろにしたりする恐ろしいものだぞ。魔法以外でできるわけがない。（セリフは時事ネタなら何でもよい）
悪人C　マスクは、あごが出てしまうくらいのアベノマスクが配られました。
悪者A　虫やゴミが混ざっていたりしました。
悪者B　劇場も悪者扱いされています。
進行　まさか、では緊急事態宣言を何度も出させる魔法は？
悪人C　似たものも含めてずっと出ています。
進行　わかった、では次の計画だ。
勇者　次の計画？
進行　大魔王を見くびるなよ。

舞台中央以外が暗くなる。

進行　別の魔法を使って、東京オリンピックをやるのかやらないのか、やるとしても観客をどれくらい入れるのか、ギリギリまで発表を二転三転させ、そのために地元やお店が準備に使ったお金をどう補償してもらえるのかも全く知らせずに、国民を不安に陥れる。（セリフは時事ネタなら何でもよい）
悪者A　……大魔王、……それも、実現しています。

舞台が明るくなっていく。

悪者B　どっちでもいいから早く教えてくれ、1度変えたら変えないでくれ、みんなそう思っています。
進行　そんなはずはない、江の島なんて、外国人観光客が来ることを見越して、新しくお店ができたり、地元も色々と準備してきたじゃないか。何も知らされていないはずがない。
悪人C　知らされていないんです。
進行　……現実は魔法より恐ろしいな。
勇者　よし、この国と同じくらいに、大魔王も弱っている。ピンチだけど、チャンスだ！　寄ってたかって、大魔王を攻撃しよう。
進行　受けてたとう。おまえたちが何を言ってきても、この大魔王がポジティブに受け答えをしてやる。たばになってかかってくるがいい！

※注＝「さすが社長」とも呼ばれるゲーム。舞台中央にいる演者に向けて、周囲が「社長（今回は大魔王）、大変です」と次々にやってきて、トラブルが起きた報告をする。それに対して、中央にいる演者は必ず「それはちょうどいい」と言い、ポジティブな対策を命じる。命じられた側も「わかりました、では、@@@@します」と答えて去って

いく。例を挙げると「大魔王、大変です。部下が全員、勇者にやられました」というトラブルに、大魔王は「それはちょうどいい。昨日、部下全員と大喧嘩をしていたんだ。新しく仲間になる部下を世界中からスカウトしてリニューアルしよう！」と答え、相談者は「わかりました、テレビでCMを流します」と応じる。ポジティブになれなさそうなトラブルが次々に持ち込まれるとよい。

舞台中央のみが明るくなる。（周囲が暗くなる）

勇者　5秒前！　4・3・2・1……。（笛を吹く）

笛の音とともに、インプロゲーム⑤がおこなわれる。

勇者　……。（30秒前にベルを鳴らす）……。（10秒前）エンディング！……。（笛を鳴らす）

笛の音で照明変化、舞台全体が明るくなる。

進行　さあ、次は勇者、お前の番だ！　周りが何を言ってきても、ポジティブに切り返すがいい。

舞台中央のみが明るくなる。（周囲が暗くなる）

進行　5秒前！　4・3・2・1……。（笛を吹く）

笛の音とともに、インプロゲーム⑥がおこなわれる。

※注＝次は勇者が「勇者、大変です」とトラブルを持ち込まれる。レベルが1になってしまったり、学校の宿題の提出が明日だったり、バラエティ豊かなトラブルを持ち込みます。「勇者」や「大魔王」で練習すると馴れてしまうので、「小学校の校長」や「ゲーム会社の社長」など他の職業で練習するとよい。

進行　……。（30秒前にベルを鳴らす）……。（10秒前）エンディング！……。（笛を鳴らす）

笛の音で照明変化、舞台全体が明るくなる。

進行　さすが勇者よ。だが、それもここまでだ。

勇者　なに？

進行　とどめを刺す前に教えてやろう。なぜ、この大魔王が、

悪者が大魔王にメモを渡す。（事前に適当な短文を何種類か書いておいたもの）

進行　なぜ、この大魔王が@@@@かを。

勇者　おまえが、@@@@の理由？

進行　そうだ、最初は2分間で、私が@@@@かを演じてやる。次にその半分の1分間で同じ物語を演じ、最後は30秒間で演じてやろう。よく見ておくのだ。

※注＝「半分劇場」とも呼ばれるゲーム。舞台中央にいる演者に対して、周囲の演者は2分間で最低1回は会話して物語を進める。2分間はわりと長く、間延びする可能性もあるが、ポイントは「物語を進めること」で、ネタ合戦ではない。その物語を、次は1分間でほぼ正確に再現する（多少間違えてもよい）。最後は30秒で終わらせる。もし、2分間の物語が次に50秒で終わった場合、最後は25秒で終わらせる。ゲームを面白くするコツは、「相手を主役にする」と「相手の提案を否定しない」に尽きる。

舞台中央のみが明るくなる。（周囲が暗くなる）

勇者　5秒前！　4・3・2・1……。（笛を吹く）

笛の音とともに、インプロゲーム、がおこなわれる。

勇者　……。（30秒前にベルを鳴らす）……。（10秒前）エンディング！……。（笛を鳴らす）。続いて半分の1分間で同じ内容を繰り返します。5秒前！　4・3・2・1……。（笛を吹く）……。（30秒前にベルを鳴らす）……。（10秒前）エンディング！……。（笛を鳴らす）。最後に、さらに半分の30秒間で同じ内容を繰り返します。5秒前！　4・3・2・1……。（笛を吹く）……。（30秒前にベルを鳴らす）……。（10秒前）エンディング！……。（笛を鳴らす）

笛の音で照明変化、舞台全体が明るくなる。

勇者　なるほど、それで@@@@なのか。

進行　その通りだ。

勇者　でも、おまえの好きにはさせない。私も勇者になるために努力をしてきたんだ。

進行　面白い。では勇者よ、おまえが……。

悪者が大魔王にメモを渡す。（事前に適当な短文を何種類か書いておいたもの）

進行　勇者のおまえが@@@@なのを、見せてもらおうじゃないか。

舞台中央のみが明るくなる。（周囲が暗くなる）

進行　5秒前！　4・3・2・1……。（笛を吹く）

笛の音とともに、インプロゲーム（がおこなわれる。

進行　……。（30秒前にベルを鳴らす）……。（10秒前）エンディング！……。（笛を鳴らす）。続いて半分の1分間で同じ内容を繰り返します。5秒前！　4・3・2・1……。（笛を吹く）……。（30秒前にベルを鳴らす）……。（10秒前）エンディング！……。（笛を鳴らす）。最後に、さらに半分の30秒間で同じ内容を繰り返します。5秒前！　4・3・2・1……。（笛を吹く）……。（30秒前にベルを鳴らす）……。（10秒前）エンディング！……。

（笛を鳴らす）。

笛の音で照明変化、舞台全体が明るくなる。（その間に大魔王は舞台袖に退場している）

勇者　これでどうだ、大魔王。

戦士　大魔王がいない。

賢者　どこへ行った？

進行　（舞台袖からマイクで）選ばれし、勇気ある者、その名も勇者よ。お前たちの気持ちは通じた。伝説の玉を受け取るがいい。

勇者　大魔王？

照明が変化していき、明らかに、エンディングになるような音楽。

進行　私はお前たち人間の力を信じてみることにした。勇者よ、まもなく、緞帳が下がる。それとともに、舞台袖には次の上演校である@@@演劇部がたまるから、すぐに舞台をあけてあげるといい。（ここら辺のセリフは何でもいい。本校の場合、舞台袖にいる係の先生が「たま」がつく先生だった）

勇者　舞台袖に、たま、る。……駄ジャレじゃないか！

進行　プラズマクラスターが出ておる・おる・おる……。（エコーのように）

勇者　大魔王……。最初にも聞いたんですが、コロナって、伝説の玉でどうにかなるものなんですか？

進行　空からの声を信じるのだ。新型コロナウィルスの流行が収束しない中、大変な努力で劇場を開けてくださった@@@の方々、スタッフの皆さま、そして、発表会を運営してくださる先生方。……どうにかなる、ではなくて、どうにかしてくださり、本当に、ありがとうございました！

一同　ありがとうございました！

幕が下りていく。

劇終

《補足》この作品は、新型コロナウィルスの流行拡大によって、部活動の活動が制限される中で生まれました。50分、60分の台本を選んでセリフを覚えても、大会が開催されるかの確証がなく、分散登校や体調不良などで部員がなかなか揃わない中で何ができるかを考えるなかで、セリフを覚えて無駄になる危険性がなく、2〜3人いれば活動ができるものが即興演劇でした。実験的な内容ですが、大会のチラシにもそれを明記し、お客さんが拍手で応援してくれる素晴らしい公演になりました。ひょっとすると、幽霊部員が多かったり、欠席や遅刻が多かったりする部活動では、この作品は、練習や発表に使えるのかもしれません。

即興演劇としてやるゲームについては、ネットを検索すれば沢山のゲームが見つかるので、適宜、変更してください。即興演劇の難しさは「ネタ合戦」になりかねない点です。また、どんどん出ようとする役者もいれば、一言も発せない役者もいるはずです。面白いことを言おう、という「笑わせ方」を考えるのではなく、一生懸命にやった結果として生まれた笑いに対して「笑いとは何か?」を考えることが、即興演劇においては深い学びになると考えます。笑い声が起きなくても、お客さんが爽快に拍手し、心の中で大笑いするような物語が展開されたときは、舞台上もそれを感じると思います。

10years～坂上の桜～

仲間 創

登場人物
佐藤菜見子　桐の葉中顧問
一条小百合　杜の丘中顧問
事務局長
舞台監督
桐の葉中　現部長
桐の葉中　元部長・朋子
杜の丘中　現部長・昌子
杜の丘中　現部員A
杜の丘中　現部員B
杜の丘中　現部員C
アナウンス
大会役員
亀田孝子　元演劇部顧問

桐光学園中学校演劇部、2022年８月８日、初演。

1　青少年センター搬入口　朝

音楽（「●●●●●●」）ＣＩ。
緞帳アップ。
舞台中央奥に満開の桜がたっている。
舞台上手・舞台下手にベンチがあり、下手のベンチに亀田孝子先生が座っている。
下手より、菜見子が登場する。

菜見子　やはり、ここにいらしたんですね。10年前も、先生はここに座って私たち部員を待っていました。

孝子　そうだったわね。ここで、この満開の桜を眺めていると、海の匂いがするのよ。大きなビルがいっぱい立ち並び、すっかり海は見えなくなってしまったけど、横浜は海の街、港町だというのが、感じられるのよ。

菜見子　確かに、海の匂い、汐の香がしますね。部員だったときは、そんなことにはまったく気づきませんでしたけど。

孝子　ずいぶん時が経ったけど、ここの満開の桜と海の匂いは変わらないわね。

菜見子　（思い出したように）あっ、失礼しました。ご挨拶もしないで、いきなり話しかけてしまいました。孝子先生、おはようございます。お久しぶりです。すっかりご無沙汰をしてしまって……。

孝子　菜見子さん、いや佐藤菜見子先生、おはようございます。

菜見子　先生、からかわないでくださいよ。「先生」なんて呼ばれても、ピンときません。昔の通り、「菜見子」と呼んでください。審査員の亀田先生。

孝子　あなたこそ、審査員なんて呼ばないでよ。恥ずかしいわ。

菜見子　いやいや、先生が審査員だと打合せでお聞きして、正直驚きました。

孝子　そうね。私もそんなつもりはなかったのだけれど、大会事務局の担当の方からいろいろ話をお聞きしてね。昔から私は気まぐれなところがあるから。1度くらいはお引き受けしてもいいかなという気になったの。

菜見子　先生に審査されるなんて、初出場だけでも緊張しているのに、もうドキドキです。

孝子　大丈夫よ、演じるのは生徒たちだから、顧問はただ舞台袖で見守るだけ。

菜見子　だから、ドキドキなんです。自分で演じている方が楽です。舞台袖で最初から最後まで、気が気ではありません。先生も、私たちが演じている時は、そんな気持ちだったんですか？

孝子　どうだったかしらね。もう昔のことで、忘れてしまったわ。随分と時間がたったから。

菜見子　ちょうど10年です。

孝子　そう10年ですか。

菜見子　はい、10年かけて、念願の関東大会に出場です。部員としてではなく、顧問としてですけど。

孝子　あれから10年。あっごめんなさい。大切なことを言い忘れていたわ。
菜見子　えっ。
孝子　(改まった姿勢で)関東大会出場おめでとうございます。よく頑張りましたね。
菜見子　何か、くすぐったいです。でも先生から褒められるなんて、ちょっと感激です。
孝子　そうよね。昔は「ダメだし」ばかりで、よく怒鳴っていたものね。
菜見子　確かに、褒められた記憶はありません。泣いた記憶はいっぱいありますが……。
孝子　あのころは……今じゃ、確実にパワハラで問題になるわ。すみませんでした。反省しています。
菜見子　まったくです。先生にはいっぱい泣かされました。
孝子　あなたたちが勝手に泣いたんでしょ。私は泣かすつもりなんてなかったのに……。
菜見子　いやいや、確実に泣かされましたね。何なら、今からでも裁判に訴えますか。
孝子　ああ、許してください。お願いですから、残りわずかな余生を平穏に過ごさせてください。この通りです。

ふたり笑いあう。
孝子が、ふと桜の木を見上げる。満開である。

孝子　10年前も、笑って終わりにしてあげたかったけれど……一生懸命に部長を務めてくれたのに、本当に申し訳ないと思っているわ。ごめんなさい。
菜見子　謝らないでくださいよ。あれは先生のせいではありません。
孝子　でもね、みんなで懸命に頑張っていたのに、結局、関東大会の舞台に立たせてあげられなくて。小百合さんにも、今日はちゃんと謝らなくてはと思っているの。
菜見子　私も、まさか関東大会で小百合と再会するなんて考えてもいなかったので、とても驚いているんです。その上審査員が亀田先生なんて、下手な脚本よりドラマ的です。
孝子　そうね。ふたりがこうして関東大会を目指し、演劇を続けていたなんて思うと、やっぱり10年前のあのことが、あなたたちには大きな出来事だったんだなと……ほんと申し訳ないと思うのよ。
菜見子　大きな出来事ではありましたけど、こうして関東大会への夢を捨てなかったということは、先生が気に病むようなことではないと思います。
孝子　そういってくれると少しは気が楽になるけれど。でも、私がここにいるって、どうしてわかったの？
菜見子　だって、先生は、いつもここで私たちを待っていたじゃないですか。機材車をとめて、「遅い！　早く搬入するぞ」って、私たちが来ると必ず怒鳴る。
孝子　やっぱり、怒鳴っていましたか。
菜見子　はい、みんな、早起きでぼっとした気持ちが、一発で寝覚めました。こんなにきれいな桜が咲いているなんて、気がつきもしませんでした。

桐の葉中学校演劇部長が登場する。

桐部長　菜見子先生おはようございます。
菜見子　おはよう。遅いじゃない。随分待ったわよ。
桐部長　すみません、みんなここに来る途中に、あんな急な坂があるなんて考えもしなかったもので……。
菜見子　何言っているの、去年だって、みんなで県大会を観に来たじゃない。
桐部長　そう言われれば、そうなんですけど。1年前なんて遠い昔のようで。突然、菜見子先生が劇を観に行くって言いだして、どんな劇団の劇かなって期待してきたら、県大会で、私たちは同じ中学生が舞台の上であんなにうまく演技するのを観て、ただ、ただ圧倒されるだけで、坂のことなんかまったく記憶にありませんでした。
菜見子　そんな、あのときだって、坂を登りながら、きついとか苦しいとか言っていたじゃない。
桐部長　そうだったかもしれませんが、それからの1年の記憶があまりにも多くあり、そして強烈で……。
菜見子　もう、わかったから、みんな揃ったの？
桐部長　はい。揃っています。舞台道具も忘れずに持ってきました。
菜見子　わかりました。では、道具の搬入準備をしましょう。
桐部長　先生、（孝子の方を見る）こちらは。
菜見子　ああ、そうね。ご紹介するわ。こちらは、亀田孝子先生。今日の大会の審査員です。
桐部長　おはようございます。桐の葉中学校演劇部です。今日は、よろしくお願いします。
孝子　おはようございます。お世話になります。
桐部長　私、この関東大会で金賞をいただいて、どうしても全国大会に行きたいんです。どうぞ、よろしくお願いたします。
菜見子　何を言っているの。失礼でしょう。
アナウンス　大会事務局から連絡します。桐の葉中学校は、機材搬入を始めます。作業準備をしてください。
桐部長　菜見子先生、搬入の時間です。みんなを搬入口に集合させていいですか。
菜見子　当たり前でしょ。誰が機材を運ぶのよ。もう、まったく。（孝子に）すみません。こんな状態です。
孝子　いえいえ、楽しいみなさんじゃない。劇を観るのが楽しみだわ。みなさん頑張って。
桐部長　ありがとうございます。頑張ります。

事務局長が登場する。

事務局長　おはようございます。桐の葉中学校のみなさん、機材搬入をしてください。
菜見子　あっ、高橋さん。おはようございます。本日はお世話になります。（部長に）大会事務局の高橋さんです。

ご挨拶を。

部長　桐の葉中学校演劇部です。お世話になります。よろしくお願いします。

事務局長　はい、よろしくお願いします。思い切り舞台を、楽しんでください。時間通りに搬入を始めてください。

菜見子　わかりました。（孝子先生に）では、またあとで、失礼します。

菜見子、桐の葉中学校部長は退場する。

事務局長　亀田先生、やはり、こちらでしたか。

孝子　やはりとは？

事務局長　20年前も、先生は、ここで、この桜の木の下で私たちを待っていました。

孝子　そうでしたね。あなたたちの幻の関東大会。

事務局長　「幻の」なんて、美しいものではなかったですよ。あの時は、みんな、何が何だかわからないままに、時間が過ぎて、関東大会辞退となって、後は涙、涙。

孝子　みんな泣いていましたね。泣かなかったのは、私だけ。

事務局長　いや、先生も泣いていました。

孝子　泣いてなんかいませんよ。

事務局長　目に涙がいっぱいたまっていましたよ。

孝子　もう、20年も前のことですから、忘れました。

事務局長　忘れるわけないでしょう。だから今回の審査員を引き受けてくださったんですよね。

孝子　いつもの気まぐれですよ。

事務局長　まあ、そういうことにしておきましょう。でももうひとり、20年前を忘れていないのがいましてね。ほらやってきました。

舞台監督が登場する。

舞台監督　おおっ、20年ぶりの顧問と部員の涙の再会か。美しいお話だ。

事務局長　いきなり、何を茶化しているの。失礼でしょ。

舞台監督　茶化してなんかいないよ。満開の桜の下で、しみじみと20年前の思い出を語る元演劇部顧問と部長、向こうから見たら、いいシーンになっていたよ。

事務局長　かなり、陳腐なシーンだけどね。

舞台監督　相変わらずここですか、昔も今も変わりませんね。

孝子　ご無沙汰しました。まさかあなたとここで再会ができると思ってもいませんでした。

舞台監督　それは、私もですよ。まさか自分が青少年センターの舞台監督を務めるとは考えもしませんでした。

孝子　でも、現実に今、あなたは青少年センターの舞台監督をしている。どういういきさつだったんですか。

舞台監督　簡単な話です。中学を卒業して、高校、大学と相変わらず演劇に没頭していたら、偶然ここの舞台に関わるイベントがあって、そうしたらその時に舞台監督さんからアルバイトをしないかと誘われたんです。最初のきっかけはそれです。

孝子　そうですか、見込まれたんですね。

舞台監督　そうは言われても、たかだか大学生がアルバイト感覚で始めたのが、いつのまにか本業になり、気がつけば、今ここにこうして立っています。20年なんてあっというまです。まあもう1人中学時代の演劇が忘れられない人間が身近にいますがね。

事務局長　ねえねえ、それは私のこと？　あなたと口論をするつもりはありませんけど、私は決して演劇をやるために、今の仕事についたわけではありませんよ

舞台監督　相変わらず理屈っぽいやつだ。結果から言えば、こうやってお役所の中学校演劇大会の担当としてここにいるじゃないか

事務局長　それはそうだけど、だからって私は演劇のために今の仕事をしてるわけではないから。

孝子　まあまあ、ふたりとも私に20年前のことが忘れられない人って言っていたわ。

事務局長　ふたりじゃありません。３人です。

舞台監督　20年前のことを忘れられない。孝子先生もですよね。

孝子　そうですね。

３人は、ふと桜の木を見上げる。
下手から一条小百合が登場する。

小百合　すみません。おはようございます。杜の丘中学校演劇部ですが、すこし搬入時間より早く到着してしまったんですが。

舞台監督　おはようございます。今、桐の葉中学校が搬入していますから、そのあと続けて作業しましょう。準備しておいてください。

小百合　はい、わかりました。

孝子　一条小百合さん。お久しぶり。

小百合　孝子先生。おはようございます。お会いできてうれしいです。

孝子　私もです。関東大会出場おめでとう。よくがんばりましたね。

小百合　ありがとうございます。

事務局長　10年前のライバル部員ふたりが、顧問になってそれぞれの演劇部を率いて、再びライバル対決。かなり話題になっているんですよ。

小百合　その時は予選落ちでしたが。

舞台監督　更に、それを支える20年前の大会出場部員のふたり、おまけに審査員はその顧問。あまりにも陳腐なシナリオじゃないか。

事務局長　もう1度、言うけど、それって私への批判ですか？

舞台監督　いえいえ、これは個人的感想です。

一同、笑い合う。
上手から杜の丘中学校部員Ａ・Ｂが駆け込んでくる。

杜部員Ａ　先生大変です。助けてください。
小百合　どうしたの、皆さんがいる前で突然話しかけるなんて失礼でしょ。
杜部員Ｂ　でも本当に大変なんです。
小百合　だからどうしたの。
杜部員Ａ　昌子が、今日の発表に出ないって言い出したんです。
小百合　どういうこと？
杜部員Ｂ　楽屋で、着替えて搬入の準備をしていたら、突然、昌子が帰ると言い出して、どういうことなのって聞いても、ただ今日の発表には出たくないと言い張っていて。
アナウンス　大会事務局から連絡します。杜の丘中学校は機材搬入をしてください。
小百合　何言っているの、もう搬入なのよ。
舞台監督　一条先生、いいですよ。搬入は、スタッフでやっておきます。（事務局長に）いいよな。
事務局長　ええ、構いません。部員のところへ行ってあげてください。
小百合　ありがとうございます。それでは甘えさせていただいて。

小百合は立ち去ろうとする。
部員Ｂが話しかける。

杜部員Ｂ　先生、先生はどうするつもりですか？
小百合　どうって？
杜部員Ａ　このままでは、関東大会に出られません。どうするんですか。
小百合　あなたはどう思っているの
杜部員Ａ　もちろん、出たいです。何としても出たいです。
小百合　何としても。昌子さんがでなくても。
杜部員Ｂ　いや、昌子と一緒に出たいです。ここまでみんなでやってきたことです。辛いことも苦しいこともみんなで乗り越えて、関東大会まで辿り着きました。最後までみんなでクラブをやって引退したいと思います
小百合　わかりました。
杜部員Ｂ　先生、先生はどう考えているんですか？
小百合　いまは何とも言えません。まずはみんなの話を聞きます。（舞台監督に）搬入、よろしくお願いします。
舞台監督　はい、ご心配なく。早く部員のところへ行ってあげてください。

小百合、部員たちは退場する。

舞台監督　ということで、孝子先生、私は搬入作業に戻ります。また昼休みに。

舞台監督、退場する。

事務局長　先生、すいません。朝からバタバタして。先生も控室にご案内したいと思いますが……。

孝子　ありがとう。でももう少し時間があるわよね

事務局長　はい、開会式まではもう少し時間があります。

孝子　じゃあ、もうしばらくここでこの花を眺めていたいと思います。時間には間に合うようにしますので、よろしいかしら。

事務局長　もちろんです。それでは会場でお待ちしております。

事務局長は上手に退場する。

孝子は、桜を見上げながら、上手に退場する。

2　杜の丘中学校の楽屋

下手で部員たちが話し合っている。

杜部員C　ここまで一緒にやってきたじゃない。何で出ないなんて言うの。

杜部長　……。

杜部員B　もうあと少しで本番が始まるんだよ。

杜部長　……。

杜部員A　何かいいなよ。理由も何も言わないで、ただ黙ってたってわからないよ。

杜部長　……。

小百合　ちょっと、ちょっと、そんなに責めたって、どんどん言いづらくなるだけでしょ。

杜部員B　そうは言ったって、まもなく本番なのに。私、昌子がなんでそんなこと言い出したか。全く思い当たらないんです。おととし先生が、演劇大会を見に行こうって言って、みんなでこの会場に観に来て、同じ中学生と思えないような舞台発表が次々と展開されて、みんな圧倒されて、なんとなくみんな観に来なければよかったなんて話していたら、昌子が突然、私たちも2年後に関東大会に出場しようって言い出して、みんなはそんなの無理だって言ったのに昌子だけは絶対に譲らなくて、先生にどんなに厳しい練習にも耐えるから、関東大会に出させてくれって言って、あれは嘘だったの。みんなで練習をしてここまで、本当に頑張って、そしてやっと今年、みんなが最初で最後のチャンスだった今年、念願の関東大会に出られたのに、どうして出ないなんて言うの。（小百合に）先生、何で黙っているんですか。なんとか言ってください。

小百合　私が何を言えばいいの？　関東大会に出るのはあなたたちだから、あなたたちが決めなさい。

杜部員A　そんなの無責任じゃないですか。先生は、顧問なんですよ。

小百合　そうです。顧問ですよ。でも舞台に立つのはあなたたちです。あなたが話すのは、私ではありません。

杜部員C　（優しく）昌子、ともかくあなたの気持ちを聞かせてよ。私たち、ちゃんとあなたの気持ちを受けとめる

から。

杜部長　（小さな声で）怖いのよ、怖くて、怖くて。

杜部員C　何が怖いの。私たちがいるじゃない。

杜部長　でも怖いの、怖くて、怖くて舞台に立つのが、怖いの。

3　20年前の楽屋

上手で、朋子、中学時代の事務局長、舞台監督が同じことを話し合っている。

孝子先生が、話し合いを見守っている。

朋子　怖くて、怖くて、舞台に立つのが、怖いの。

事務局長　大丈夫だよ、みんなで練習してきたじゃない。心配ないよ、みんなで朋子を支えるから、一緒に舞台に立とうよ。

朋子　できない、私にはできない、怖いの。

事務局長　何が怖いの。一体何が怖いの。

朋子　怖いのよ、舞台が、この関東大会の舞台が終わってしまうのが怖いの。

事務局長　どういうこと？　みんなで頑張ってきたじゃない。怖いことなんて何もないよ。

朋子　そんなこと、わかっている。でも怖いの。この舞台が終わってしまうのが怖いの。

事務局長　先生、助けてください。どうすればいいですか？

孝子　それはあなたたちが決めることでしょう。選択肢は、朋子と一緒に大会を辞退するか、朋子抜きで大会にでるか、2つに1つ。さあ、決めなさい。

事務局長　朋子がいなかったら、ここまで来れなかったと思う。だから朋子抜きなんて考えられない。でもあきらめられない。

孝子　だからどうするの。もう時間がないわ。決断しなさい。

事務局長　（舞台監督に）あなた意見は、何も言っていないじゃない。

舞台監督　俺は、出ない。朋子がでないなら、俺は出ない。はっきりとしたことは言えないけど、何となくわかるんだよ。朋子が何が怖いのか。実は俺もちょっと怖いと思っている。勇気がなくて言えなかったけど、関東大会がだんだん近づいてきて、そうしたら出られる嬉しさももちろんだんだんだん膨らんできたんだけど、同時にもう終わりなんだなという気持ちもでてきて。朋子は1番頑張ってきたから、その気持ちが俺よりも大きいんじゃないかなって思って。

事務局長　そう言われれば、私も朝、今日で終わりだなと思った。

舞台監督　朋子がではなく、みんなでこのまま、関東大会を終わりにしないか。

事務局長　そんなことできるの？　先生。

孝子　多くの方が、何年も準備をして、やっと今年、この関東大会がスタートするの、でも記念すべき第1回大会だからこそ、辞退するのも許してもらえるかもしれないわね。ただし、私からの条件が1つある。みんなで舞台に立って、自分たちの気持ちをひとりひとりお客さんに語ること、ちゃんと言葉で伝えること。できますか。

舞台監督　わかりました。話します。

事務局長　話します。

孝子　朋子、あなたは。

朋子　話します。

孝子　わかりました。では、大会事務局に辞退を報告に行ってきます。

4 杜の丘中学校の楽屋

下手（現在の楽屋）に戻る。

アナウンス　大会事務局より参加校のみなさんにご連絡いたします。まもなく開会式を始めますので、指定された客席に集合してください。

コンクール担当役員が楽屋にやってくる。

役員　失礼いたします。放送が聞こえましたでしょうか。開会式を始めますので、客席に移動してください。

小百合　わかりました。すぐに移動します。

役員　どうかされましたか。

小百合　部員の1人が、今日の舞台に立たないと言い出しまして……。

役員　そうですか。

小百合　すいません。当日になってこんな状態で。

役員　いやいや構いません。なんなら開会式はでなくても構いません。ただ時間には限りがありますから後悔のないように、ぜひ皆さんで話し合ってください。

小百合　ありがとうございます。勝手を言って申し訳ありません。

役員　結論が出たら本部までお知らせください。お待ちしています。

小百合　承知いたしました。本当にご迷惑をかけてすいません。

5 青少年センター搬入口　昼休み

SE。（会場からの大きな拍手）

アナウンス　杜の丘中学校演劇部のみなさん、すばらしい発表をありがとうございました。以上で、午前の発表は終了です。これから昼休みになります。昼食は指定された場所で摂ってください。午後の発表は13時10分からです。

昼休み。

桜の木の下。
お弁当を食べながら、孝子先生と事務局長が話をしている。

孝子　そうですかそんなことが起きていたんですか。でも発表ができてよかったですね。
事務局長　はい、なかなかいい発表でしたね。亀田先生、覚えていらっしゃいますか。20年前。
孝子　もちろん覚えていますよ。
事務局長　そうですね。忘れるわけはないですね。私も忘れることのできない思い出です。
孝子　思い出？
事務局長　はい、思い出です。いい思い出ですよ。
孝子　そうですか。いい思い出ですか。あと1時間で念願の関東大会の舞台に立てるというところで辞退になったことが、いい思い出ですか。
事務局長　はい、いい思い出です。
孝子　そう言ってもらえるのは嬉しいけれど。
事務局長　先生もそう思ってらっしゃるから、今回の審査員のお願いを受けてくれたんじゃないんですか。
孝子　言ったでしょ、審査員を引き受けたのは、単なる気まぐれです。
事務局長　誤魔化さないでくださいよ。私ももう立派な大人です。中学生でありません。先生の気まぐれは、気まぐれでないことぐらいわかります。
孝子　いやいや気まぐれです。
事務局長　変わりませんね。先生は今も昔も変わりません。
孝子　すみませんね、頑固者で。
事務局長　いやいや、これは褒め言葉です。誤解なさらないでください。
孝子　ありがとうございます。素直に受け取らせていただきます。

舞台監督登場する。

舞台監督　おおっ、朝に続いて、お昼も20年ぶりのお花見会かい？
事務局長　また、アルバイトさんに作業を押しつけて、サボりに来たんでしょ。
舞台監督　いいかがりはやめてほしいですね。しっかり作業を終えて、一休みです。
孝子　発表前は大変だったみたいですね。
舞台監督　毎年とは言いませんが、何年かに1度は、大会当日に揉めることがあります。
孝子　そうですか。
舞台監督　中学生たちが力を合わせて晴れの舞台にやってきて、ここに来るといろいろなことを考えるのだと思います。
孝子　いろいろなこと？
舞台監督　そう、いろいろなことです。念願を果たして興奮している生徒もいれば、不安で緊張している生徒もいます。

事務局長　そんな生徒に、怖い顔をして作業の指示をしている舞台監督。
孝子　そんなことはないでしょ、午前中も、どこの学校にも優しく声をかけていましたよ。
舞台監督　さすが、孝子先生、しっかり生徒の動きは見ている。
事務局長　その視線が、私たちには怖かったですけど。
孝子　そうでしたか。私は優しく見守っていたと思いますが。
舞台監督　そんな、そんな。私が修業したどの舞台監督さんよりも怖かった。
孝子　そうでしたか忘れました。
事務局長　またまた、お得意の忘れましたですね。
孝子　はい忘れました。
舞台監督　先生、そんなことはないですよね。しっかりと覚えてらっしゃる。だから杜の丘中学校のことも心配なさっていた。そうですよね。私たちも20年前のことは忘れていません。
孝子　嘘は言いません。20年前のことは覚えていますよ。あれは忘れられません。
舞台監督　それは私も同じです。随分生きてきましたが、あの事は忘れられません。
孝子　そのせいで演劇の仕事をするようになったなんて、いうことは言わないですよね。
舞台監督　大丈夫ですよ。先生のせいだなんて言わないから安心してください。ただの気まぐれです。
事務局長　先生、気まぐれだそうです。一本取られましたね。
孝子　確かに、私のいつもの口癖を使うなんて。
事務局長　それにしても関東大会当日の、それも本番直前で辞退するなんて、今思うと先生も随分と苦労されたんじゃないですか。
孝子　どういうことですか。
事務局長　運営の先生方に、いろいろ言われたんじゃないですか。
孝子　まあ、通常ならそうだけど、あの時はみなさん、一緒に関東大会を設立しようと活動してきたメンバーだったから、私の考えは理解してくれたわ。記念すべき第1回の関東大会のエピソードとしては最高だと、励ましてくださった方もいらした。
事務局長　正直な事を言っていいですか。あの時の私は先生のことを、理解できませんでした。朋子ひとりのために関東大会を辞退するなんて到底納得のいくことじゃありませんでした。
孝子　それはそうですよ。当たり前のことです。それがふつうの感情です。
事務局長　誤解しないでください。今でもそのことを恨んでいるなんてことはありませんから。
孝子　いやいや、恨んでくれて結構。それに値するような決断だったと思います。
事務局長　恨んでいません。それよりなんとなく納得ができたので、この第20回の記念大会の審査員を先生にお願いしました。
孝子　ふたりとも本当に私のことを思いやってくれて、ありがとうございます。ただただ厳しく、厳しく指導していた私のことを、こうやって気にかけてくれて、ありがたいことです。
舞台監督　私もちょっと感動してるんです。20年経って、先生と僕とこれが、この青少年センターで、関東大会で、再び一緒に時間を過ごしている。運命なんてかっこいいことは言いませんが、でもやはりちょっと感動しています。
孝子　そうですね。
事務局長　（時計に目をやり）お弁当、お口に合いましたか。
孝子　もちろん、美味しくいただきました。完食です。
事務局長　すみません。外で食事をしていただいて、コロナ騒動以来、いろいろ規則が厳しくなって……。
孝子　おかけで、思い出話をしながら、美味しいお弁当をいただけました。素晴らしいお花見会でした。
アナウンス　大会事務局からお知らせします。あと15分で、午後の発表が始まります。みなさまお席にお戻りください。
孝子　ごちそうさまでした。
事務局長　午後は3校発表があります。大トリは菜見子さんの学校、桐の葉中学校です。そのあと審査会議になりますので、よろしくお願いします。
孝子　わかりました。

桐の葉中学校の部長が登場する。

桐部長　審査員の先生ですよね。
孝子　はいそうです。
桐部長　桐の葉中学校演劇部の部長、吉田です。お話ししてもいいですか。
孝子　何ですか。
桐部長　これから、私たちの発表があります。これまでどの学校よりも練習を重ねて仕上げてきました。自信があります。しっかり見てください。
孝子　わかりました。楽しみにしていますよ。
桐部長　そんな杓子定規な答えではなくて、しっかり見て欲しいんです。そしてしっかり評価をして欲しいんです。
孝子　評価？
桐部長　そうです。私はどうしても全国大会に行きたいんです。だから金賞が欲しいんです。
孝子　そう、金賞が欲しいの。
桐部長　そうです。絶対に金賞が欲しいんです。
事務局長　（口を挟む）もうそれぐらいにしておこうか、審査員の先生に失礼ですよ。
桐部長　失礼なのはわかってます。でもどうしても金賞じゃなきゃダメなんです。
舞台監督　わかったから、もうやめなさい。そして楽屋に戻って準備をしてなさい。
孝子　あなたは部長さんですね。

桐部長　はいそうです。
孝子　あなたはどうして全国大会に行きたいの？
桐部長　だって、私は部長としてクラブをまとめてここまでやってきました。本当に辛いこともいっぱいありました。だから全国大会に行きたいです。私が努力をした、そしてひとつの演劇にまとめた。それを皆にわかってもらいたいんです。評価してもらいたいんです。
孝子　そうですかわかりました。あなたが努力した演劇作品をしっかり観させてもらいます。楽しみにしています。頑張ってください。
桐部長　ありがとうございます。失礼いたしました。よろしくお願いします。

桐の葉中学校部長退場する。

事務局長　時代ですかね。私らの頃は、審査員の先生に話しかけるなんて考えられなかった。
孝子　いいじゃないですか。自己主張がしっかり出来る。大切なことです。
舞台監督　この仕事をやってても随分と変わったなと感じます。生意気にいろいろなことを要求する。そんな生徒も随分います。
孝子　自分たちの発表を成功させたいと思う気持ちは昔も今も同じですよ。その表現方法が変わったということではないんですか。
舞台監督　私もそう思うようにはしています。でも中にはちょっと違うかなと感じることもあります。確かに先生のおっしゃる通り一生懸命練習を重ねてきた、だから、自分たちの発表を成功させたい、その気持ちは昔も今も変わりません。でも何かが違う、そう感じる時が最近あります。
孝子　そうですか。何が違うんですか。
事務局長　その話はここではやめましょう。せっかく先生と私たちが、こうやって関東大会を楽しんでいる。そんな日にこの話は合いません。
孝子　わかりました。午後のスタートですね。審査員席に戻ろうと思います。
事務局長　ありがとうございます。よろしくお願いいたします。

6　閉会式

SE。（会場からの大きな拍手）

アナウンス　桐の葉中学校演劇部のみなさん、すばらしい発表をありがとうございました。以上を持ちまして、全ての発表が終わりました。これより審査となります。参加校の部長は、閉会式を行いますので、舞台上の椅子に座ってお待ちください。

桐の葉中学校、杜の丘中学校の部長は、下手に座る。

事務局長　以上で、審査発表を終わります。金賞を受賞した杜の丘中学校は、全国大会出場となります。活躍を応援しています。それでは今日の全体講評を審査員の亀田孝子先生お願いします。先生どうぞお願いいたします。

孝子　参加校のみなさん、お疲れ様でした。今日はどの学校の演劇もとても楽しく見せていただきました。それぞれの学校の発表については講評コメントを用意しましたのでそちらを見てください。ここではみなさん全員にお話をしたいことがありますので、それを話そうと思います。私は演劇というのは、とても不思議なものだと思います。それは何かというと演劇は作り話、つまりフィクションです。もっと乱暴な言い方をすれば嘘です。嘘の話です。それをみんなが演じる。役者の皆さんも本当の自分ではなく、それぞれの役柄になりきって違う人物を演じます。本当の自分を隠して役柄になりきる。それが演劇です。そんな嘘を一生懸命作っている。つまり演劇はキャスト、スタッフ、それに関わっている人、全員が力を合わせて嘘を作り上げていく、そういうものです。でも、その嘘だらけの中にひとつだけ本当のことがあります。たったひとつの真実です。それは、その嘘を作り上げるために、みんなが一生懸命になっている、完成させようと全力を尽くしている。その気持ち、その思いは本物です。真実です。私はそのことに演劇の面白さ、そして不思議さを感じます。どんなに時代が変わろうとも、このことだけは昔も今も変わりません。これからもみなさん、力を合わせてこの作り話に一生懸命取り組んで、真実を作ってください。今日は楽しませてもらいました。本当にありがとうございました。

立ち去ろうとする孝子に、桐の葉中学校の部長が声をかける。

桐部長　亀田先生、教えてください。何で私たちは金賞ではないんですか。私たちの今日の発表は今までで1番だったと思います。他の学校にも決して負けてないと思います。教えてください。

事務局長　（司会者として発言を遮る）審査に関することは教えることができません。発言を控えてください。

部長　わかってます。でも納得がいかないんです。教えてください。

事務局長　（無視をして）閉会式を続けます。

孝子　（事務局長を気にしつつ）ごめんなさい。司会の方が、おっしゃった通り審査については何も語れません。ただあなたにひとつ質問があります。あなたはなぜ金賞が欲しかったんですか？

桐部長　私は全国大会に行きたかった。私が部長として頑張った、その証として全国大会に行きたかった。それだけです。

孝子　そうですかわかりました。あなたには辛いことかもしれませんが、私の審査は間違っていなかったと思います。（司会者に）ごめんなさい。話に割り込んでしまいました。

アナウンス　本日の大会は、全て終了いたしました。参加校のみなさんは、忘れ物の確認をして、速やかに退館してください。ご協力をお願いいします。

7　青少年センター搬入口　夕方

孝子が、ベンチに座っている。
事務局長、舞台監督と話をしている。

事務局長　亀田先生、今日はありがとうございました。
孝子　お礼は、私の方が言わなければいけないわよね。どうして私に審査員を頼もうと思ったの？
事務局長　それは、気まぐれです。私の気まぐれ。
孝子　だめですよ。そのフレーズは私の特許です。著作権侵害です。
舞台監督　高橋、先生をごまかそうとしても無理だよ。
孝子　ありがとうございます。あなたは、まもなく定年になる私が、その先も演劇に関われるように、無理をして審査員に選んで下さったんでしょ。
事務局長　お見通しですね。無理をしてはいませんが。それにしてもこの仕事をするようなって、改めて20年前の関東大会を直前で辞退したことの大変さを知りました。あの時、先生は相当、苦労されたんじゃないですか。
孝子　苦労？
事務局長　相当、運営役員や舞台スタッフに叱られたんじゃないかと。
孝子　そうね。ふつうはそう考えるわね。でもね。だれも文句も言わず、受け入れてくださったの。あの頃は私もまだまだ演劇のことも、大会のこともわからない駆け出し顧問だった。だから直前辞退なんて、大胆なことも出来た。あの時、辞退を大会本部に報告に行ったとき、理由を説明したら、ただ「わかりました」と一言だけで、了解してくださったの。
事務局長　そうですか。私にはその度量はないなぁ。
孝子　ただね。その時会長さんが、わたしにあなたは、顧問として生徒たちとこれからも演劇を続けて欲しい。だからここにいる人たちからいろいろなことを学びなさいと言われ、約束をしたの。それから私は、斉田さんから舞台や演出のイロハを教わり、生意気なことばかりを言っていた私に、小川さんが演出や演技のことをひとつひとつ教えてくれ、そしていきなり「あなたも役員になってもらったから」と私を一人前に扱ってくれ、一緒に関東大会、全国大会を運営しようと、桃井さんが誘ってくれたの。それが今に至るスタートライン。はじめの一歩。私は右も左も分からなかったけど、生徒たちと、そして仲間たちと演劇をやることの楽しさを、ずっと味わうことができました。それが10年前。ちょうど10年前。斉田さん、小川さん、桃井さんが亡くなって……。私はこの10年、その志を繋ぐため活動してきました。でもね、正直に言うと、そんな使命感なんてなかった。ただ、ただ、生徒や仲間と演劇をやるのが楽しかっただけ。自分が、ここにいるのがとても居心地がよかった。それだけだった。今日ね、中学生たちの演劇を観ながら、あなたたちが私の身の上を気遣ってくれることを感じて、本当に心から感謝しています。

小百合と杜の丘中学校の部長が登場する。

小百合　孝子先生、今日はお世話になりました。その上、金賞までいただいて、本当に驚いています。部長が全国大会に向けてのアドバイスをいただきたいと言うものですから、連れてきてしまいました。よろしいですか。

孝子　どうぞ、構いませんよ。

杜部長　今日はありがとうございました。全国大会に向けて、何か手直しをすることがあればと思って……。

孝子　あなたは、今日の発表前に、舞台に立ちたくないって言ったそうね。

杜部長　あっ、はい。

孝子　もし、私があなたに全国大会に向けてのアドバイスをするとすれば、その時の気持ち、あなたの想いを大切にしてください。きっといい発表ができると思うわ。

杜部長　わかりました。ありがとうございます。

菜見子と桐の葉中学校の部長が登場する。

桐部長　（孝子に）閉会式では失礼なことをしてすみませんでした。菜見子先生に叱られてしまいましたか。

孝子　そうでしたか、叱られてしまいましたか。

桐部長　はい、反省しています。

孝子　それで、納得はできましたか？

桐部長　審査は公正に行われたことは納得しました。私は何か足りなかったのだということもわかりました。でもその何かがわかりません。それを菜見子先生に話したら、ここに連れてきてくださいました。

菜見子　亀田先生、すいません。私はまだ顧問としては未熟なので、先生のお力を借りなければならないような気がして連れてきてしまいました。お許しください。

孝子　いいえ、あなたも立派な演劇部の顧問ですよ。こんな頼もしい部長さんを育てているじゃないですか。頼もしいです。誇らしいです。

菜見子　この子は時々突拍子もないことをしますが、本当に演劇が大好きで、この3年間一生懸命クラブ活動に取り組んでくれました。この1年間は部長としてクラブを引っ張ってきてくれました。だからこの子に金賞が取れなかった理由を教えないで終わってしまうのはいけないと思いましてここに来ました。

孝子　そうですか。わかりました。（小百合に声をかける）一条さん、申し訳ないけど、部長さんとお話させてくれる。

小百合　わかりました。昌子さん、ちょっと。

杜部長　はい、何ですか。

孝子　（杜部長に）あなたは本番前に舞台に立ちたくない。舞台に立つのが怖いと言ったそうですね。よかったら、その理由をこちらの部長さんに話してもらえないですか。あなたは何が怖かったのですか。

杜部長　私は舞台に立つことが怖かったわけではありません。この劇が、この劇が終わってしまうことが怖かったのです。ここまでみんなで一緒にやってきて、このステージで、もうそれが最後になるかもしれない思うと、それが怖かったのです。私はこのみんなともっと、もっと、ずっと、ずっとこの劇をやっていたいと思いました。だからこのステージで、それが終わってしまうのではないかと思ったら、それが怖くてたまらなかったのです。

孝子　そうですか。でもあなたは、怖いステージに立ちました。それはどうしてですか？

杜部長　わかりません。ただ、私の勝手なわがままを、みんなは真剣に受け入れてくれました。私が舞台に立たないのなら、みんなも立たないと言ってくれました。ただそれだけです。その言葉を聞いて、私はこの舞台が終わっても、みんなとの気持ちは変わらないと思えたのです。

孝子　（桐の葉中部長に）目に見えないものだから分からないかもしれないけど、演劇の舞台には気持ちが飛び交っているの。舞台裏、客席にも。わかるかしら。

菜見子　私は、今日の発表は、今までで1番いい出来だったと思っているわ。胸を張って帰りましょう。

桐部長　はい。

孝子　ふたりの部長さんに昔話をしていいかしら。ちょうど10年前のお話です。私が顧問をやっていた演劇部が関東大会の予選に出場した時の話です。残念ながら、結果は予選落ち、関東大会には進めませんでした。その時の部長さんは本当にみんなのことを思い、練習にも熱心に取り組み、誰が見ても仕上がりの良い演劇が出来上がっていました。そして自信を持って大会に出場したのね。でも結果は期待通りではありませんでした。理由は分かりません。その部長さんが最後のミーティングで泣きながら、審査結果が納得いかないと語ったのです。私に審査員に抗議して欲しいと言っていました。もちろん私はそのようなことは認めませんでした。でもその気持ちはとても嬉しかった。なぜならその部長さんはどうしても関東大会に行きたかった。なぜ関東大会に行きたかったかといえば、3年間一緒に活動してきた親友に自分の役を関東大会では代わってもらおうと思っていたから。その親友がその役をやりたいとずっと願っていたことを知っていたので、最後に役を代わって関東大会に出ようと思っていたのだと私は知っていました。3年間2人は良きライバルであり、良き親友でありました。私の誇りです。そのふたりに関東大会のチャンスを与えられなかったのは私の責任です。今でも申し訳なかったなと思っています。（部長たちに）あなたたちは、それぞれの演劇部の仲間を大切にしてください。全国大会に行く、行かないは関係ありません。今日ここにみんながいたこと、それを忘れないでください。

杜部長　質問してもいいですか。そのふたりはその後どうなったのですか？

孝子　ふたりとも紅葉坂を泣きながら、帰って行きました。手をつなぎ、お互いに涙を拭きながら、帰って行きました。そして今でもそれぞれに演劇への想いは変わることなく、ふたりともお互いのことを思いながら、演劇の活動を続けています。演劇部の顧問として、何にも代え難い誇りです。自慢の部員たちです。

桐部長　お話を聞かせていただき、ありがとうございます。私もお話のふたりの先輩たちのようにずっと演劇を続けようと思います。今日は、失礼なことを言ってすいませんでした。

孝子　失礼なんかではありません。逆にその気持ちを忘れずに大切にしてください。きっと良い作品が、きっといい仲間たちと作れると思います。

桐部長　ねぇ、みんなで一緒に帰らない？　あなたに全国大会への思いを託したいの。

杜部長　うん、しっかり聞かせてもらうわ。私たちもふたりで紅葉坂を下っていきましょう。

菜見子　孝子先生、本当にありがとうございました。でもまさかあの時のことをここで聞かされるとは思いませんでした。

小百合　ありがとうね。あの日、一緒にこの紅葉坂を下ってくれたあなたの気持ちはわかっていた。でも素直にありがとうと言えなかった。ずっとライバルだったあなただから関東大会に向け正々堂々オーディションで、あなたからあの役をもらいたかった。でもね、今日こうしてお互いに関東大会に出られ、お互いがいい作品を作って、やっと本当のライバルになった気がする。私たちも今日は笑顔でこの坂を下っていきましょう。

菜見子　先生、私たちは、今でもライバル。そして先生の生徒です。

小百合　そうです。その通りです。

孝子　ありがとう。その言葉を聞いて、決心がつきました。長らくお世話になった方から誘われていて、地方の小さな小学校で先生をやらないかと言われているの。とても居心地のいい、この演劇の世界を離れるのに迷っていたけれど、今日一日過ごして決心がつきました。楽しい一日でした。ありがとうございました。

曲（「●●●●●●」）C・I。

部長ふたりは、ひとしきり語り合いをしたのちに、顧問に挨拶をして退場する。

菜見子と小百合も思い出話をしながら、部長たちを見送る。

舞台監督、事務局長は、それぞれに孝子先生と話をする。

曲（「●●●●●●」）V・D。

孝子　（事務局長と舞台監督に）どうして審査員を引き受けようと思ったと思う？

事務局長　気まぐれでしょ。
孝子　実はね、朋子からハガキが来たの。可愛い双子の写真が添えられて、あの泣き虫朋子が、お母さんになったのよ。それも双子のお母さん、嬉しいわね。あの時朋子は言っていたの。この劇を終わりにしたくない。もっとみんなと一緒にいたいって。ずっと泣いていた。そして前代未聞の大会辞退。その朋子がお母さん。感無量よ。
舞台監督　朋子がねぇ。
事務局長　どうしたの？　2度目の失恋？
舞台監督　なんだよ。
事務局長　あの時、朋子のこと好きだったんでしょ。
孝子　えっそうだったの。クラブ内恋愛は禁止していたはずよ。

曲（「●●●●●●●●」）V・U。
舞台監督、事務局長・菜見子・小百合、桜を見上げる。

曲（「●●●●●●●●」）V・D。

孝子　私ね。ずっと不思議に思っていたの。さくらって、何で、こんなにきれいに、満開に咲くのに、あっという間に散ってしまうのかって。もっと咲いていたいじゃないか、名残惜しいんじゃないかと思っていたの。でもね。それは間違いだったと気がついたの。さくらはまた来年必ず咲く。満開になると確信しているのよ。だからさっと散ってしまっても、また来年になれば満開になる。そしてみんながここに集まってくる。それを知っている。きれいね。紅葉坂の上に咲く、さくらの木、きっと来年も満開になるでしょう。来年も、これからも……、ずっと。

曲（「●●●●●●●●」）V・U。
孝子、舞台監督、事務局長・菜見子・小百合、桜を見上げ続ける。
緞帳ダウン。

上演の手続き

これまで、わが国では著作権を尊重する考え方が普及しておらず、学校演劇脚本の上演に際しても、著作権は、ほとんど無視されていたといってよい状態でした。しかし、著作権尊重の見地から、学校演劇脚本の上演に当たっては、少なくとも、つぎのようなことが守られるべきだと考えます。

著作権の尊重と、その正しい考え方の普及は、教育上からも重要な課題といえますので、ぜひご協力をお願いいたします。

(1) 義務教育段階での、学校での教育上の目的による学校演劇の上演については、著作権法の特例として著作権者の了解がなくても脚本を利用することができることになっています(二〇〇三年の著作権法改正による)。ただし教育現場以外での上演については、著作権者に上演の許諾を求める必要があります。

(2) しかし、作品および著作権尊重の立場から、本書収載の作品の上演を希望する際は、上演届(次頁参照)を、晩成書房までお送り頂くようお願いいたします(**作者連絡用切手を添えて**)。到着次第著作権者に連絡します。

(3) プログラム等を印刷する際は、必ず著作者名および掲載書名を表示してください。

(4) 脚本を、上演台本として必要な部数に限って複写(コピー)することは許されますが、それを他に配付したり、頒布したりすることは許されません。その必要がある場合は許諾を求めてください。

(5) 上演に際し、著作物の一部を改める際は、上演届にその旨を記し、改変された台本をお送りください。

中学校創作脚本集2023編集委員会

晩成書房 殿

年　　月　　日

学校（または団体）名

所在地　〒

電話

担当者名

上　演　届

このたび、『中学校創作脚本集２０２３』（晩成書房刊）収載の作品を、下記のように上演しますので、ご連絡いたします。

記

1. 脚本題名	
2. 著作者名	
3. 上演目的	
4. 上演期日	
5. 出 演 者	
6. そ の 他	作者連絡用切手貼付欄

中学校創作脚本集２０２３編集委員会

代　表　山下秀光　神奈川県中学校文化連盟演劇専門部顧問
元 全国中学校文化連盟理事長
元 神奈川県中学校文化連盟会長
元 神奈川県中学校文化連盟演劇専門部会長

事務局　大沢 清　元 全国中学校文化連盟副理事長
元 神奈川県中学校文化連盟演劇専門部 事務局長
横浜市立中学校演劇研究協議会 顧問
横浜市立中学校部活動（演劇）指導員

〒252-0013 神奈川県座間市栗原 1278-7

中学校創作脚本集２０２３

二〇二三年 七 月二五日　第一刷印刷
二〇二三年 八 月 一 日　第一刷発行

編　者　中学校創作脚本集２０２３編集委員会
発行者　水野 久
発行所　株式会社 晩成書房
●〒101-0064 東京都千代田区神田猿楽町二-一-一六-一F
●電　話 〇三-三二九三-八三四八
●ＦＡＸ 〇三-三二九三-八三四九
印刷・製本　株式会社 ミツワ

ISBN978-4-89380-517-1 C0074
Printed in Japan

中学生のドラマ 全10巻 収録作品一覧

日本演劇教育連盟 編／定価各2,000円+税

1 現代を生きる 978-4-89380-178-4

バナナ畑の向こう側＝榊原美輝／コーリング・ユー＝堀 潮／ハコブネ1995＝須藤朝菜／最終列車＝つくい のぼる／ひとみのナツヤスミ＝高橋よしの／逃亡者―夢を追いかけて＝溝口貴子／グッィ・トイレクラブ＝いとう やすお

2 学園のドラマ 978-4-89380-189-0

II年A組とかぐや姫＝深沢直樹／石長比売狂乱＝網野朋子／絆(きずな)＝鮫島葉月／マキ＝浅松一夫／わたしはわたし＝森田勝也／閉じこもりし者＝正 嘉昭／蝶＝古沢良一

3 戦争と平和 978-4-89380-195-1

長袖の夏―ヒロシマ＝小野川洲雄／無言のさけび＝古沢良一／残された人形＝東久留米市立大門中学校演劇部／消えた八月＝森田勝也／戦争を知らない子どもたち＝平久祥恵／ガマの中で＝宮城 淳／砂の記憶＝いとう やすお

4 いのち―光と影 978-4-89380-266-8

墓地物語～夏の終わりに～＝新海貴子／ステージ＝上田和子・田口裕子／リトルボーイズ・カミング＝堀 潮／黒衣聖母＝網野友子／梨花 イファ＝高橋ひろし／mental health―病識なき人々＝渋谷奈津子／まゆみの五月晴れ＝辰嶋幸夫

5 宮沢賢治の世界 978-4-89380-293-4

猫の事務所＝如月小春／月が見ていた話＝かめおか ゆみこ／どんぐりと山猫(人形劇)＝伊東史朗／星空に見たイリュージョン＝深沢直樹／太郎のクラムボン＝古沢良一／セロ弾きのゴーシュ(音楽劇)＝和田 崇／ジョバンニの二番目の丘＝堀 潮

6 生命のつながり 978-4-89380-329-0

だあれもいない八月十日＝佐藤 伸／森のあるこうえん……＝高橋よしの／おいしーのが好き！＝吉原みどり／コチドリの干潟(うみ)＝いとう やすお／めぐり来る夏の日のために＝仲西則子／母さんに乾杯！―命のリレー―＝大貫政明／スワローズは夜空に舞って 1978年を、僕は忘れない＝志野英乃

7 友だち・友情 9784-89380-345-0

デゴイチ＝正 嘉昭／ときめきよろめきフォトグラフ＝斉藤俊雄／涙はいらねえよ。＝泰 比左子+前川康平／迷い猫預かってます。＝志野英乃／DIARY～夢の中へ～＝新海貴子／けいどろ＝上原知明／チキチキ☆チキンハート＝山崎伊知郎

8 家族って、なに 9784-89380-401-3

おもいでかぞく＝浅田七絵／あーたん・ばーたん＝松村俊哉／現代仕置人―消えてもらいます＝新海貴子／開拓村のかあさんへ＝高橋ひろし／彫刻の森へ＝照屋 洋／マイ・ペンフレンド＝伊藤あいりす・いとう やすお／なずなとあかり＝高橋よしの

9 夢―ファンタジー― 9784-89380-421-1

BON VOYAGE～良き船旅を～＝正 嘉昭／ストーンパワー＝照屋 洋／未完成＝森 澄枝／鬼平あらわる！＝神谷政洋／ベンチ＝福島康夫／PE! PE! PE! PENGUINS!!～2011～＝西川大貴／Alice～世界がアリスの夢だったら～＝西本綾子

10 絆―北から南から 9784-89380-433-4

銭函まで＝竹生 東・室 達志／Huckleberry friends＝志野英乃／ふるさと＝斉藤俊雄／グッジョブ！＝山﨑伊知郎／覚えてないで＝南 陽子／LAST LETTERS FROM MOMO＝松尾綾子／朗らかに～今、知覧に生きる～＝永田光明・田代 卓(補作)